釣りバカ週刊誌記者の
スクープ日誌

早池峰 遥
Hayachine Haruka

つり人社

目次

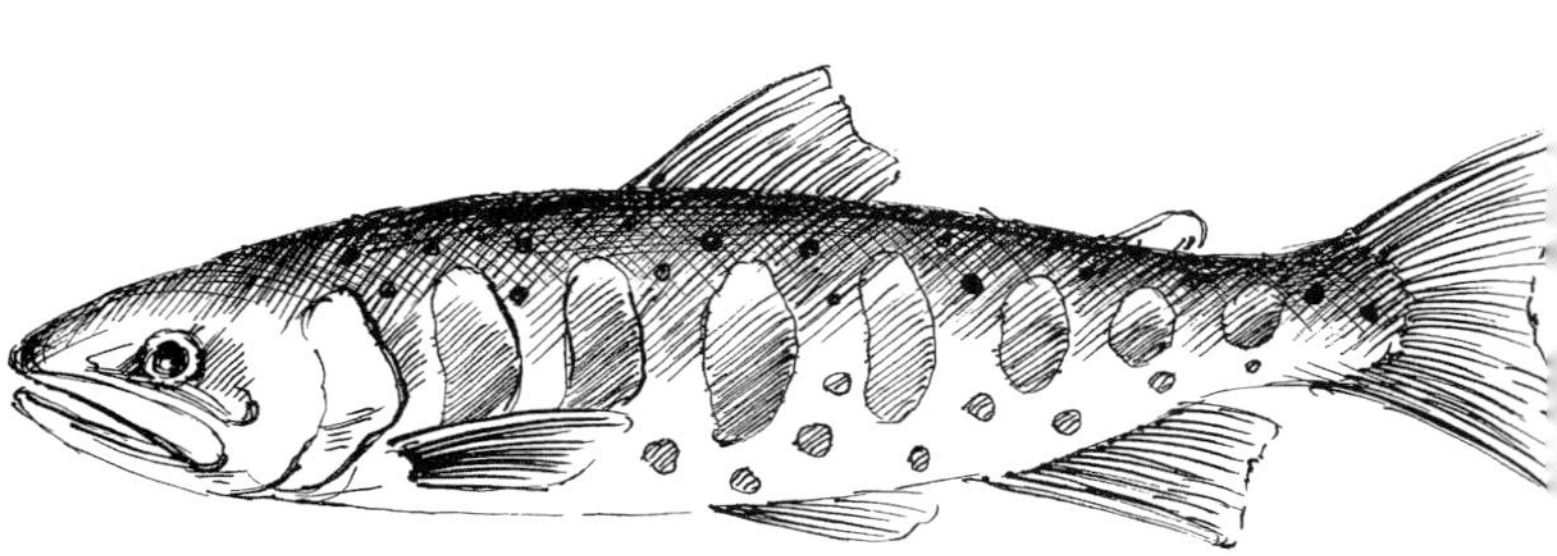

装丁　神谷利男デザイン株式会社［神谷利男・坂本成志］
イラストレーション　神谷利男・發知明日香

はじめに

渓流釣りを初めて数十年になる。渓《たに》を彷徨《さまよ》い、ひたすらイワナやヤマメを追いかけてきた。私は週刊誌記者という仕事の関係上、全国津々浦々の渓流で竿をだすことができた。いや、正確に記すのなら渓流釣りが出来る地域で仕事を作ってそれが結果的にスクープになったということも少なくない。釣りをするために仕事を見つける邪道の釣りバカが私なのだ。

１９７０年代、イワナやヤマメは幻のサカナと呼ばれて釣りに行っても姿を見られないということも珍しくなかった。それが養殖できることになり、魚影は戻った。高度成長で悪かった水質もその後の規制もあって釣りの環境は格段に良くなった。水質汚染は厳密には渓流とは殆ど関係はないが、高度成長の波は林道建設や、山奥の砂防ダム建設、必要に迫られているとは思えない土木事業の河川改修によってイワナ・ヤマメの住処が荒らされたのである。

思うに渓流釣りブームはモータリゼーションの発達と密接に関係している。戦後から70年代半ばに書かれている釣行記では列車やバスを利用した渓流釣りが描かれているが、自家用車を使用した釣りになっていくのにそう時間はかからなかった。奥地、奥地へと向かったのが昭和の渓流釣りブームではなかったのか。それと反比例するかのように秘境はどんどん減っていってしまった。

昭和の20〜50年代にあれだけ盛んだった釣りブームはどこか遠くに離れてしまった。娯楽の多様化のためなのか、それとも面倒臭いからなのか、釣りはすっかりマイナーな趣味となり、それに比例して釣りを体験した本も少なくなってしまった。古くは井伏鱒二、そして開高健などが釣行記を出しているが、それも昭和時代のもので、平成になってからの釣行記は少ない。釣りに行けない不満を釣行記で満たすのが私の趣味なのに、満足できる本が非常に少ないのは残念なことだ。

それでもまだバス釣りや海釣りの人気は残っているようだが、渓流釣りとなると人気は下降線を辿る一方である。

渓流釣りをする者にとって、釣り人が少なくなるということは場荒れがしないから喜ぶべきことなのかもしれない。しかし、四季がはっきりとし、森に覆われている日本には驚くほど風光明媚で知られていない渓が数え切れないほどあるのだ。それを知らないということは、人生を損していると私は思っている。

「そんな大げさな」

そのように思う方もおられるだろう。だが、秋田・青森の県境にある十和田湖から流れ出る奥入瀬渓流を見た方は誰もがあの素晴らしい渓流美に息を呑むことであろう。白樺の林のなかを優しい音を奏でてゆっくりと流れていく清流は苔むしている大きな岩や小さな岩の脇をするりとリズムよく抜けて行く。急な流れはそのまま行くのではなく、ところどころで大きな淵で一休みし、静謐《せいひつ》で透明感のある神秘的な青白い水を溜めているのだ。それはまるで人生のようで、勢いのいいとき、ゆっくり休むときを教えてくれているような気にさせてくれる。

遊歩道が整備されている奥入瀬まではいかないかもしれないが、日本全国にはこのような渓が存在している。そこで竿をだすだけで私の汚れきった心が洗濯されるように感じるのだ。大きなシミや綻びが目立つ心ではあるが、それでも渓相の良い流れを見ると、純白のシーツが心に拡がってくれるような心境になる。

晩秋から春にかけてのシーズンオフに私は自室で毛鈎《けばり》を巻いたり、釣行記を読みながら渓流に思いを馳せる。殆どの釣行記に目を通してしまった今、私は自らの釣行をしたためることにした。

渓流釣りは難しいと言われているが、そんなことはない。若い時分の私は源流を目指して渓をひたすら上がっていった。また有名な首都圏の河川の殆どで竿をだしている。しかし、釣れないことのほうが多かった。特に首都圏では魚影が薄いのと釣り人が多いという致命的な欠点があったからだが、釣り人が減っているということはチャンスが増えるという意味でもある。

私のモットーは現場から歩いて3分で尺モノを釣るということである。そんな馬鹿な、と思う方は是非とも本書を手に取って欲しい。私は週刊誌記者としてスクープを狙って全国を飛び回っている。そして取材の空いた時間を作って竿をだしていたのだ。だから釣りをする時間は限られ、それが車から降りて3分で尺を狙うことになったのである。

時間がないと言い訳することは簡単であるが、万人に1日24時間は与えられている。そこをなんとかやりくりした結果が私の釣り人生となって積み重なった。

渓流のすばらしさ、渓と遊ぶ豊かな趣味をあなたにも持って欲しいものである。

玄倉《くろくら》川の悲劇

渓流釣りに嵌《はま》っていた私が足繁く通っていたのは奥多摩だった。青梅街道をひたすら西に向かい箱根ヶ崎で国道16号線を越えると交通量が減り、西の空には薄灰色の奥多摩の稜線が見えだしてくる。そうなると、やっと青梅に近づいてきたなあという感覚になる。羽村の堰でも釣りはできるが渓流釣りとなれば青梅より奥に行かなければならない。青梅から奥多摩そして奥多摩湖も越えて山梨県境まで何度通ったのか分からない。

都内の西側に住む者にとって渓流釣りの場所で直ぐに思い浮かぶのが奥多摩であろうし、少し足を延ばせば秩父もある。

青梅から先は深い渓となり、大きな淵や巨岩の脇を清流が流れている。水量も多くて釣れそうな雰囲気は満点なのだが、釣り人も多くサカナはなかなか顔を出してくれない。そして土日ともなると釣り目的ではない老若男女の観光客が溢《あふ》れ、澤乃井の酒造などの前は交通渋滞がおきるほどだ。当然のことながら週末は仕事が忙しいから釣りは避けていたものだ。

それよりも難点なのは行くのに時間がかかり過ぎるということだろう。80年代後半から90年代半ばにかけてのことで、圏央道などはなかった時代のことだ。御岳《みたけ》のあたりで竿をだすことが多かったが、環八から軽く2時間以上かかる下道をハンドルを握ってひたすら走っていかなければならないし、もう少し上流にある奥多摩駅から日原川《にっぱら》を攻めようと足を延ばせば片道で3時間は考えないといけない。東京―新大阪の新幹線の所要時間より長いのだから嫌になってしまう。

仕事の合間を縫っての釣行である。何かあったら直ぐに編集部に上がる決まりだったからそれほど遠くには行けないのだ。何だかんだと言い訳を考えても1時間ぐらいで編集部に上がらなくてはならないので、2時間も離れた場所に行くのは危険な賭けだった。携帯電話が昨今のように発達していなかった時代のことである。

「あのな、事件だから上がってくれないか？」

奥多摩へ向かおうとした青梅の街の公衆電話から編集部に念のために連絡を入れるとデスクの命令口調が耳に響いた。電話を入れて大正解だ。もし奥多摩湖まで行っていたら戻るのに軽く2時間はかかってしまう。

「分かりました。今、八王子にいるのでちょっと時間がかかります」

「八王子？」

「ええ、叔母が病院に入院したのでお見舞いに来ていたんです。もう直ぐ終わりますから」

青梅から八王子を目指してアクセル全開だった。八王子には高速の中央道のインターチェンジがあるから何とか1時間半で会社に戻ることができた。

その当時は漫画の『釣りバカ日誌』を毎回読んで笑っていたが、主人公の浜ちゃんは定期的な休みがあるサラリーマンだ。しかし、信じられないことだが、当時私には定期的な休みは全く無かった。というのも担当編集者が3、4人おり、銘々仕事を振ってくるからスケジュールは直ぐに埋まってしまうのだ。個々の編集者は自分のページが終われば休むことができるが、取材記者はそうはならない。例えばスポーツの取材は試合が土日のことが多いので当然忙しいし、張り込みもやるのだから撮れないと毎晩徹夜というのが普通の時代だった。しかし、仕事が嫌いなわけでなく、釣りも好きなのだ。釣りと仕事を両立できればこれほど幸せなことはない。

理想は仕事場のウラに渓流があり、夕方になったら竿をだして日が暮れたら仕事場に戻るというものだが、もちろんそんな都合のいい話はないのである。私が釣行をするのは新緑が出そろった5月のGW後から9月末までの5か月間であり、それを上手く調整できればこれほど嬉しいことはなく、頭を捻ってはなんとか渓流に行くチャンスをうかがっていた。後でその解決方法を考え出すのだが、それは本当にかなり後のことだった。

携帯電話もあるにはあったが、電波は山では当然繋がらないので持っていても無駄な時代だった。

「外回りをしていますが、何かありませんか?」

昼と午後に編集部におそるおそる公衆電話を掛けるときはいつも冷や汗が出ていた。取材と称して都内を回っていることにしていたが、釣りをしていることがバレたら大目玉を食らうだけでなく、最悪はクビになる。その後、ポケベルの時代が到来した。しかし、これも山の中では電波が届かない。

「お前、何度も呼んでいるのになんで電話をかけてこないんだ」

デスクから怒鳴られたことが何度かあった。電波の圏外から電波が届く地域に入った瞬間にポケベルが鳴りだすのだ。それまで連絡が取れなくて溜まっていたポケベルが満を持して叫びだす。その音を聴くだけで身体が硬直し、大袈裟ではなく脂汗が額に滲み脇をツーと冷汗が流れだすのが分かる。

「いやあ、渓流釣りのために奥多摩にいるんです」

そんな返答をすれば即クビだろう。何種類もの言い訳を頭のなかに仕舞っていたのは防衛本能のなせる業であろう。だから私にとってポケベルは邪魔物でしかなかった。24時間監視されているようなものだから、電波の届かない場所に長く居られないことになってしまった。渓流釣りができるのは奥多摩しか思いつかず、ひたすら通い続けていたがポケベルの出現でその回数は減ってきていた。

奥多摩から道志川へ

神奈川県の相模湖の奥に道志川という素晴らしく渓相の良い川がある。丹沢山系の北側を西から東に流れて津久井湖に流れ込み、相模川となる。道志川は横浜の水資源となっている山深い場所で、勿論若い頃に行ったことがあるが、とても仕事の合間にちょこっと行けるような川ではない。

仕事がヒマになった春の1日を使って道志川へ行った。調布のインターから中央道を相模湖で降りて、道志川に着くまで1時間ぐらいだ。奥多摩に行くよりもはるかに速いではないか。これは意外だったし、奥多摩よりも釣れそうなポイントが点在している。

道志川は首都圏に近いので渓流釣りファンが多いが漁協が放流事業をしっかりやっているので、魚影も少なくない。

河原で竿を振っていると突然「ピーピー」という音が響き渡った。腰のベルトに挟んでいるポケベルが鳴ったのである。まさか、こんな山奥で……。川から上がり公衆電話を探して編集部と連絡を取った。仕事の打ち合わせを後日したいとの連絡だったが、これは僥倖《ぎょうこう》であった。

なぜならポケベルが鳴るエリアであれば堂々と釣りができるということである。鳴ったら直ぐに編集部に連絡を入れればいいのだから怒られる心配はない。それで奥多摩行きは止めにして道志川に通うことになったのである。

道志川は川沿いの国道に公衆トイレが設置されていたり、川に降りるルートの案内板もあったりと釣り人に優しい環境を作っている。漁協がしっかりしているからなのだろうが、放流も春先の1回だけではなく定期的にやっているので魚影も濃い。ただし放流魚の釣りを嫌っているアングラーも多いのでこの辺りは微妙なのだが、私はどうせリリースするのだから気にもしなかった。

「尺を釣った」

釣り人はヤマメやイワナの尺モノを釣るのがひとつの目標になって釣れれば自慢をするものだ。しかし、これだけでは大物とは言えない。蛇やロープのような細い魚体の尺モノと体高のしっかりした尺モノは見た目も引きの強さも完全に違っている。エサの多い河川のヤマメ、イワナは体高がしっかりしているが、道志川には正にそのような尺モノたちが棲んでいた。

「どうですか？　釣れましたか？」

道志川の釣りイベントが行われていたのを知らないで出かけたことがあり、駐車場は釣り人でごったがえしていた。車から竿をだして準備をしていると色あせたフィッシングベストを着こんだ初老の小柄な男性に声を掛けられた。昭和時代を彷彿とさせる長靴スタイルである。

「さっききたばかりですから、まだです」

「ほう、そうでしたか。朝に放流されたんですよ」

どうやら、道志川では定期的に放流が行われて、それを目当てに釣り人が大勢来るという。

「で、釣れましたか？」

「ええ、まあ」

きっと誰かに釣果を自慢したかったのだろう。嬉しさを隠し切れない表情になって初老の男は脇のザックに入っているアイスボックスを開いて見せてくれた。

「ワー、凄い数ですね」

「でしょ」

「でも、こんなのって、リリースサイズじゃないですか」

袋には30、40尾ものヤマメが入っていただろうか。その全てが10センチ程度か以下のチビヤマメだったのだ。

「これが美味いんだよ。唐揚げにすると酒のつまみになるから」

「そうですかね……」

私の表情が強張ったのを見て、男はビニール袋を仕舞ってそそくさと河原から逃げるように立ち去っていった。品性のない釣り人は釣りをする資格はない。食糧難の時期ならいざ知らず、飽食の時代にチビヤマメを持ち帰る神経というのは理解できないし、理解する気にもならない。

そんな出来事もあったが、釣れる釣れないに拘《かかわ》らず、道志川は渓相が良いので心が休まった。ゆっくりと蛇行している川を釣り上がると次には違う顔をした流れが迎えてくれる。ウイークデーであれば釣り人は少なく、河原に腰かけてゆるやかな流れと小鳥のさえずりを耳にしながらタバコを燻《くゆ》らすのは至福のひと時であった。

夕暮れまで河原を歩いて竿をだし、仕掛けを仕舞って引き上げようとしたときに、向こうの雑木の枝が不自然に揺れてガサガサと音を立てた。誰もいない河原の対岸から伸びている枝が揺れていた。熊なのか？　一瞬体が強張った。

目を凝らして見ると、向こうの河原に小さな人影が微かに浮かんでいた。近づいて行くと、それは坊主頭の子供で、たしか中学1年生だったように記憶している。彼は太くて長い竿を手にしていた。

「何をしているんだい？」

「へへっ。下手な釣り人が多いから、こうやってルアーを集めているんです」

目を凝らして見るとまるでクリスマスツリーの飾りのように枝から赤や銀色のルアーがぶら下がっているではないか。ルアーで狙うポイントもある程度限られているから、激戦地のポイントの枝にはルアーが引っかかっているのだ。

「こうやって、ルアーを落とすんです」

ガサガサと枝を竿で叩くと、小枝とともに狙ったルアーが落ちてくる。手にしていたビニール袋には釣具屋に並んでいるような新品のルアーも入っている。一つ１０００円以上の高級品も含まれているから相当な稼ぎというわけだ。

「ここには釣具屋がないし、ルアーは高くて買えないから」

少年が手にしていた古い重そうな竿は祖父が昔使っていた鮎竿らしい。折れやすい穂先を外して3番目辺りの竿でバサバサと枝を揺らしている。面白そうなので、私も竿を貸してもらってルアーを釣りだした。サカナと違って逃げていかないので釣果は増えていくばかりだ。

「楽しい釣りだねえ」
「へへッ」
あの少年は今頃何をしているのだろうか？　もしかして道志村で釣具屋を開いているかも？と想像するだけで楽しい思い出である。

丹沢での悲劇

道志川に通っていたころ丹沢湖の近くに行く仕事が降ってきた。丹沢山系の北側が道志川で、人造湖の丹沢湖は南側に位置している。湖に向かって幾本もの渓流が流れ込んでいるが、私が選んだのは玄倉《くろくら》川だった。ここが割と簡単に入渓できる渓流ではないかという情報を得ただけの単純な理由である。

車で行けるところまで走り、川の状態を見て回った。淵は少なく、玉砂利の上を青白い水がスーッと流れている。どうやら相当奥まで行かないと渓相は良くならないらしく、そこまで行くには軽く2時間はかかるらしい。2時間なんて余裕の時間はないのが私の釣りであるから当然のことながら諦《あきら》めた。

同じ丹沢山系から流れている道志川のゆったりした流れと比較しようがないほど貧相で侘しい渓流だと感じ、釣りをするのを止めようと思ったほどだった。だが、流れを見れば竿をだしたくなる本能を抑えることができず、ウエーダーを履くこともしないで半ズボンで竿を振りだした。サンダルに半ズボンの初心者みたいな釣りである。当然のことというか当たりは全くない。というか、釣れる気がしないのだ。長年渓流に向き合っていると、ここが釣れるか釣れないかというのは分かってくるものだ。サンダルで流れに入ると飛び上がるほど冷たかった記憶が今も残っている。

子供たちの夏休みの時期であったから下流域では家族連れがキャンプの準備をしているのがチラホラと見えた。それらを眺めながら流れを渡って中州に向かうと、相変わらず身を切るような冷たさに身を強張らせた。川を渡るときには対岸の下流に向かうのがセオリーで、流れに逆って上流に向かうことは愚の骨頂だ。ところが目の前の流れはわずか10メートルほどなので、そのセオリーを無視して川を渡ろうとしたが、思わず足を取られそうになってしまった。それほど流れが速かった。

川岸のクヌギなどの雑木を見ると、川原には生えておらずかなり高い部分から木が生えていてそれも幼木である。これは暴れ川の特徴で、その位置までいつも水が溢れていることを意味する。つまりこの川の河原でキャンプをするということは無謀としか言えないのだ。私は若い時分にボーイスカウトで活動していたので、キャンプの心得を多少は持っているから、そのような河川状況でのキャンプは自殺行為であることを教えられていたし、自らそれを戒めていた。

「寝ている間に水が増えだして、一晩中木の幹に捕まったことがあった」

私の釣りの師匠で仲人の雄二さんは大学の探検部に所属してもっぱら源流釣りばかりをしていた釣りバカである。数々の武勇伝を聞くのは飽きないが、なかでも凄かったのが黒部の山の中での野営の話だった。仲間の部員たちと渓流釣りをしながら源流を目指していたときに野営する適当な場所が見つからず、しょうがなく岩肌と流れの間の少し高い場所で寝袋に入って寝ていたところ急に水嵩《かさ》が増えだしたというのだ。

「まだ雨も降っていないのに多分上流で雨が降ったみたいでみるみるうちに水嵩が増えてね、それが腰近くまで上がってきたんだから顔色もなくなってさ。流されたら待っているのは死だけというような状況だったんだ。あの夕方は釣りで疲れて、たき火の後で面倒だからと川の脇で寝ちゃったんだけど、時間をかけても寝床を選ばなければと反省した。それからは逃げられない川沿いの場所での野営はしないようにしたよ」

それを聞いて私も大きく頷《うなず》いた。しかし、目の前では家族連れが喜々としてテントを張って楽しんでいる。

「ここはキャンプ禁止地区です」

川の脇にはそのような看板も立てられていたが、それを全く無視した家族連れたちが沢山いる。

「ここは危ないですよ」

私は中州に渡ってきた家族連れに思い余ってそのように忠告してある程度説明した。

「はあ？」

忠告した私の言葉など意味不明といった表情だった。川の怖さというものを全く知らない者たちがキャンプをしていたのだ。

テレビに映ったのは

それから半月ほど経った8月のお盆である。私はいつものように長野県の白馬村に来て雄二さんが持つ別荘で涼しい夏を過ごしていた。朝早く近くの渓流で竿をだし、イワナを釣って戻ってくるとテレビで異様な生放送が流れていた。

「増水した川の中州に取り残された人たちが救助を求めています」

画面には茶色い流れのなか腰近くまで浸かった人たちの映像が映し出されている。

「神奈川県の玄倉川です」

体に電流が走ったような気がした。あの玄倉川ではないか。しかも僅《わず》か2週間前に私が注意をしたあの中州である。前夜からの大雨で警官が立ち退くように助言をしたのにも拘らず、最後まで残った10数人が中州に取り残されたというのだ。

彼らは神奈川県内の会社の同僚たちで毎年この時期に同じ場所でキャンプをしていたらしい。

それで忠告に来た警官に対し、

「俺たちが楽しんでいるから引っ込んでいろ」

とか、

「うるさい」

と暴言を吐いていたというから呆れてしまう。中州に取り残された13人はパラソルにしがみついていたり、救助に手間取っている消防団員たちや警官に罵詈雑言を投げかけているという異様な光景がそのまま茶の間に流れ続けたのである。

生放送は顔にぼかしも入れないで放送され続け、最後には全員が濁流に流されるまで続いた。何人かが助かったが13人はそのまま丹沢湖まで流されて水死体として上がった。

今でもこの様子はネットで見ることができるが、ぼかしが相当入って編集されている。

これは天災ではなく人災である。ほんの少しでも川のことを知っていれば、他人の忠告に耳を傾けていればあのような馬鹿なことは起きないのだ。

あれから20年近く経つが、あのような大事件は起きていない。それにしても後味の悪い事件であった。

釣り人の天敵

熊について

晩春の渓流で竿をだすのは楽しく、渓を渡る爽やかな薫風が頬を撫で、小鳥たちは生命が溢れる季節を迎えた喜びを祝ってさえずっている。このような釣りが出来れば文句はひとつもないが、大雨や大風に遭ってしまうと釣りは台無しになってしまう。

「渓流釣りで1番いやなシチュエーションはなんだろう?」

渓流釣りが趣味の仲間のSクンに酒の席で訊いたことがある。彼は渓流歴が20年以上と自負している後輩釣り人であるが、現在はそれほど通っていないようだ。ただ、釣りに関して一家言を持つよくいるウルサ型の男だ

「そりゃあ風でしょうって。多少の雨なら合羽でしのげるし、サカナの活性も良くなるから歓迎だけど、風だけはどうしようもないですからね」

たしかにそのとおりである。竿を突風に持っていかれて釣りにならなかった経験があるし、穂先どころか竿全体が持っていかれるような風が吹けば当たりを取ることなど不可能である。

「それとオレは熊とマムシが怖くてね」

「出会ったことがあるの?」

「ないけどね……。会ったら怖いじゃないですか。マムシに噛まれたら血清がないと助からないんでしょ。山の中で噛まれて病院に行くったって時間もかかるし……」

「随分と心配性だなあ」

私はケラケラと笑った。マムシに関しては肌を露出しない服装をして注意をしなければならない。塩ビの長靴であればマムシの牙は破ることはないと耳にしているが、頑丈な靴と足元に厚い靴下を履けば噛まれる心配はないようだ。

マムシは薄暗いじめじめとした石垣の間に潜んでいることが多く、そのような場所を登ろうとして指先や手を噛まれた者もいるようだ。私の知人でマムシ獲りを副業としている男はそのような場所でマムシを喜々として獲っている。なんでも精力剤になるとかで一升瓶に焼酎を入れた赤マムシは1本1万円で売れるというのだからいい商売といえる。

私もマムシと出くわした経験は何度もある。目の前のナラやクヌギの雑木林の枝を竿でかき分けて下の渓流に向かっているときに目の上の枝にマムシが巻き付いてこちらを見ているのに出くわして固まったこともあった。

「マムシは飛ぶから雨上がりには気をつけないと噛まれるぞ」

知人からアドバイスをされていた通り、それは雨が上がった午後のことだった。藪《やぶ》を潜っていくうちに枝にいるマムシと目が合ってしまったのだ。隙あらば私の首筋を狙っているかのような冷たい目とちょろちょろと出し入れする舌が不気味だった。本当に飛んでくるのかどうかは分からないが、後ずさりをしながら飛んできたら右手の竿で振り払おうと身構えていた。空振りは許されない。首を縮めながらマムシに対してガンを飛ばしたが効果のほどは分からなかった。私がもう少し頭が回っていたら、

「マムシだ。こりゃあ1万円の儲け」

と思ったのだろうが、袋も瓶も用意をしていなかったのだからしょうがない。

襲われなかったが、このときの恐怖感は今も残っている。蛇が特別苦手というわけではなく、足元をガサガサと動く蛇を見ることは珍しくもないし、格段に驚くこともない。雑木林を歩くときには足元はしっかり固めているので、まあ噛まれる心配もないと高を括《くく》っている。河原に蛇が出てきて「こんにちは」と挨拶することは稀であるが、釣りをしている目の前の渓流を優に1メートルを超えた大蛇が音もたてずにウネウネと体を動かして泳ぐのを見るのは不気味なものだ。

「頼むから仕掛けにかからないで」

と、祈るしかない。それと同じようにネズミが泳ぐのにも出くわす。小さなウサギほどの大きさのネズミで、大蛇と同じようにこれもさっと腕に鳥肌が立ってしまう。

「渓流で怖いのはなんといっても熊だよなぁ」

これも釣り仲間からよく聞くことだ。熊に関しては渓流釣りの初心者たちが猛烈に警戒していること、怖がっていることは知っているが、恐怖感ばかりだと渓流釣りの楽しさを味わうことはできない。

私は何十年もの間渓流に入り込んでいるが、一度として熊と出会ったことはない。運が良かっただけなのかもしれないが、私なりに熊と出会わないように工夫をしているのだ。

現場について腰を下ろし、3分ほどゆっくりとタバコを燻らせば、煙が森に流れていく。すると熊は人間が入ってきているんだなと気が付いて決して近づいてこないと、釣りの先輩から教わってからそのように実践している。爆竹を鳴らしてから釣りをするという者もいるようだが、私はそこまではせず渓流沿いの雑木林を歩く場合でもできるだけ枝を揺らしたり、石を投げたりなるべく音を立てて自分の存在を森に広めようとする。それで効果があるのか分からないが、熊の巣と呼ばれている奥羽山脈の岩手・秋田・青森の県境の渓流に何度も入っても出会ったことがない。

「そんなことないから。甘くみていたら襲われるんだから」

私の知人であるクマさんとニックネームで呼んでいる30代の女性に私は会う度に叱られる。彼女は幼いころから野生動物に興味があって、特に熊については独自に資料を集めて世界中の熊にも精通し、都内の自宅には2メートルもありそうな立ち上がっているシロクマの剥製が飾られているから傾倒ぶりがわかろうというものだ。彼女は過去に熊が人間を襲った資料も集めているから後先を考えずに気軽に渓流に入る私が心配なのだ。

もともと熊は臆病な性質であり、バッタリと出会わなければ襲われる心配はないということも耳にしている。しかし、クマさんはそれは違う、好奇心が旺盛な熊だと向こうのほうから近づいて来ると主張する。

まあ、私とすれば北海道のヒグマは怖い対象になるが、本州のツキノワグマなら体の大きさもたいしたこともないから対決してもなんとか対応できると思っている。

「ツキノワグマはそんなに大きくないから大丈夫でしょ」

「大きさじゃなくて、熊の爪が凄いことの認識が甘いんですよ。顔を爪で引っ掻かれたら半分なくなってしまうのだから怖いのよ」

呆れたような顔のクマさんに叱られてしまう。

私は渓流に出かけて危なそうな場所では腰に鉈《なた》を下げて行くことにしているし、常に杖のような棒も用意して用心深く周囲を眺めているのは当然のことである。何年も渓流に入っていると熊がいるのではなかろうか？　という場所はなんとなく予感がしてくるものだ。岩手県北の兄川とか、秋田県鹿角《かづの》市から岩手・青森の県境あたりそして白神山地などは少々薄気味悪い気がする。

20年以上前に渓流で熊と戦って熊を殺したという当時50代の岩手県在住の男性の取材に行ったことがある。秋にキノコ採りに山に入っていたという彼は青森と秋田と岩手の県境の山の中を流れている渓流で熊と出会い短刀で熊を刺し殺したのだ。短刀といっても決して短い刀ではなく、この地域でナガサと呼んでいる50センチもあろうかという刀剣型の鉈で、先端が鋭く尖り両刃である。

熊を退治したのだから仮に金太郎さんと呼ぶことにしよう。

顔中ひっかき傷で包帯を巻いて入院している彼を病院に見舞うと、命に別状はなく意外と元気そうにベッドの上で胡坐《あぐら》をかいて武勇伝を語り始めてくれた。背が高くて肩幅も広く、精悍な顔をして眼光が鋭く、新宿歌舞伎町のネオンの下でキャッチセールスをするチンピラ如きは避けてしまいそうな風貌だ。

「渓流のカーブを曲がったら、ばったり熊と目が合ってしまってな。突進してきたから取っ組み合いになったんだ。それで腰に差してあった短刀で刺し殺したのさ」

短刀と言うのは前述したナガサと呼ばれているものだ。

「殺されるとは思わなかったんですか？」

「そりゃあ夢中だからそんなことは頭になかった。以前にも熊と出会ったことがあったからなあ」

腕にも肉を抉られたひっかき傷があり痛々しい。

「おめえもいい加減にしろって」

世話に来ていた白髪の奥さんが旦那の武勇伝を聞きながら岩手の県北訛《なま》りでぼそぼそとつぶやいている。自慢話をたしなめているのだ。その他にもいろいろ喋っているが、私には未知の言語を聴いているようでチンプンカンプンだった。日本中取材で回っているが、特にこの周辺や青森の津軽、それに山形の内陸、そして鹿児島の地元の言葉は超難解である。この言葉を自由自在に操っているのを脇で聞いているとあまりの不思議なリズム感に一種の憧れに囚われてしまう。十代に岩手県北の金田一温泉の親友宅に遊びに行ったときのことを思い出す。親友の親戚同士の言葉はこれっぽっちも理解できず、苦笑いを浮かべるしかなかった。あのイントネーションは独特なものがあり、早口で喋っているとフランス語かと思うほど美しい調べを奏でていた。

「東北人は口が重くて」

何十年も前からそのように言われていてそれが定説となっているが、東北といっても福島から青森まで本州の三分の一の面積があるのだから一括りにするのは乱暴であろう。津軽でも秋田の内陸でも地元の仲間同士での会話は口に油を注したように潤滑であり冗舌であり、機関銃の如く言葉が飛び出してくる。私たちが意味を掴めなくても彼らは笑い転げているのが珍しくもない。要は標準語を喋り慣れていない彼らが標準語にトランスレーションするのに時間がかかるから「口が重い」ように見えるだけのことだ。

　またまた話が横道にずれてしまった。熊を退治した金太郎さんの取材を素早く終えなければ釣りに行けない。入院していた病院は二戸市で、熊と出会ったのが三戸町、そして所轄署が沼宮内《ぬまくない》と、それぞれ50キロ近く離れている。車を飛ばして取材を早く切り上げようと気ばかり焦る。

　沼宮内の岩手警察署の取材では殺された熊の写真を複写することができたが、150センチは優にある太ったツキノワグマであった。

「山に入る者が持っている刀剣型のナガサは銃刀法違反にあたりそうなんでね、捜査は継続しているんですよ」

　警察の担当官が意外なことを口にした。

「はあ？　だって正当防衛で命がけだったんですよ」

「いやいや、銃刀法は刃渡り何センチ以上の刃物を所有携帯をしてはいけないという決まりですから、正当防衛であっても適用されます」

　なんだか釈然としなかったが、クビを捻りながら警察署を後にした。一応取材を終えた私が向かった先は、スキー場で有名な安比高原の安比川であった。この川は奥羽山脈を水源として北東に流れ、馬淵川に合流して八戸から太平洋に流れ出る。秋の平日の夕方に釣り人の姿は全くなく、そこで1人で竿をだすのは贅沢な遊びといえよう。

　川底は玉砂利で、春の小川の如くサラサラと流れている川だった。あまり好きではない渓相だけども、ここは竿をだせるだけで我慢をしなくては罰が当たってしまう。とは思うが、やはり型のいいヤマメやイワナが釣れてこないかと思うのが私のさもしいところだ。

川虫のエサを採る暇はないので、ミミズを使って流れに入れると直ぐにクッと竿先が揺れて慌てて手首を返す。

夕陽に反射する銀色の魚体が身をくねらして上がった。ヤマメか、と思ったら、パクパクと呼吸をする20センチ近いハヤだった。それから釣れてくるのは全てハヤだ。一度もヤマメの姿を拝めないまま納竿するしかなかった。

仕事の合間に釣りをする私にとってこんなことは別に珍しくはないが、渓流をもっと探していけばヤマメを釣ることは可能だったかもしれない。またエサを事前に準備しておけば釣れたかもしれない。しかし、場所を探すのにもエサを採るのにも時間がかかるのだから竿をだしただけで満足と自分に納得させているのだった。

その晩にこの近くに宿をとり、居酒屋に出かけた。地元の客と言葉を交わすのも愉しいものでカウンターに腰かけて、隣の客と言葉を交わした。

「熊に襲われた方の取材にきているんです」

「そうか、へえ」

頭の禿げた60半ばの赤ら顔の男がケラケラと笑った。なぜそれが可笑しいのか最初は理解できなかった。

「あのな、アレは熊退治に行ったんだよ」

「退治？　襲われたんですよ」

「うんや、表面上は襲われたことになっているけれど、禁猟期間だから殺したら問題になるわけだ。今回は襲われて怪我をしたから明るみに出ただけで、本来なら熊を殺して遺骸は埋められていたはずだ」

「はあ？」

「熊の胆《い》って聞いたことあるべ。昔は手のひらサイズの胆で１００万円と言う値段がついていたほど万病に効く薬として珍重されていたわけでな、今は随分と安くなったけれどもそれを獲るために山さ入る者が絶えないんだって。殺して埋めたら誰も分からないから」

納得ができない表情を浮かべていた私に彼は確信に満ちた表情を浮かべた。金太郎さんにはこのことを確かめる気にもならなかった。胆が目当てといっても熊退治は命がけなのだからそっとしておきたかったのである。

釣りで本当に怖かったこと

熊に出会ったことはないが、熊ならなんとかなると高を括っていると前に述べその度に知人のクマさんに怒られている。

私が心底怖かった釣りのことを明かそう。

群馬県の北部の利根川が流れている流域は首都圏から近いこともあって渓流ファンの数も多い。私は仕事の合間に釣るのであるから、朝から晩まで渓流に入り込むことはまずない。

７月初旬のこの日も仕事をひと段落させて向かったのは以前に利根川本流を下見したときに

竿をだしたいと思っていたポイントのひとつであった。渓流釣りにおいて下見というのは大事なもので、ポイントを見つけることや、駐車できるスペースのことも頭に入れておかなければならない。何カ所かの候補ポイントがあったが、選んだのは土手の駐車スペースから徒歩数分で川の傍に行ける便利な場所だった。

利根川といってもかなりの上流なので川幅はそれほど広くなく、ゆったりとカーブした流れ、淀み、淵もある私好みのポイントである。川の向こう側の大きな岩盤に流れが当たり、その流れがこちらに曲がっている。岩盤の下の巻き込みには大きなサカナが隠れていることが多いし、急な流れの直ぐ脇のたるみにもエサが流れてくるのを待ち受けるサカナがいるハズだ。

土手の上の通路脇に車を停めたのが午後4時すぎだった。日暮れまで3時間近くも釣る時間があるから気持ちの焦りもない。竿を準備してウエーダーは履かずにジーンズに釣り用ベスト、そして腰に仕掛け類を入れておくウエストポーチを巻いて頭にもバンダナを巻く。帽子を被ると頭髪が蒸れるので私は髪を押さえるためにバンダナを使っている。そうして狙っているポイントに向かって土手を下って歩いていった。そこは短めの草が生えているだけの原っぱで、非常に歩きやすく、川沿いに雑木林はあるが、それほど密集しておらず、簡単に川岸からキャストできる場所だった。大きな倒木が川の真ん中に横たわり、その周囲はサカナが隠れるのに都合の良いポジションになっている。私は尺以上のヤマメが隠れていると想像し、胸の鼓動を抑えきれなかった。

仕掛けを倒木脇に流し、反応を窺《うかが》う。しかし、ここぞと思った処で竿が撓ることもなく何度かキャストを繰り返した。今度はオモリを変えて、水底を這わすように竿を誘導しだしたが、ウンともスンともいわない。そんなはずではないロケーションなのに……。焦る心をあざ笑うかのようにいつのまにか西の空が鉛色の雲に覆われて、そのうちに小雨がポツリポツリと落ちてきた。それと同時に遠くから遠雷が耳に聞こえてきたような気がする。釣りに夢中になっているので、遠雷なんぞ気にもならない。

暗くなればサカナの活性は上がり、尺モノが顔を出してくるからそれまでは近くのポイントで渓流と遊んでいればいい。いつものことではあるが、私は呑気に考えていた。

ところが、である。遠雷と思っていた音が近づくどころか光った瞬間に雷鳴が轟《とどろ》いた。

「アレッ、やばい」

そう思った時にはもう遅かった。土手に停めてあった車の脇に眩《まばゆ》い光線が降り下りたと同時に地響きがするように空気を切り裂いた。通常ならピカッと光ってドンという音が追ってくるわけだが、ドンとピカッが同時にヒットして、それがそこら中を蹂躙《じゅうりん》していく。幾本もの光の柱が宙から下がって天と地が繋がっているのを私は生まれて初めて見た。土手に置いた車の近くにも、さっき歩いた原っぱにもカミナリは落ち、火花が上がっている。銀色の光の柱が何本も目の前の原っぱに落ちては大砲のような轟音《ごうおん》を響かせた。100メートルなのか200メートルなのか離れている距離は分からないが、正《まさ》しく目の前の光景に肝を潰してしまったのである。

蛇に睨まれたカエルの気持ちが分かったような気がする。カミナリの前で私は完全に固まってしまったのだ。

経験したことはないが、太平洋戦争で本土を無差別に空襲したアメリカ軍の爆撃機の攻撃が咄嗟《とっさ》に頭に浮かんだ。どこに落ちてくるのか分からない爆弾の雨を防空壕に逃げ込んで避けた時代。しかし、私には防空壕はない。大きな木の下は落雷を受けやすいという知識はあったし、カーボンロッドもカミナリが狙ってくると耳にした記憶があるので、竿はとっくに放り出して原っぱに伏せる姿勢をとることにした。

だが、なんの遮蔽物もない原っぱで体を晒《さら》すということが、どれほど怖いものか。人間の本能は体を隠すように出来ているようで、雑木林に駆け込みたい衝動をなんとか抑えるのに必死だった。

ドンという音で体がゆさゆさと揺れるような気がする。雨脚は強くないが、服が濡れることなど少しも気にならない。

「こんなカミナリの時間に釣りをするなんて不届きで申し訳ありません。どうか、どうか私を狙わないで下さい。お頼み申し上げます」

心の中で手を合わせたが、この時ほど運を天に任せた経験はない。気まぐれなカミナリが本当に気まぐれに私に落ちれば即死だろう。

「釣り客、落雷で死亡。群馬の渓流で」

新聞記事が頭に浮かんだ。つまらないベタ記事に載るなんてまっぴら御免である。どうしても助かりたいが、策は全くなく、命を天に任すという聖書の一句のような状態なのだ。

車に落雷がないことは知っているから、土手まで行って車に乗り込めば助かる。車が防空壕になるのだ。

しかし、原っぱを横切って走ることはカミナリに狙われる可能性が大きくなるのではないか。

このまま伏せていても気まぐれなカミナリが落ちてくれれば死しかない。行くべきかそれとも留まるべきなのか？　人生において最大の決断のときだった。

「何を大袈裟な」

そのように感じている方がいるかもしれない。いやいや、そうではない。目の前に何本もの稲妻の柱が立つのを目撃したことがある者が果たしてどのくらいいるのか。

私はこの5年ほどまえに都内の首都高速道路で目の前にカミナリが落ちたのを目撃した経験もある。首都圏がカミナリと大雨に襲われて横浜では地滑りが起きて何人かの死者がでた夜のことだった。余りの豪雨に首都高速は川のように水が流れて、そこにカミナリが鳴っていた。フロントガラスを叩く豪雨でワイパーを早く動かしても視界が確保できず、当然のことながら周囲の車はノロノロ運転をするか、ブレーキランプの赤い色を雨の向こうに点滅させていた。

千駄ヶ谷付近を走っていたときに目の前にフラッシュが焚かれたように閃光が走り、ドンという重い音が車を包んだ。

「ワーッ」

助手席の後輩記者が叫び声をあげて体を硬直させた。私はブレーキを踏んで一瞬車を停止させた。

「こりゃあ、凄いな。今のはカミナリだろ」

「そうですよね。怖かったですね」

彼の口調が上ずっている。車に落雷しても損害は受けずに電流はタイヤから出て行くということは頭では知っているものの、あの不気味な夜のことは忘れられない。また、高い山に登った際に下に見える雲海で横に流れていく稲妻を見ることもある。カミナリは横にも走るんだと思ったがそのときには恐怖を感じなかった。

しかし、目の前の惨劇はそのときの比ではないのだ。私の体を守ってくれるものはなにひとつない。

「平らな場所で、できるだけ体を低くして落雷を避ける」

そのように書かれた本を読んだ経験はあるが、カミナリがボコボコと落ちている場所で体を低くするだけのことがどれだけ恐怖心に晒されることになるのか？　カミナリの落ちている場所で横になって様子を見守った経験は私の釣り人生で一番の恐怖だったのは間違いないことだ。

カミナリがだんだん遠ざかっていったときに私は意を決して車に逃げ込むことに決めて一目散に車を目がけて走り出した。竿や釣り道具は草むらに置き去りにして土手を目指す。しかし、まるで自分の足でないようなロボットのようなガクガクとした動きで、我ながら情けない。それでもなんとか運転席のドアを開けてシートに腰かけてドアを閉めたとき太鼓を鳴らしたように心臓が高鳴っているのに気が付いた。

「ああ、生かされた」

安堵の心が全身を覆い、私はやっと恐怖から逃れることができたのである。それ以来、私は異常なほどカミナリに注意を払っている。ピカッと光ってから雷鳴が轟く時間が少しでも近づいたら竿を仕舞って車に逃げ込むことにしている。

秋田の山深い渓流では車から遠かったので、咄嗟に岩穴を見つけてそこにカミナリの音が消えるまで30分以上も縮こまっていた。臆病者だと嗤《わら》われても気にすることもない。どうせ群馬で経験したような恐怖を味わった者など殆どいないのだ。経験したという方ももしかするとそのときに落雷で命を失ってしまったかもしれない。

命がけで釣りをする必要はない。楽しく安全に遊べ。これが私のアドバイスである。

ブヨの怖さ

6月の渓流でキャンプの仕方の取材と撮影のために山梨県内の管理釣り場を使ったことがある。べっぴんの若いモデルさん2人を素人の釣り人にして、エサからルアーそしてフライフィッシングまで取り上げようという欲張り企画で、釣ったサカナを捌《さば》いて料理をするところまで私が先生となって指導をして高級なロッジも予約して1泊2日の予定だった。

ニジマスを焼くための火の熾《おこ》し方まで撮影する何から何まで親切な企画で、一冊あれば釣り方は勿論のことバーベキュー、キャンプの仕方まで全部分かるというものである。

「いやいやご苦労さんだったね」

朝から晩まで撮影をして、上手くできたので夕焼けの空の下でスタッフたちとたき火の横でニジマスを焼きながら缶ビールで乾杯をして喜んだ。半ズボンと半袖であるが、それでも汗ばむようなムッとした湿気のある夕方であった。

「あれ、これは凄いな。蚊のようだけど、違うような……」

スタッフの1人がたき火の脇で黒い塊があるのに気が付いて指さした。一瞬蚊が集まってできる蚊柱ではないかと思ったが、どうやらブヨのようだ。関東ではブヨと呼んでいるが関西ではブユとも呼ぶらしい。

「ああ、ブヨだね。大丈夫だから」

ブヨというのは米粒よりも小さな黒い虫で、分類上はハエの仲間らしいが、肌を食い破って血を吸う習性があることは耳にしていたけれど、今までそれほどの被害を受けたことがなかった。というのも渓流の釣りでは虫よけスプレーを必ず使用していたから、顔も手も腕もスプレーで丹念にすり込むようにしていたからだ。しかし、この夕方はスプレーが切れてしまったので、使わなかったのである。

清流に棲んで羽化してブヨになるのだが、水質が綺麗なところにしかいない虫であることは知っていた。

ブヨが体にまとわりついて手で払っても払っても何十匹も寄ってきていた。刺されても痛いということもなく、少々痒《かゆ》みがあったが蚊ほどのものではなく、1時間ほどビールを飲んで、それからバンガローに戻って就寝したのである。

朝になって足が痒くて痒くてたまらなくなったが、虫刺されのクスリを薬局で買ってそれを塗って大丈夫だろうと思って都内の自宅に戻ったが、暫くすると息苦しくなってしまいウンウンと唸《うな》り声がでるほどで熱も出てしまった。足は丸太ん棒のように脹脛《ふくらはぎ》から太腿《ふともも》まで真っ赤になって腫れあがっている。

これは異常であると判断した私は救急車を呼ぼうとも考えたが、大袈裟《おおげさ》かなと思ってとりあえず皮膚科のある地元でも大きな総合病院に電話連絡をした。

「エッ？　虫刺されですか？　熱がある？　それではまあ、来てみて下さい」

看護師が笑いをこらえているのが分かったが、自分で車を運転して病院に向かったのである。

「ああ、さっきの電話の方ですね。中にどうぞ」

看護師に促されて診療室に入ると40代前半らしき男性の医者が担当してくれた。

「どうも虫刺されのようなんですが」

「ちょっと見せて下さい」

ジーンズを脱ぐと医者と看護師の目が私の足に釘づけになってしまった。

「これは……」

医者も看護師も咄嗟には言葉がでてこないで黙って私の丸太になった足を見ている。

「こんなの初めて見ました。いやあ凄いですね。熱がでるのも当たり前ですよ」

「でしょ。ボクも初めてですから」

医者は診断してくれてクスリを処方してくれた。

「このような症状は本当に珍しいものです。学会で発表したいので写真を撮ってもいいですか？」

医者は私の足の写真を何枚も撮ったが、後にも先にもこのような経験はない。きっとビールのアルコール分が体内から発せられてそれにブヨが群がったのではないかと医者は推測した。

熱は翌日には下がったが腫れは一週間ほど引かなかった。

　あの時の私の足の写真が参考例として学会で今も使われているかもしれない。

アブの恐怖

石川県金沢市から南に走り、手取川の最上流部に向かったのは6月の初めのことであった。海からそう遠くない手取川の下流部では広い川幅のゆったりとした流れの脇で鮎の友釣りの太公望たちが竿をだしている。その様子を眺めている監視員の漁協のおじいさんと仲良くなって渓流の釣れそうなポイントを聞きだした。

下流から1時間近くも走ってなんとか辿り着いたのが、九谷焼の古い窯元があったという集落近くの渓流であった。高原の明るく開けた場所に川幅が狭くない春の小川のようなチャラ瀬が多い流れがある。砂利の小川には少々岸辺にボサがあるが、それを避けてテンカラ竿を持って慎重に岸脇の深みを狙ってキャストをした。すると首筋に親指ほどのアブがピタッと止まって直ぐに鋭い痛みを感じた。

「あちゃ、アブだぜ」

下流でちょうどフライロッドを振ろうとしていたカメラマンの岡ちゃんに言うと、彼の顔や頭にもアブがまとわりついて手で振り払おうとしている。最初は1匹だけだったのが、2匹3匹と増えだして、釣りどころではなくなってしまった。日本海側の秋田、山形、新潟でも大きなアブにまとわりつかれて釣りに集中できなかった経験があるが、これほどピタピタと襲ってくるアブに遭遇したのは初めての経験であった。

「こりゃあダメだな、逃げるしかない」

　岡ちゃんにそういって、場所を変えるしかなかった。何カ所かでもアブに襲われたが、防虫スプレーを滅茶苦茶使って、なんとか凌《しの》いでいた。ただしサカナはアブのように集まってくることがなく、ハヤが白い魚体をくねらせて歯のない口をパクパクと動かしてヤマメやイワナは全く姿を見せなかった。

「おおい、釣れるかぁ～」

　声は渓流上の橋から聞こえた。顔を上げると短い橋の上に停車した乗用車の運転席から60代らしき痩《や》せて皺《しわ》だらけの顔のオッサンがこちらを見て笑っている。もっと釣れるポイントを教えてもらおうと竿を河原に置いて車に近づいていった。

「アブが酷《ひど》くてねえ。どこかいい場所はありませんか」

「この時期はどこも同じようなものだよ」

　運転席でオッサンは右手に銀色の缶ビールを握ってそれを口に運んでいるではないか。

「これって飲酒運転ですか？」

　これほど大胆な飲酒運転を見たのも初めてのことで、唖然《あぜん》としてしまった。

「いいんだって。警察の駐在所は20キロも離れているから、ファファファ。平和な処だから警官は要らないんだって」

　相当酒が入っているようでご陽気である。

「でも危ないですよ」

「なあに、いつもこうやって川を見て回っているんだから安全だし、大丈夫だ」

安全だと言う理由になっていないのが可笑しかった。

「まあ、気を付けてくださいね」

「あのな、この道を15分ぐらい上がるとそこが源流だから」

「大きいのがいますか?」

「そんな大きいのはいないなあ」

酔っ払いの言葉であるから信じたくないが、信じてしまいそうな自分がいるのがなんとも悲しかった。

当然のことながら、源流には何もいなかった。いや、さっきよりもアブの来襲が酷かったという記憶がしっかり残っている。

あのオッサン、今でも飲酒運転をしているのだろうか?

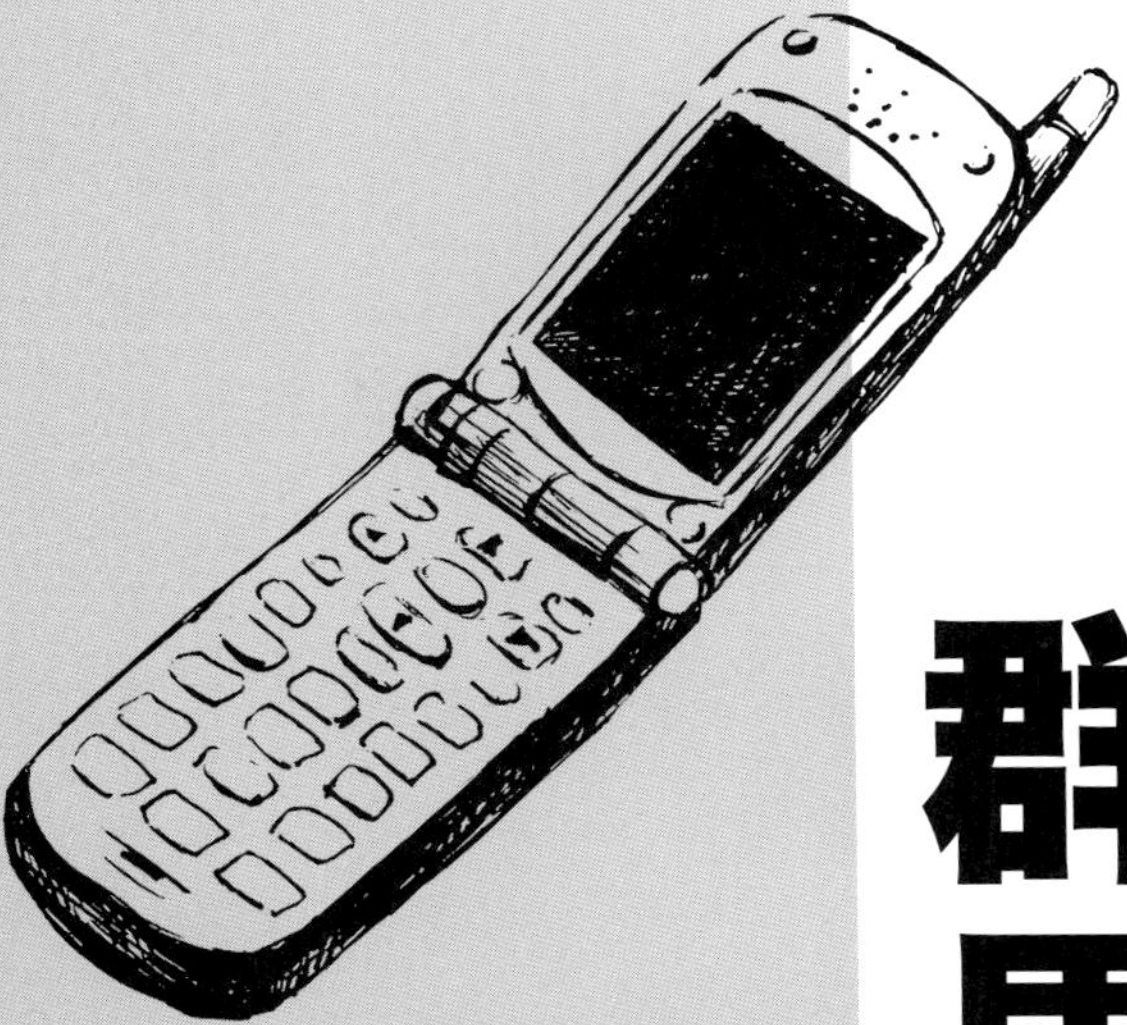

群馬の渓間で

「コレを買えばいいよ」

「いや、こっちにする」

岡ちゃんが選んだ竿は川釣りの初心者が使うような代物だった。天邪鬼の彼らしいといえば言える。

群馬県の西部の吾妻郡中之条町に通いだしたのは、首相に就任した小渕恵三元首相の取材のためで、1999年の夏ごろのことだった。渋川市から草津温泉に向かう途中の国道沿いにあるのが中之条町で小渕元首相の出身地である。

若い時分には群馬県内すべての市町村の役所、役場を訪ねて一定区域の住民台帳を書き写すというアルバイトの仕事があり、高崎市内の旅館と契約して約1か月かけて車で走り回ったので地の利はある。

ちなみにその仕事の発注元は天下のNHKであり、アルバイト料金も相当良かったことを覚えている。先方の役所・役場にはNHKから依頼の手紙が届いているので、断られることもなく、ひとつの役所で2時間ほど仕事をして次の役所に移動するという具合だった。つまり、運がよければ1日で3か所ほど回ることができるという仕事である。

草津温泉にも何度もスキーで通ったものだし、お隣の六合村《くに》やキャベツ栽培で有名な嬬恋村にも足を運んだことがある。中之条には沢渡《さわたり》、四万《しま》という有名な温泉があって入浴した経験もあった。草津を源流として国道脇を流れる吾妻川を見ると渓流釣りとしては魅力的な大きな川で適度に大きな岩が点在しており、竿をだしたいと若い頃に思っていたが、これだけ魅力的に見える川で当時釣り人を見かけることはなかった。

「あの川には釣り人はいませんね。この辺では釣りの習慣はないんですか？」

その当時、様子を訊《き》こうと中之条にあった古い佇まいの釣具屋に入った。

「釣り人？　いやだ〜、だって本流にはサカナはいねえから」

奥から出て来た割烹着姿のおばさんが、金歯を光らせてケラケラと笑った。

「はあ？」

「草津から温泉水が流れてきているんでね。中和する作業が始まったと聞いていますけれど本流にサカナは戻っていないんじゃねえかな」

「あっ、そうだったんですか」

まるで松尾鉱山のようだ、と思った。東洋一の硫黄の生産量を誇った岩手県の県北にある松尾鉱山も鉱毒水の影響で盛岡辺りまでの北上川にはサカナが棲むことはできず、数十年前に中和する設備ができてからやっとサカナが川に戻ったのである。

おばさんが対応してくれた釣具屋はもうなかった。本流で釣れないとなれば支流を探すしかない。まあ、我慢するしかないと思っていたら、取材が長引いて毎週4、5日は中之条に行くことになった。

当時電電公社が民営化された後にNTTドコモという会社が発足した。言わずと知れた携帯電話の会社である。その中に個人株主が数人いるのが発表され、それらが全国で群馬県の関係者だけということが明らかになった。なぜ群馬県に関係する者だけが個人株主になれたのか？おかしいではないか？　私の疑問に編集長がGOサインを出してくれたのが群馬県へ足しげく通う発端だったのである。まさか、この「仮面の善人」というタイトルの連載がその後半年に渡って毎週続くとは想像もしていなかった。

ドコモは、当時全国にあった電電公社に拠点を作って地元の自動車販売会社や貨物会社などの有力企業らから賛同を受けて株を購入してもらい、それを資産として移動体通信会社を経営していた。今は懐かしいショルダーホーンやポケベルの時代のことである。１９８５年8月に起きた日航機墜落事件も現場は群馬県上野村の御巣鷹の峰だったが、この時分にも私は出来たばかりのショルダーホーンを車に積んで群馬県に通ったものだ。電波の入りが悪いので、なんとか入りの良い高い山に車を走らせたり、大きな羊羹《ようかん》のようなバッテリーが20分ぐらいしか持たなかった時代だった。

移動体通信の会社は名称を何度か変えてドコモになったわけであるが、電電公社は協賛してくれた企業や個人に対し所持してもらった株を対価通りに支払って返納させていたのである。この返納に応じなかったのが群馬県で設立した上毛通信という会社の株主たちで、それがＮＴＴの民営化まで残ったというのが簡単なあらましだ。

私は上毛通信の成り立ちから取材を進めることにした。個人株主のなかには小渕元首相の実兄で取材当時中之条町の町長だった小渕光平氏や小渕元首相の秘書の名前もあった。株の上場で彼らには数十億円の利益が転がり込んだのだから非常に美味しい話である。

そんなに美味しい話というのがそんじょそこらに転がっているはずがない。私はそのように考えた。いや、私でなくてもそのように感じるのがマスコミの人間とすれば当然のことだろう。

株を手放さなかった個人株主のなかには当時の電電公社の群馬支社の役員Ａさんもいた。Ａさんは数株程度持っているだけだが、時価にすると数千万円になっている。彼の自宅へ何度か通ってやっと話をする機会に恵まれた。もう70歳近いAさんは180センチはあろうかという長身、ロマンスグレーの恰幅のいい紳士で、白髪の頭を撫でながら当時のことを振り返った。

「オレはさ、記念として株を手放さなかったんだよ。最後の職場の株だったから紙くずになってもいいと思っていたんだ」

「利益がでるとか思わなかったんですか?」

「そんなに先見の明があるならもっと株を沢山手に入れているよ」

「なるほど、なるほど」

Aさんの言葉にウソはなさそうだ。

「では、どうしてNTTドコモ上場の億万長者が群馬だけに生まれたんですか?」

「そりゃあ……」

急にAさんの歯切れが悪くなった。

「調べてみなよ。目端の利くヤツがいるからさ」

苦笑しながらAさんの目は私を捉えた。

「誰ですか?」

「そりゃあ、調べれば分かるさ」

Aさんはそれが誰なのか教えてくれなかったが、上場のウラに仕掛けがあることはピンときた。それで過去の登記を全て取って調べる作業に明け暮れたのである。

中之条に足しげく通ったのは取材が進んでいったころである。1人では暇を潰すのが大変なので誘ったのがカメラマンの岡ちゃんだった。私が誰かの直撃インタビューをする様子を撮るのが彼の仕事で、取材相手が夜まで帰ってこないとなれば何もすることもない。

「暇だから釣りでも行きたいけど、どこかいいところはないですかね」

中之条の駅前にあった喫茶店で時間を潰すのが日課となっていた私はカウンターのマスターに声を掛けた。

「オレは釣りをしないからさぁ。ちょっと聞いてみらあね」

70近くのマスターは中之条や周囲のことに詳しく、いいニュースソースになってくれていた。後程彼は日本中が話題としたある事件のスクープの基を作ることになったが、それは後で説明しよう。

「あのね。本流でも釣れるらしいよ」

電話を切ったマスターが声をかけてくれた。

「え？　サカナが棲んでいるんですか？」

「うん。中和設備が機能しているから吾妻川で釣れているそうだよ」

それを聞いて、慌てて喫茶店を出て、川を見に行った。喫茶店から15分ほど行ったところに堰があるのを見つけた。河川工事がされていて、両岸には原っぱの河川敷があり、川幅は30メートルほどあるが水深はそれほど深くなく膝ぐらいなものだ。

まるで初心者の川釣り向きの様相だった。

「ほら、そこでやってみようよ」

車から仕掛けを出して準備を始めると、岡ちゃんも買ってきた竿を嬉しそうにだしている。彼を高崎市内の釣具屋に連れていったのが冒頭のシーンである。私の勧めた渓流竿は5000

円程度の初心者用のものだったが、岡ちゃんが選んだのは小鮒やハヤを釣るような竿でハリも糸もセットになっている２０００円ぐらいの小中学生が使うようなものだった。

「ほら、こうやってハリを付けて、オモリはこうやって付けるんだ」

手取り足取りという言葉通りに、よちよち歩きの岡ちゃんの面倒を見る。暫く面倒を見てから半ズボンになった私は川岸から大きな岩の淵を狙ってキャストした。ミミズをエサに何度か流すと、ククッと竿先が曲がって、上がってきたのはアブラッパヤであった。正式にはアブラハヤというのだろうが、関東ではアブラッパヤと外道扱いされている中指程度のサカナである。

「どうした調子は？」

岡ちゃんが釣っているところに行って見ると川に向かって仕掛けを投げ入れている。

「釣れないなあ」

「お前、何をしているんだ？」

岡ちゃんの上げた竿先の仕掛けを見て驚いてしまった。なんとアジ釣り用のサビキ仕掛けが付いているではないか。

「それってサビキだろ？」

「そうだよ。エサを付けなくても釣れるって聞いたから買ったんだよ」

「アホか？」

呆れて声もでない。

「もしその仕掛けでヤマメやイワナが釣れたら、オレもこれからサビキで釣りをするよ」

「釣れるかもしれないで～」

初心者というのは怖さを知らないが、この柔軟な発想というのは尊重したいものだ。

「釣れた！」

暫くして岡ちゃんの大きな声が河原に響いた。アブラッパヤがサビキのハリにかかっていたのだ。アホか、お前は。身をクネクネと動かしているアブラッパヤを私は憐れんだ目で見ていた。

「これでいいんじゃない？」

岡ちゃんの自慢気な顔を見ながら、情けない気分になってしまった。

私は堰堤の白く渦巻く場所の脇を狙ってキャストし続けた。するとグッと竿先が絞られて、思わず腰を下ろして、竿をためた。右に左にと竿を揺らせ、サカナの勢いをなんとか消していく。やっと水面に上がってきたのは尺にはならないが体高のしっかりしたヤマメだった。

「ほう。綺麗なものだね」

岡ちゃんも私の傍《そば》でやりとりを見ていた。

「だろ。ほら、パーマークも綺麗だし」

岸に寄せられてきた推定28センチのヤマメは抵抗するのを諦めて綺麗な魚体を陽光に晒している。

「ありがとな。また会おうぜ」

ハリを外してそっと流れに戻してやった。まさか、というか嬉しい誤算であった。こんな処で幅広ヤマメが釣れることを知ったのだ。それから毎日のように夕まづめには竿をだすようになっていった。

いい釣りをしたかったら川を知らなければならない。これは基本中の基本のことだ。一見《いちげん》の川で竿をだして釣れないことはないが、それは単に運が良いだけで渓流を楽しみたければ川を熟知するのが釣果にも繋がる。

私は1日中渓流で遊ぶような時間の余裕はなくて、夕方の空いた時間にパッと行って大物を釣り上げるのが私流の釣り方であるから、車を停めて精々2、3分しか歩かないようなポイントを何カ所かキープするようにしていた。

「あそこの淵の脇を狙うんだ。大物がきっと潜んでいるから。そして流れはあの大きな岩にぶつかっているだろ。その下にも隠れているはずだ」

岡ちゃんを助手席に乗せて、中之条の町から近隣の町の河川を見に行くのも日課となり、彼に渓流のサカナのいるポイントを教え込んだ。

「オレは尺モノを釣るから」

私が貸した10数冊もの渓流釣りの本を読破した岡ちゃんはすっかりベテラン釣り人の心境になって尺モノを連呼している。まだ1尾のヤマメもイワナも釣ったことがないのに、尺を釣ると気分だけは名人になってしまったのである。

バブル時代に都心でサーフボードを載せた車をよく見かけたが、サーフィンをしたこともないのに恰好だけのサーファーが数多く出現して「陸《おか》サーファー」と冷笑されたものである。岡ちゃんは「陸（岡）アングラー（釣り人）」になってしまった。

「あのな、尺もいいけれど、まずは1尾釣ってからだぞ」

渓流釣りの憧れは尺モノを釣ることであり、一応30センチが尺モノと呼ばれているが、長さだけであれば尺はそれほど難しくない。

「ヤマメで30センチの長さ、そして体高が10センチ以上あれば立派な尺モノと言えるかな。イワナだったら40センチ以上なければ大物とは言えないなあ」

私と若い時分から渓流に足を運んでいた三ちゃんは大物についていつも口にしていたが、私も同感である。蛇みたいなひょろりとした30センチ超えは尺に入らない。そんなアドバイスを岡ちゃんには何度もした。

「どうだ、釣れたかい？」

「ダメだった」

夕方暗くなってから川岸の車に岡ちゃんは幾分肩を落として帰ってくる。そんな日が続いた。やっと彼が20センチはいかないヤマメを釣り上げたのは数日経ってからだったが1度その感覚を覚えれば釣れだすものだ。

中之条の山々が色付きはじめるともう渓流は禁漁期に入ってしまう。ここは9月21日からが禁漁となっていた。

「残念だなあ。まだ釣りたかったのに」

すっかり岡ちゃんは渓流ファンになってしまい、バイスも購入して自宅で毛鈎を巻いているという。私たちは仕事の合間に川をチェックすることを繰り返していた。するとある場所で3、4人が竿をだしているのを目撃した。

「釣っちゃあダメなんだろ」

岡ちゃんが口を尖《とが》らした。それで車を近くの土手に停めて川へ下っていった。アノラックを着こんで毛糸の帽子を被った年配の男性たちが河原にクーラーボックスを置いてそこに腰を下ろして真剣なまなざしで竿先を見つめている。

「ここは禁漁じゃないんですか？」

おそるおそる声をかけた。

「うん？　禁漁なのはヤマメとイワナやマスであって、俺らが狙っているのはウグイだから関係がないのさ」

初老の男性の微笑んでいる目は細く、人が良さそうな穏やかな顔をしている。

「はあ？　ウグイを狙っているって？」

どうにも意味が分からなかった。ウグイを釣ってどうするのか？

「食べるんですか？　骨が多いでしょうに」

「いやいや、冬場は脂がのっているから旨いし、干して出汁にもするんだよ。昔からこの辺りではそうやっているんだ。兄《あん》ちゃんたちはどこから来たんだい？」

「東京ですけれど、ヤマメやイワナのポイントを下調べしているんです」

「ほんじゃあ、あそこで釣ればいいじゃないか」

無精ひげを生やした初老の男は上流にある堰堤を指さした。

「だって禁漁期間でしょ」

「なあに、構わねえさ。ウグイを釣っていてマスが釣れたことにすればいいんだから」

「見回りの係員に捕まったら嫌ですからね」

「うんや、捕まえねえから」

「はあ？」

「ほれ、オレたちが漁協の組合員だから、誰も捕まえねえから安心しなって、ガハハハ」

初老の男は川面に響くような大きな声で笑った。信じられないが、ヤマメやイワナが禁漁になってもウグイ釣りだと認められる川や、マス釣りは通年という川があることを私は知ることになった。といってもヤマメ、イワナしか狙う気はないので竿をだすことはないし、身体が震えるような渓流で竿はださないと以前から決めているので残念でもなかった。

日本の多くの渓流は3月から9月までが解禁期間だが、私は新緑の芽が顔を出してからでないと竿はださない主義であるから5月半ばから9月までの5か月弱がシーズンということになっている。

禁漁になっても仕事があるので群馬に通うことには変わりはなかった。それでも中之条町にある有名な四万温泉の奥の人造湖の四万ダムのバックウオーターを見に行ったり、隣の六合村を流れる素晴らしい渓相の流れを見に行ったりして来年に狙えそうなポイントを探すことは怠らなかった。

当時は高崎のビジネスホテルに拠点を置いて週に3、4日は中之条を含めた群馬県内の関係者を取材しに回っていた。高崎から渋川へ向かい、そこを左折して中之条、草津方向にハンドルを切るのが普段のコースである。

「あれ？　マス釣り場ってあるぞ」

渋川からそう遠くない吾妻川沿いの国道に看板があったのは、たしか11月に入っていたように思う。そこには「スーパーレインボー釣り場」とあったように記憶している。

国道から住宅がかたまっている細い路地をずっと走っていくと吾妻川のほとりの空き地に何

台もの車が停まっている。どうやらそれらは客の車のようで釣り場は流行っているようだ。

「こんな大きなレインボーが釣れるんだよ」

川から上がってきた中年の男性が両手を広げて見せた。

「最低50センチ以上で70センチから1メートルぐらいなのもいるから、やっていきなよ」

男性はそう言い残して車で走り去っていった。川に入る前に事務所があって、そこで入漁料2000円を支払うことになっているようだ。100メートル以上の長さで仕切られた川では20人ぐらいの釣り人たちが竿を構えているのが見える。他人が竿をだしているのを見るとムズムズしてくるものだ。

「どうする?」

岡ちゃんの顔を見た。

「う〜ん……。オレは止めておくよ。養殖のニジマスを釣ってもなあ……。どうせリリースするんだし」

「そうか……」

私も悩んでいた。正しく岡ちゃんの言う通りであるが、自分の腕前を披露したいという見栄の心もある。

「やりたかったらやれば。オレは見ているから大丈夫だよ」

結局岡ちゃんの言葉に甘えることになり、2000円の入漁券を支払い、発泡スチロールの皿に載っているエサを受け取った。エサというのはサイコロ状に切られているマグロの赤身だった。

幅20メートルほどの川には思い思いに釣り人が陣取っているが、その殆どは年配者だった。どうやらルアーの釣り区間もあるようで、そちらでは若いアングラーたちがピュッという音を出しながらロッドをキャストしている。やはりルアーのほうに分があるかな、と思ったが車にルアーロッドは入れていなかったのでしょうがない。

私は本流の流れが途切れてトロ場になっている場所の岩場に腰を下ろして、早速仕掛けを準備しだした。道糸を0・8にしてハリスも0・8にしてハリも私が持っているタックルの箱の中から1番大きなものを付けてマグロをエサに強い流れの脇に仕掛けを投げ入れた。

ギュンと竿が撓《しな》ったのは頭の中だけであって、目の前の竿には何の反応もない。何回か狙う場所を変えてキャスティングをするが、同じことである。

「キミもやってみなよ」

竿を岡ちゃんに渡して岩場でタバコを燻らせながら、一体オレは何をしているんだろう、と悔やむ気持ちが募ってきた。こんな釣り堀みたいなところで竿をだすなんて普段なら考えもしないはずなのだが、やはり竿を振りたいという気持ちが心の奥底にあるのだ。

周りの誰もサカナを上げることはなく、結局1時間以上も粘ったが坊主《ボウズ》（1尾も釣れない）という結果に終わってしまった。

「残念だったなあ」

助手席で岡ちゃんが呟いた。

「まあ、あんなもんだろ。パチンコで遊ぶよりもずっと楽しかったからいいんじゃないか。釣れたってなんの自慢にもならないからなあ」

中之条の駅前の喫茶店でもそのことを話題にすると、マスターが大笑いをした。

「本当に釣りが好きなんだねえ」

「ええ、シーズン中は仕事より釣りですから」

カウンターに腰かけてコーヒーカップを口にしていた。

「もう直ぐ自民党総裁の公選ですけど、マスターは自民党員でしたっけ？」

「うんや、前はそうだったけど党費を払っていないから資格がないはずなんだよ。だけどさ、オラんとこにも投票用紙が送られてきたんだ」

「はあ？　党費を支払っていなければ投票資格はないハズですよね」

「んだ。多分、コレが関係していると思うんだけどね」

そう言いながらマスターはキャッシュカードのようなプラスティックのカードをカウンターの上に置いた。

「ＫＳＤという中小企業を支援する団体で、まあ、保険のようなもんさ」

「ＫＳＤ？　初めて聞きますね」

プラスティックカードに書かれている住所を取材ノートにメモした。これが日本中を揺るがして国会議員も逮捕されたいわゆるＫＳＤ事件の発端である。ＫＳＤとは中小企業経営者福祉事業団といい、会員になると観劇や観光旅行の特典や、保険などにも加入できる組織であることが分かった。

簡単に言うのなら、ＫＳＤが会員の自民党員費の会費を勝手に支払って、自らが手掛けようとしていた大学設置などの見返りを自民党議員に求めていたという事件だ。

「ほら、出たぞ」

助手席の眠そうな岡ちゃんに声を掛けた。中之条町のある1軒家から髪の短い中年の男性が出て来たのだ。早朝の高崎市内のホテルから車を飛ばして朝7時から張り込みをすること1時間半後に出て来たのは狙っている男に間違いなかった。

「Sさんですよね。すみませんが、お話を」

名刺を出すと男性が身構えた。阿吽の呼吸で岡ちゃんは車から降りてシャッターを切っている。

「あなたがこの地区のKSDの会員に総裁選の投票用紙を送ったんですね」

「うん？　それで」

「それって不正じゃないですか」

彼の顔色が変わった。

「オレ、何も言わないから……」

逃げるように去っていく。この男性は現役の町会議員でこの地区のKSDの元締めだった。

「さあ、ひと仕事終わったから釣りに行こうぜ」

岡ちゃんと川に向かったのである。

「自民党総裁選挙で不正？　党員資格のない者に投票用紙が配られる。都内のKSDが関与か？」

そしてこのような私が書いた記事が載った。これがKSDが週刊誌に載った初めてのことで勿論党員資格のない者というのはマスターのことだ。こんな小さな喫茶店の空間から日本中を賑わした大事件のスクープが生まれたのだ。

発売直後に読者と称する方から私に会いたいとの連絡が来たので私は小渕の記事を手伝ってもらっている同僚記者の阿部クンを連れて会いに行った。彼は政治資金収支報告書の解析や、小渕首相が出席していた郵政省の会議の議事記録を国会図書館に通ってコツコツと調べていた。彼のサポートがなければドコモ株疑惑の連載は出来なかったほどの素晴らしい成果を惜しみなく与えてくれていたのだ。

「記事を読みました。ＫＳＤの裏資料を持っていますから糾弾して下さい」

体格の良い、眼光鋭い男性が私にＫＳＤの不正のあらましを語ってくれ、資料が入った段ボール箱を私に預けてくれたのだ。早速丸２日かかってその資料に目を通していくと、自民党議員への献金の表などの重要事項がずっしりと入っている。

「こりゃあ、まるで宝の山だな」

「ええ、そうですね」

阿部クンは優秀な記者であるから、これが賄賂に当たる可能性があることに直ぐに気付いた。

「これを使って裏取り取材をすれば大スクープになるぞ。オレは小渕追求で忙しいからキミがこれを担当しないか？」

「え？　いいんですかボクで？」

目を丸くして阿部クンは驚いていた。それでも勝手に動くわけにはいかないので編集長に許可をもとめに行った。

「……。ＫＳＤって知られていないだろ。小渕の件で手一杯だからやらなくてもいいんじゃないですか」

編集長の返事は意外なものだった。

「これは大騒ぎになる案件ですよ。阿部クンに担当させて華を持たせましょうよ」

阿部クンは記者になってまだ3年ほどだったが、コレというスクープをモノにしていない。ここで大スクープを上げられれば勲章になるはずだ。釣り上げると釣り方が分かるようになるのと同じで、スクープというのも1本を最初から最後までやり切ると取り方が分かる。私はそのことを知っているので編集長に粘ったが、彼はクビを振らなかった。

「申し訳ありません。私の力が足りないばかりに編集長を説得できませんでした。どうか他の媒体を探してみてください」

資料を入れた段ボール箱を情報提供してくれた男性に戻しながら頭を下げた。

「他のところに持っていっていいんですか？　折角差し上げようと思ったのに」

男性は意外なことなのか戸惑った表情を浮かべた。

「私もこの資料がどれだけの価値があるのかよく分かっています。しかし、小渕追求もありますから……、悔しいですけど」

それから3週間ほど経って『週刊朝日』が大スクープと銘打ってＫＳＤのスキャンダルを連載し始めた。当然のことながら新聞や他の週刊誌も追随して大騒ぎとなったのである。

「ボクの読みが甘かった。あのとき言うことを聞いていればアレはウチのスクープになったハズなのに本当に申し訳なかった。ＫＳＤはダメだけど小渕は引き続き頼みますからお願いします」

編集長が私に頭を下げて詫びたのは清清しかった。もっと感銘を受けたのは、『週刊朝日』

が誌上でＫＳＤの疑惑を最初に明らかにしたのは私の記事であることを明らかにしたことである。黙って自分のスクープとしていいのにそれをしないフェアな行いはそうできるものではない。

私は『週刊朝日』が次に何を書いてくるのか手に取るように分かっていた。しかし、『週刊朝日』の邪魔をするような先行記事は一切書かなかったし、心の中で『週刊朝日』頑張れとエールを送っていたのである。

小渕の追求記事は年が明けても続いていた。それまで連載を無視していたいろいろなマスコミ媒体も記事を掲載するようになったが、相当調べないと追いつくことはできないのは分かっていたので追い抜かれるという心配はしていなかった。小渕の事務所からは記事を止めてくれるように会社のＯＢなどを使って裏から編集長に対して申し入れが何回もあったようだが、編集長は頑として撥《は》ねつけていたと耳にしていたので張り切るしかなかった。

記事はドコモ株から小渕が持っていた沖縄利権にも派生していった。群馬が地元の小渕氏が沖縄に利権を持っているのではないかと推測したのはＫＳＤ事件を担当できなかった阿部クンが国会図書館から引っ張ってきた小渕氏の政治資金収支報告書の解析からである。

民主党には小渕氏のドコモ株追求委員会が設置されて私も何回か呼ばれて説明をしたし、議員と一緒にＮＴＴの重要幹部宅を張り込んだこともあった。

４月の始めに私は編集担当のＳクンと一緒に九州に向かった。ドコモに切り替わる前の最後の群馬支局長のＣ氏とのアポイントが取れて話をきくために彼が住む熊本市を訪れたのだ。

彼の存在が分かるまでは時間がかかり、連絡がなかなか付かなかったが、やっと会えることになったのである。

「遠くまでわざわざ来て下さって、お疲れ様でした」

私たちを迎えてくれたC元支局長は小柄で頭部は薄くなっていたが、目尻にシワが寄って温厚そうな方であった。

「こちらこそお忙しいところ申し訳ありません」

型どおりの挨拶を交わした後で、我々はリビングのソファーで向かい合った。

「録音をさせていただきたいのですが」

「ええ、宜しいですよ。もう昔のことですから」

ICレコーダーを机の上に置いてインタビューが始まった。私が調べていた上毛通信からの歴史と小渕氏の関与の説明をCさんは頷きながら聞いていた。

「誰がNTTに株を返さないと決めたのですか？」

「それは小渕さんです」

Cさんが間髪入れずに答えられたときには鼓動が早くなったことを今も覚えている。

「小渕さんのクラスでないとそのようなことはできませんから。再三株を返して下さるようにお願いしていたんですけれど、結局それが続いて今回の騒動になった訳です」

「するとCさんは当時忸怩《じくじ》たる思いがあったということですか？」

「そりゃあ、上から株を返納させろと命じられていたのに全国で群馬だけが出来なかったんですからそうなりますよ」

Cさんの発言は小渕氏にとって致命的な内容だった。

「これを書きたいのですが、ご了承していただけますか？」

「はい、大丈夫ですよ。不正は許したらいけませんから。あなた方の記事は毎週読んで密かに応援していました」

約1時間のインタビューを終えて、Cさん宅を出て思わず担当編集のSクンと堅い握手を交わした。

「やっと、これで小渕のクビを獲れるぞ」

Sクンも興奮していたし、私もこれまでの半年の取材の集大成を成し遂げた思いに感慨深い気持ちになっていた。

Sクンは編集部に吉報を知らせるために携帯電話を耳にした。

「エ、エ〜ッ、本当ですか?……」

Sクンは一体何に驚いているのか?　こんな決定的なインタビュー以上に驚くことがあるはずがない。

「参った。小渕が倒れて病院に運ばれて意識不明らしいんですよ」

まさかという、信じられないようなタイミングだった。4月2日に倒れた小渕氏は約1か月半近く意識不明のまま亡くなってしまったのである。

結局編集部判断でCさんとのインタビューはお蔵入りになったままで今も私のICレコーダーのなかで眠ったままである。

源流についての考察

魚止めの滝

渓流釣りに嵌《はま》ると、初心者の頃はもっと釣れる場所はないのかと考え続ける。私がそうだったし、周りの若葉マークの釣り人たちが考えついた答えは源流へ向かうことだ。

誰も足を踏み入れていない渓で竿を振りたい、自分だけの秘密の場所で釣りたい、と考えてしまう。実際はそんなところはないのに頭の中にはサカナが溢れかえっているエル・ドラードが見えてくるのだ。これは渓流釣りだけに限らず、堤防釣りでも釣り人は突端に行きたがるし磯釣りでもできるだけ海に突き出している岩場を好むから、人間の持つ本能なのではないかと思ってしまう。

他人より多く釣りたいと考えるのは悪いことではないだろうが、釣果ばかりを気にしているようではまだまだ釣りのベテランにはなれない、と私は思っている。と、恰好いいことを書いているが、誰もが初心者の時代があったわけで、私も源流を目指した1人であることを告白せざるを得ない。

初心者に毛が生えていた程度の頃、私も渓流では先に先にと歩を進めるのが当たり前で、アユ釣り用の体にフィットするタイツを履いて、フィッシングベストを着こみ、ザックを背に険しい渓流を登っていったものだ。

「この先には必ずサカナが待っていてくれる」

そう思いながら熱にうなされたようなあの行動は今でも不思議な感覚として残っている。

「あんたには世話になったからお返しをしなくてはね」

盛岡の居酒屋で会っていたのは取材で知り合うようになった片山さんという50手前の痩せた男だった。彼は市内で飲食店を何軒か持っていて、羽振りがいい。ひょんなことから私が渓流釣りに嵌っているのを耳にして秘密の場所を教えてくれることになったのだ。

「絶対に他人には漏らさないで下さいよ」

テーブルの上に紙を置いた片山さんは、ボールペンで渓流の図を書きだした。まるで埋蔵金の在り処を訊いているような高揚感に包まれてくる。

「ここまでは車で行けるんだけど、この先は道が細くなって車じゃいけないいんだね。オレは車にオートバイを積んでそこから源流近くまで走るんですよ。バイクも行けなくなった道を暫く歩いていくと、そこに小さな滝があるから一般の釣り人たちはそこが行き止まりの源流だと思って引き返すことになるわけです」

「なるほど、そうなりますね」

「だけどね、この脇の雑木林を上がっていくと、もう釣りはできないと思うほどに流れが細くなるんですよ。当然ここでも諦める。ところがクネクネとした細い流れを辿っていくとその先に大きな滝がある。多分伏流水なんだろうけれど、その下に6畳ほどの大きな深い淵があって、そこにイワナがうじゃうじゃいるんです。暗緑というか暗っぽい翡翠のような神秘的な色の淵でしてね」

「ほう」

私の頭にイワナがうじゃうじゃいる淵が浮かびあがったのは当然のことだ。

「オレは毎年、年に1回だけその淵に行って、楽しんでいてね。まあ、オレの釣り堀みたいなものですか」

「そ、そりゃあそうですね」

片山さんは源流付近の図は書くが、それがどこの渓流なのか俯瞰《ふかん》した図はまだ書いていなかった。このままではどこの渓流なのか分からない。急に言葉遣いまで丁寧になった自分を浅ましく感じながらも片山さんの前に置かれた空になったグラスにビールを注いでいく。

「でも、この3年間は1度も足を運んでいないんです。渓流釣りで崖から落ちて足を複雑骨折して今もボルトが入っていてさ。カミさんからは釣り禁止と言い渡されてねえ」

唇にビールの泡を残して片山さんがニヤリと頬を緩めた。

「3年間も誰も入っていない？」

「多分。オレしか知らない場所だから」

自慢気に片山さんは胸を反らした。


彼の機嫌を取ってやっとその渓流のありかを訊きだした。岩手と秋田の県境を流れる渓流であるが、どうしても半日以上は時間が必要なのは直ぐに分かり、そのエル・ドラードに行くのは数年延期せざるを得なかった。

「あのな、実は……」

誰にも言うなという禁を破って岡ちゃんに話すと、彼は腹を空かしたサカナのように直ぐにエサに飛びついてきた。

「そりゃあ、行くしかないでしょ。いつにする？」

まるで自分が情報を持ってきたような勘違いの雰囲気を醸し出している。オートバイは調達できなかったが6月の半ばにやっとその渓流に向かうことになった。まるで遠足を楽しみにしている子供のようで前夜はエル・ドラードの淵で歓喜雀躍《かんきじゃくやく》として釣り上げている夢も見た。

運よく快晴の青空で、我々の勝利を前祝してくれるように小鳥たちも喜んで唄っている。山道は予想していたよりも荒れていて、大きな尖った岩が崖から落ちていたり、倒木もあり、その度に助手席から岡ちゃんが飛び降りて、退けていく。面倒臭いがこれはこれで嬉しいことであって、相当前から釣り人がこの渓流に入っていないという証拠になるので岡ちゃんの顔も輝いている。

「何10尾釣れるんだろうか？」

「お前はアホか？　数10尾釣ってどないするつもりや？」

東京暮らしであるが、日本全国を回っていて、特に関西での仕事が多かったので、つい関西弁が口にでる。

欲しかったら数尾をキープすればそれでいいではないか。私たちは漁をしているのではなく、細々と釣りをしてそれを楽しんでいることを忘れてはいけない。青臭いと呼ばれようが、この考え方にブレはない。渓流で楽しみ、僅かな報酬を頂くのが私の渓流に対するポリシーだ。

岡ちゃんは道の岩をいちいち取り除いてくれた。注意深くゆっくりと進んでいかないと道路脇の尖った岩でタイヤがバーストする危険性がある道だった。私は山奥でバーストしてしまった経験もあるからタイヤの横腹が如何にモロいかを身に染みて知っているので慎重の上にも慎重に車を進めていった。もうこれ以上車を進めることができない場所に車を停めると、そこからは人が歩ける細い道が奥に続いている。

最初は春の小川のようなサラサラとした流れが道の脇に続いていたが、車が通れなくなる頃からその容貌を変えて、大きな岩を縫うような流れのある渓相に変わってきた。本来ならここからオートバイに乗れれば早く行けるのだろうが、用意ができなかったので、渓流沿いの道を歩くこと1時間半もかかってやっとオートバイも走れない道まで行くことができた。道の脇から見えている渓流には絶好に見えるポイントもあったが、今回はそれに目を瞑《つむ》ってあくまでもエル・ドラードを目指すことにしたのだ。

片山さんが言ったように小さな滝がある。

「この脇だよな」

岡ちゃんが滝の斜面にあるナラの幹に手をかけて登り始めた。それほど急ではないが、落ちれば大けがをしそうな場所で、そこを息を切らせて登ると細い流れが上流に続いていた。もう直ぐだ。何カ所かのカーブを歩き、遠くに3メートルほどの滝が見えてきた。

「もう用意をしなけりゃ」

岡ちゃんは竿をだして、仕掛けをチェックし、足音を立てないように岩陰から首を伸ばして滝の様子を覗いている。きっと初めに糸を垂らす気持ちになっているのだろう。本来なら私が最初に糸を垂らすのが当たり前のことだろうが、ここは師匠として余裕を見せつけていた。大きな淵にイワナがうじゃうじゃと泳いでいるはずだった。

「なんだこりゃあ」

岡ちゃんが素《す》っ頓狂《とんきょう》な声を上げた。滝の下に大きな淵など存在しておらず砂と石で埋まって浅い水たまりみたいなものがあるだけだった。2時間以上もかけて辿ったエル・ドラードは石ころに化けていたのだ。

腰から力が抜けてしまったようにその場に2人ともヘナヘナと腰を下ろしてしまって苦笑しなければならなかったのである。

魚止めの滝があるという話は渓流釣りの本には必ずといって出てくる。しかし、だ。渓流も川も海も刻々と表情を変えていることになかなか気が付かないものだ。台風や大雨で流れが変わったり、淵が埋められてしまうことのほうが自然なことであって、変わらないほうが不自然なのである。

私はその後何度もこのような経験と出くわしたが、それでも源流を目指していたのだから源流という響きにすっかり心を奪われていたのだろう。

ちょうちんの三ちゃん

源流釣りで直ぐに思い浮かべるのは三ちゃんのことだ。彼は若い頃にはフライフィッシングに夢中になって秋田や岩手の渓流でフライロッドを振っていたものだ。ところが大きな建設業を営んでいた父親が急逝してしまい、彼は親父の後を継ぐことになってしまった。海千山千がいる建設業の社長を20代の三ちゃんが継ぐことは至難の業であることは容易に想像できる。彫り物をしている土方も少なくない時代であり、「この若造めが」と、言うことを聞いてもらえないこともしばしばあったという。

「ご指導をしていただけませんかね」

三ちゃんの賢いところは腰の低さであり、年配の社員に対しては尊敬の念を忘れずに接していたから会社の業績は父親の時代を超えて５００人以上もの人を使っているのだから私としても尊敬せざるを得ない。

幼馴染であるから「おい、お前」の仲であるので社長になってからも気兼ねなく飲んだり、渓流釣りに一緒に行ったものである。しかし、会社が忙しくなり、その回数はめっきり減ってしまった。

「仕事ばかりしているとストレスが溜まるから渓流に行きたいんだけど、なかなか時間が取れないんだよ。お前はいいよなあ、東京から飛んできて」

三ちゃんはボヤくが、これは私の考え方と大きく異なっている。

「いや、それは違うって。時間はなんとか作るものなんだ。お前は30分も車で走ればいつでも渓流で竿をだせるから、『いつでもだせる』と思っているんだろ。だけどオレは3時間走っても釣れない渓流があるところに住んでいるワケで、だから釣りたいという願望がいつも満ちているのでなんとかして時間を作り出して来ているんだ。オレは砂漠で水が欲しい旅人のようなものでお前は砂漠のオアシスに住んでいるから水はいつでも飲めると思っているようなものだぜ」

「そうか。そう言われればそうかもな。夏に台風が近づいたらオレらは海には近づかないけれど、遠くから海水浴に来た内陸の人は無理して海に入って、事故に遭うようなものか」

「そうそう。多少の嵐でも渓流で竿をだしたくなるのは時間がなくて遠くから来た釣り人に多いのと同じことさ。だからお前は贅沢なんだということをもっと認識して山に出かけるべきだ」

禁漁まであと半月という9月半ばに三ちゃんと久しぶりに一緒に車で向かったのは北上山地の閉伊《へい》川の支流であった。山々はまだ色づいてはいないが、空が高くなり、秋の気配を感じることができる。

「ここに車は停めて、源流を目指すぞ」

三ちゃんは数年前から源流の釣り人になったと笑った。林道を造ったり補修したり、山奥の堰堤を建設したりと土木の建設現場は山奥にもあるので、仕事柄それらを視察して歩き回っている彼にとって北上山地はまるで自分の庭のようなものだ。

「やっぱりさ。誰も釣っていないところで竿をだしたいって欲求があるからな」

「オレもその考え方は理解するけれど、源流は荒らされていることがよく分かったから」

私は、数々の源流での失敗体験を彼に喋っていた。

「オレの行く源流は違うから」

彼は自信たっぷりに胸を反らした。ウエーダーも履かずに2人はザックを背に細い林道を歩きだした。渓流は流れておらず、どうやら峰を越えて山の裏側の源流に辿りつく算段のようだった。

「ちょっとあっちに行こうか」

三ちゃんは周囲を見渡して雑草が生えているなだらかな斜面を登っていく。へえ、こんなところに流れがあるのかと思いながら後を追った。

「ほら、こんなにあるじゃないか」

彼が顔を綻《ほころ》ばせて指さす先には倒木があった。その空洞になっている部分にびっしりとこげ茶色のキノコが生えていた。

「ボリだ。これが美味いんだよなあ」

両手でボリを掬《すく》った三ちゃんが匂いを嗅いで目を細めた。この地方でボリと呼ばれているのは正式名称ナラタケであり、鍋に入れると森の精が溶け込んでいるような香ばしい匂いとわずかな粘りの深みがある味を楽しむことができる。

「オラはさ、これが好きでなあ。ああ、今年もやっと秋が来たという気分になるんだ」

ビニール袋に丁寧にボリを入れながら三ちゃんの頬は緩んでいた。

「ほら、あそこにもあるじゃないか。こりゃあ運がいいな」

指さす先には木漏れ日に優しく映えるように薄い黄色の塊が見える。

「天然のナメコだ。これも旨いから」

近づいていくと、市販の養殖ものよりも色の薄いナメコが群生していた。それを再びビニール袋に丁寧に入れて三ちゃんはバッグに仕舞った。

「去年はあのあたりでこんな大きなマイタケを採ったんだけど、今年はないようだな」

両手で輪を造った三ちゃんは、目をキョロキョロと動かしている。

「それはツキヨタケ、毒があるからダメだ。そっちも猛毒があるキノコだな」

三ちゃんは山道を辿りながら道脇に生えているキノコを説明してくれた。なんでも地元のキノコ採り名人と何年も付き合って教えてもらったらしい。

「凄いもんだ。まるでキノコ博士じゃないか。オレは見分けがつかないから採らないんだよ」

「でもお前はマツタケ専門だろ。ボリのほうが美味いからオレはマツタケは狙わないんだけど」

三ちゃんが言うように私はマツタケのことに詳しい。

それはバブルの時代に遡る。政府が日本中の市町村に一律1億円を配った奇妙な政策があった。ある町では1億円分の金塊を購入して役場に飾ったりしたが、岩手県の北上山地の北部を占める当時本州で一番面積の広い岩泉町は特産のマツタケ研究にそのお金をつぎ込んで、町内にマツタケ研究所という建物をつくり、指導者として京都大学でマツタケの研究をしていた30代だった吉村文彦博士を招いて住居も与えたのである。

そのことを取材したのが私と先生が知り合うきっかけで、もちろんこの時も渓流釣りが目当てだったのだが、先生とはウマが合い行く度に一緒に酒を酌み交わす仲になったのだ。

先生と町は当初は5年契約だったものが、研究施設が充実していたことからマツタケの人工栽培の研究に没頭して契約は伸びに伸び、15年もの間同地に住み込んでいた。先生がそこで手掛けたのは岩泉産マツタケのブランド化であった。

それまでマツタケの世界では京の丹波産が最高級とされており、そこに和歌山や岡山や広島産マツタケが次いでいた。マツタケは10幾つも等級が細かく分類されており、身のしまりや硬さが判断の基準になる。当時岩泉のマツタケは流通の悪さもあったし、そもそもマツタケの取り扱い方を知らなかったので品質の良いものを京都に送れなくて取り扱われることもなかった。

では、どうしていたのか？　岩泉町や北部三陸の海岸線は昔からマツタケが大量に採れていたが、広島あたりから来ていたマツタケの買い取り業者がそれらを安く買い叩いて広島へ送り、そこから「広島産」として出荷していたのだ。今なら産地偽装で大問題になるだろうが、当時はそのような法律もなかったので秋になるとジュラルミンのケースに1億円もの現ナマを入れた業者が1軒1軒農家を訪れてマツタケを買い叩いていた。

「広島産」とラベルを貼るだけで、元値の10倍近くもの値段で売れるというのだからとんでもなくうまい話で胡散臭そうな業者たちが跋扈《ばっこ》していたのである。

吉村先生は私と会う度に「なんとかならんだろうか？」と頭を悩ませていた。折角採ったマツタケなのに市価の10分の1の値段で買い叩かれてしまっては地元が潤うことはなく、貧しい町の人々に還元できるシステム作りも先生が担うことになった。それは自分たちが採ったマツタケを本場京都へ直売しようとするものであるが、そう簡単に関西の市場に売り込むことはできない。

「岩手のマツタケ？　ダメダメ、客は丹波産を求めているんだから」

関西の業者は品質の良いモノを厳選していて、そのピラミッドの頂点にあるのが京都府の北部の丹波篠山産であった。

「そこをなんとかお願いできませんか」

旧知の先生が頭を下げて頼むのであるから業者たちも無下にはできなかった。しかし、である。

「先生、やっぱりダメです。岩泉のものはマツタケの取り扱いの基本がなっていません。これではウチは扱えません」

先生が岩泉から京都に送らせた岩泉産マツタケの評価は散々であった。品質管理がされておらず、等級の付け方も杜撰《ずさん》だと指摘されたのだ。そこで先生は地元岩泉町で見どころのありそうな若者をマツタケの本場京都の仲買業者のところに3年間も修行に行かせて、マツタケの取り扱いについて徹底的に学ばせたのである。マツタケの品質の細かいことまで教えられて戻ってきた若者たちは、京都の消費者が求める品質のよいマツタケを出荷できるようになり、それは広島産よりもずっと高い値段で取引きされるようになった。そうなれば広島の業者も岩泉町内での買値を吊り上げなければ商売にならない。こうやって京都のマツタケ屋の店頭では丹波篠山産と書かれたマツタケの脇に堂々と岩手・岩泉産と書かれているマツタケがまるで胸を張っているように鎮座しだしたのであった。

吉村先生とは岩手に行く度に会っていたし、先生が岩泉から京都に戻ってから全国のマツタケの山で林家《りんか》の方々にマツタケがよりよく発生できる環境造りを指導する場にもなるだけ立ち会うようにしていた。

マツタケというのは他のキノコとは異なり、主にアカマツの木の根に寄生した菌が成長して生えてくる。アカマツの木の周囲にぐるりと円を描くように生えてくる場所はシロと呼ばれて毎年同じ場所に生える性質があるので、一度シロを見つければ毎年簡単に採取することができることから誰にも教えない秘密主義になるのは当然のことであろう。

渓流釣りでも釣れるポイントは秘密にしておく人が多いが、マツタケはその比ではない。渓流は必ずそのポイントで釣れるという保証はないけれどもマツタケは100%採れるのだから家族にも秘密にして歳を取ってしまい山に上がれなくなったら、やっと秘密の在り処の地図を子に与える習慣が残っているほどだ。

なにしろ、1キロ10万円単位で取引されて森のダイヤと呼ばれるマツタケであるから、名人と呼ばれている方々は夜が明けていない午前2時ごろには山に入って、夜が明けるまで自分が知っているシロの場所を回って、山を下りてきて朝には出荷する毎日を送る生活をひと月以上繰り返す。

山に入るときも目指す山とは反対方向にわざと歩いて目的地を悟られないのは勿論のこと、ヘッドライトも点けると場所が特定されるからと使わない者が多いほどの秘密主義なのである。

しかし、マツタケの生産量は確実に減ってきているが、それは環境の悪さによるのだ。というのは、マツタケは他のキノコとは異なり落ち葉などの栄養分の多い土地には生えてこない性質があるからだ。

古来から昭和の半ばまで人々は山で柴を刈ってそれを煮炊きの燃料とする生活を送っていた。また、落ち葉の堆積した腐葉土は肥料として重宝されていたのでそれも持ち帰って田畑に撒《ま》いていた。だから当時の山は痩せており、それがマツタケの発生につながったのだし、マツタケが生える山には痩せた樹木の少ない岩山が多いのはこのような理由がある。ところが石炭や石油、ガスなどの燃料革命が起きた日本では、柴を採るために山に入る人の数は激減し、輸入自由化により材木も採算があわないほど安価となり、林業は衰退してしまった。

そして、山には手が入らなくなり、木々は生えるがままになったのである。山というのは人の手が入らないと廃れてしまう。間伐をしなければ陽の光が林に入らず木は成長できなくなって、薄暗いジャングルのような山になってしまうし、腐葉土がうず高く重なった山ばかりになってしまった。

「マツタケが生える環境は、木々の間を日傘をさして歩けるような風通しの良いところで、地面が乾くような斜面にしなければいけません」

吉村先生は過去にマツタケが生えていた山でこのように指導している。スタッフに指示をしてチェーンソーで次々と木を切ってマツタケが生える環境造りに全国を回っているのだ。

先生が研究していた岩泉町のまつたけ研究所の建物があったのは、町の中心部から西に20分ほど車を走らせた国道から少し入った小さな集落の奥にあった。歩いて10分ほどのところにはマツタケが発生する試験林があり、そこで先生は地温を計ったり地中の湿度を計る研究を続けていた。

研究所の前には幅1・5メートルほどのコンクリートで護岸されている小さな流れがあったが、とてもとても竿をだせるような水量ではないし、水深もない。

「この奥が源流になっているんだよ。案内してやるから」

私の趣味が渓流釣りだと聞いた先生が、先に立って案内してくれた。目の前の流れを目にしているので全く期待していなかったが、チョロチョロとした流れを辿って行くと、洞窟《どうくつ》のような岩のトンネルが現れ、腰を屈めてそれを通ると奥から水が落ちる音がする。

「なんだ、こりゃ」

薄暗いトンネルの向こうには思わず声がでるほどの3畳ぐらいもありそうな丸い大きな淵が

満々と水を蓄え、その向こうの岩の間からは小さな空が顔をのぞかせていた。淵には高低差1メートルぐらいの滝が落ち込んで飛沫《しぶき》が淵の中を飛び回り、薄暗くて湿度が100%もありそうで、洪水時に流れてきたと思われる太い丸太が2本がっしりと嵌っていた。なんとも不気味としか形容できない洞窟の淵だ。

「どう、釣れそうかな?」

先生が笑いかけた。

「サカナはいると思いますけど、あの丸太を避けて仕掛けを流すのは難しいと思います」

そうは言ったものの、トライしない手はない。さっそく淵に合わせた長さの仕掛けを竿に括りつけてミミズをエサにしてゆっくりと淵に流してやった。深さは2メートル以上もありそうで、仕掛けは流れに乗ってゆっくりと淵の中で踊りだした。しかし、何の反応もなく、それを何度か繰り返し、オモリを何種類か変えてやったが、ウンともスンとも言わない。

「やっぱりダメかね」

先生が頬を緩めた。

「ちょっと待って下さい」

私は絶対に主はこの底に潜んでいると確信していた。きっと底の岩の間からじっと上を眺めているに違いないのだ。それを引っ張り出すにはどうしたらいいのか? ハリを大型のものに変えて、ハリにミミズを房掛けにしてオモリは無しにして淵の壁に這わせるように沈めてやった。2メートル、3メートルと仕掛けは淵の流れに沿って沈んでいく。仕掛けは3メートルぐらいにしていたので、穂先は水に突っ込んでいた。すると、急に3メートル少しの竿の中ほどまでがグイグイと水の中に引き込まれた。

「来たっ」

手首を素早く返して腰を低くして丸太の間に仕掛けが入らないように耐えた。それでもグイグイという重い反応は緩むことがなく、急に底に引っ張ったかと感じると横に走っていくのが竿先から伝わってくる。

これほどの反応がある当たりは稀なことで、胸の動悸はふいごのように荒れまくっている。0・4の通しの仕掛けであるから切られることはないだろうが、丸太に絡んだら釣り上げることはできなくなるので、神経が張り詰めてサカナをコントロールするのに集中していた。

何分格闘していたのか分からない。私にとっては10分にも感じた時間だったが、5分だったのかもしれない。やっと黒っぽい魚影が淵の中層まで浮かんできた。しかし、まだまだサカナは隙あらば底にも横にも逃げようと暴れる力は残っている。

淵は高低差がなく、下に流れているから水面を引きずるようにしてくれれば抵抗は少なくなる。しかし、目の前のサカナはそれを知っているかのように浮かび上がることを頑なに拒絶していた。このままではどうしても仕掛けは丸太に絡んでしまう恐れがあるから勝負をしなければならない。

「先生、そちらに振りますからね」

意を決して、私は竿に力を込めて先生がいる場所に向かって抜き上げた。竿が円を描くとサカナが宙を飛んでいく。それと同時にプツッと糸が切れて、ドサッと先生がいた場所の脇にサカナが落ちた。それはまっ黒い背中の大イワナであった。何十年も渓流で竿をだしているが、漆黒と形容するしかなく、これほどの黒いイワナには未だに出会ったことがない（後程、長野県白馬村で経験）。

背中と反比例するように腹は鮮やかな山吹色で、獰猛《どうもう》な尖った顔がギザギザの歯を開け閉めしているが驚愕するほどの太い胴で片手では到底回ることはない。まるで1リットルのペットボトルを一回り大きくしたようでメジャーで計ると長さは35センチほどしかないが、体高は20センチ以上で重さが1キロ近くはあろうかという正しく淵の主であった。

「ほら、ここが源流だ」

三ちゃんとキノコを見ながら30分ほど歩いたところに岩の間をチョロチョロと細い流れがあった。

「こんなところで釣るのか？」

岩の脇を流れている深さは10センチぐらいしかないだろう。私は、唖然として目の前の流れに目が釘付けになっていた。ボサに両側を囲まれた上流からどうやら流れてくるようだが、とてもとても竿をだせるような場所ではない。

「さてと。やりますか」

大きな岩の上に腰かけた彼は5メートルほどの振り出しの渓流竿の穂先に仕掛けを付け始めた。

「本当にやるのか？」

「当たり前じゃないか」

彼の仕掛けは精々50センチもないだろう。1・0ぐらいの太い糸に通しでハリを付けたもので、それをソロソロと竿を延ばしていく釣り方なのだ。これはチョウチン釣りと呼ばれ、小田原提灯のように取っ手の部分を竿に見立てているので名付けられた。

浅い流れであるが、小さな落ち込みでは20センチほどの深さになる。そこを狙って離れた岩陰に腰を低くした三ちゃんは竿を延ばしていく。ゆっくりとミミズがついたハリを沈めてやると、直ぐにギュンと竿先が振動した。

「ホラッ」

振り返った顔に満面の笑みが浮かんでいる。慌てることもなく、竿をゆっくりと仕舞いながら手元に持ってくると山吹色の腹をクネクネと動かしている20センチ弱のイワナが寄ってきた。

「ほう、綺麗なイワナだな」

「だろ。まだ小さいからリリースサイズだな。ほら、大きくなれよ」

上顎に掛かっていたハリを外して、そっと水に戻してやった。

「お前もやってみろよ」

三ちゃんに促されて、上流に向かった私も竿をだすポイントを探っていった。0・8の通し仕掛けで、糸の長さは1メートルくらいにした。丹念に見れば落とし込むポイントは少なくない。

「あの岩陰に落ち込みがあるから」

三ちゃんに声をかけて、岩に身を隠して、そっとポイントの上に竿先を持っていき、上流からゆっくりと落とした。エサが上流から流れてきて落ち込みに入るように演出をしたのだ。水底を這うようにエサが20センチ四方ほどの小さな落ち込みで踊りだしたと同時にガツンと穂先がお辞儀をした。

「おっと」

思わず声が漏れて、竿を素早く上げるとずっしりと重い感触と共に太いイワナが顔を出した。と思ったら竿の振動でハリが外れてイワナは水に潜ってしまった。一方、仕掛けは竿に絡まっている。

「なんで竿を上げるんだよ。掛かったら竿を縮めるんだって」

三ちゃんが苦笑している。私の竿は中硬調で、彼の竿は硬調であり、チョウチン釣りの場合には竿の柔らかさは不要で、仕掛けの長さもできるだけ短くしないと絡まってしまうことを勉強した。

「オレはこんな神経をすり減らすような釣りはダメだな」

釣り方というのは人それぞれに好き嫌いがあり、私は開けた渓流で10数メートル離れたポイントを狙って打ち込むことが好きなタイプだ。

「あのな、チョウチン釣りってバカにする風潮があるのはよく分かっているけれど、いやいや奥が深いんだって」

若い時の彼はフライフィッシャーとして河原では舞うような華麗なキャストを見せていたのだ。それがまさかのチョウチンマン？

「おい、行くぞ」

ポイント、ポイント毎に竿をだして、さっさと上がっていく。これはこれで潔いというか、リズムがあって愉快なものだ。

ただし、ボサのある場所も狙うのだからこれはしんどい。彼は両側をボサに囲まれた流れを腰を低くして辿っていった。私のような釣り人は絶対に竿をださない場所である。ボサの隙間を見つけて、その間からそっと竿を延ばしていく彼の仕草は慣れているが背中に緊張感を漂わせている。そこはボサに覆われているが狙っている落ち込みは岩の間からの流れを溜めた小さな淵のような大きさがあった。

渓相としては悪くないのだが、やはり上のボサが邪魔しているので、私なら見なかったふりをしてスルーするような場所だ。かつてはこのような場所で5回も連続で上のボサに仕掛けを引っ掛けてしまいそれを直しながら「オレはもうこんな場所で竿をださないぞ」と自分を嘲笑《あざわら》った記憶が蘇ってきた。が、それでもバカなのかそのような場所で竿をだすこともあって、返り討ちに遭った辛い思い出もある。

三ちゃんが穂先の仕掛けをそっと沈めてゆっくり流れにエサを乗せてやると、クッと糸が揉まれるように動いた。しかし、彼はピクリとも動かない。息を潜めて、穂先を指一本分沈めてやった。すると、大きく穂先がしなった瞬間に彼の手首が少し動いた。落ち込みの下ではサカナが暴れているようで竿先がギュンギュンと動いている。

「もう釣れているから慌てなくていいんだ」

上のボサに仕掛けが絡まないように慎重に竿を縮めだした。上がってきたのは丸々と太って腹が山吹色に覆われている居つきの尺イワナだった。

「いやいや、見事なものだな」

「だろう。チョウチンもなかなかテクニックが必要なんだから。ほらほら、また会おうぜ」

メジャーで計り終えた彼は笑いながら32センチの大イワナをリリースしてやった。

居酒屋「すずや」

「全然ダメだったの？　珍しいじゃないすか」

「いやいや、全然羨ましくないからさっぱりしたもんですよ。こいつの神経衰弱になりそうな釣りはオレには向いていないですから」

「バ～カ、アレは芸術的な釣りなんだから」

脇で三ちゃんが口を尖らした。

「いやいや、ストレスを溜めるためにやっているような釣りはオレにはとても無理です。まっ、竿をだしただけで満足です。マスター、久しぶりの再会に乾杯をしましょう」

紺色の作務衣を着てカウンターの向こうで微笑んでいるのは宮古に来ると必ず足を運んでいる居酒屋割烹の「すずや」のマスターのよっちゃんだ。いつも丸い目を細めて微笑んでいる温和な性格で、白髪が増えてしまったが店の休みには竿を持って海や川に出かけている。

マスターは盛岡の生まれ育ちで何軒かの料亭で料理の修行をしていたが、渓流釣りに嵌ってしまい通いなれた宮古で奥さんを見つけて宮古市内の中心街で自分の店を開いたのだ。料理の腕はたしかなもので20人以上も入れる座敷席も若者たちでいつも溢れて賑やかだ。

彼は渓流釣りから鮎釣り、そして海釣りもするというオールマイティーの釣り人だが、閉伊川の漁協組合員になったほど川が好きだから我々の会話はおのずとそちらに流れていく。

忙しい時間を避けて我々が行くのは、よっちゃんとの会話を楽しむためであり、それを彼も楽しんでいるように閉店時間を過ぎても熱い会話が飛び交うことも少なくなかった。

カウンターの上には目を剥《む》くような50センチもありそうな大きなイワナの剥製《はくせい》が飾ってあり、獰猛な鋭い顔が睨《にら》みをきかせているように感じる。6席しかないカウンターに腰かけるのは常連客で、その多くは渓流釣りが趣味だ。

「はいよ。できたよ」

「なんだコレ？」

私と三ちゃんの声が重なった。

マスターが出してくれた白い大皿の真ん中には18センチほどのイワナが1尾横に置かれていた。三ちゃんがキープしてきたイワナで、骨酒を作ってもらおうとマスターに渡していたもので、それは黄金色に輝いているイワナの骨酒であった。私は自分でもイワナの骨酒を作って呑むことがあるが、初めて見る魅力的な骨酒に私も三ちゃんも目を奪われていた。

「イワナを丁寧に焼かなければこんな風にはならないんだよ。適当な焼き方だと雑味が出てしまって美味しくない。じっくりと焼いたイワナに熱い酒を入れるとこんな骨酒ができるって訳だ」

マスターが解説してくれた。それは呑むのが勿体ないような骨酒であった。酒にイワナのエキスが全部吸い取られてしまったようなまろやかな味が舌の上を転がり、頭にはイワナが潜んでいた苔むしている濡れた小さな岩の窪みが浮かんでくる。

フグのヒレ酒も私の好物であるが、それに負けないような繊細でありながら野性的な味だ。

「こりゃあ、凄い味だ」

三ちゃんも吐息を漏らしながら喉仏を上下させた。

また、あるときには私が秋田の内陸の渓流で釣った氷詰めの発泡スチロールで運んできたヤマメを料理してもらったこともある。早朝に竿をだしたところヤマメの入れ食いに出くわしてしまい最初はリリースしていたが、この日は宮古へ行く予定となっていたので「すずや」で料理してもらおうと思いなおして竿をだし続けたのだが、18センチクラスの型が揃ったヤマメを20尾近くも釣り上げて、慌てて町にある魚屋で発泡スチロールの箱と氷を仕入れたのだ。

この時マスターが料理をして出して来たのは細かいパン粉で揚げてあったフライだった。サクサクとした食感とヤマメの素材を最大限に生かしたフライで、今まで食べたヤマメのなかで最高の逸品であった。

「こんな上品なフライは食べたことがねぇなぁ。それにしても旨いねぇ」

三ちゃんも喜んで箸を動かしていた。

「1番細かいパン粉を使って揚げているんだよ。骨まで食べられるからね」

あの時のマスターの笑顔は今でも忘れられない。


「ところでマスターは盛岡毛鉤のことを知っていますか？」

私が盛岡毛鉤のことを耳にしたころ、マスターに訊いたことがある。

「ああ、あれは江戸時代からある南部毛鉤を善さんのお父さんが改良したものだよ」

「善さん？」

「うん。名字は桜井さんと言ってね、盛岡の釣り人で知らない人がいないという伝説の人だけど、クセがあって人嫌いだからおいそれとは近づけないような雰囲気があるのでねえ。オレより随分歳上で何回かお酒を呑んだことがあるけれど、まあ渓流釣りのことを喋らせたら一晩中でも喋っているんだって」

「へえ。そんな人がいるんですか。会ってみようかな」

盛岡は南部藩だったので江戸時代は南部毛鈎と呼んでいたらしいが、現在は盛岡毛鈎のほうが通りはいいようだ。

善さんに関しては後章に記してであるので参照していただきたい。

東日本大震災と三陸

2011年3月11日の午後2時46分に起きた東日本大震災で、「すずや」も3メートルほどの津波の被害を受けてしまって閉店を余儀なくされたがマスターや奥さんは近所にある病院の上の階に避難していたので幸いなことに無事だった。この病院の院長は「すずや」の常連客で毎晩のように顔を出していたから私も親しくさせてもらっていた。

私は地震から丸1日経った3月12日の夜8時には宮古に入った。多分東京から宮古に入った取材記者としては一番乗りであったろう。前日の地震の際には東京の下町の錦糸町の公園脇に車を停めて、仕事を終えて岡ちゃんと一緒に車載のテレビを見ていた。当時の石原慎太郎東京都知事が選挙に出馬するかどうかを発表するのが午後2時すぎからだったので記者会見の様子を見ていたのだ。

ユサユサ、ガクガク。

乗っていた車が大波に揺れる小船のように上下左右に大きく揺れだすと同時にテレビの画面は地震情報に切り替わった。

「こりゃあ、凄い地震だな。どこが震源地だろう?」

地盤が弱いと指摘されている東京の下町の錦糸町エリアなのも揺れがきつかった理由だろうが、目の前の小さなビルは今にも崩れ落ちそうなほど揺れ動いていた。

「ほら、ほら」

助手席の岡ちゃんが揺れるビルにカメラのレンズを向けていると震源地が三陸との一報が流れ出した。

「あちゃー、津波が来るぞ」

私は岩手県宮古市で岩手朝日放送の委託報道カメラマンをしている沢口さんに電話を入れたが繋がらず、沢口さんの部下の工藤クンの電話も繋がらなかった。沢口さんとは何十年もの付き合いをさせてもらっている兄貴のような存在だし、岡ちゃんも何度も酒席を共にしているから馴染みである。

「そうか、沢口さんも津波に備えて港を上から見渡せる場所に行っているんだろ」

岡ちゃんは苦笑しながら公園に避難してくる人たちに向かってシャッターを切っていた。

ところが実情は遥かにその想像を超えていたのだ。後日沢口さんが当時のことを振り返って私に喋ってくれた。地震直後に彼は港から直ぐの自宅で寝たきりになっている高齢の母親を避難させるために当日世話に来ていた実姉と母親と一緒に家から出ようとしていたという。

「家の前に5mほどの防波堤があるからその向こう側がどうなっているのか全く分からなくてなぁ、母親を避難させてから津波が来る様子を撮影するつもりだったんだよ。ところが寝たきりの母親を運ぶのに手間取って姉と一緒に玄関から出た瞬間に頭上から巨大な波の塊が家に被さったのさ。ドカーンという轟音で家はペッシャンコになってオレは体ごと飛ばされて波に揉まれたんだ。泳ぐもなにもそんな状況でないいんだって」

結局母親と実姉は即死し、沢口さんは100メートル以上も波に流されて自力で陸地に上がり、奇跡的に助かった
沢口さんは肉親を助けられなかったショックと脊椎損傷で歩行困難になり約2か月も家に閉じこもって誰とも会いたくないという生活を続けていた。やっと彼と会えたのは5月半ばのことで、避難をしているアパートに迎えに行った。

沢口さんは1週間後に脊椎損傷の手術を盛岡の病院で受ける予定になっていて、腰が痛いのでゆっくりとしか動けなかった。

「気分転換を兼ねて被災地を回ってみませんか？」

「行けねぇよ」

「そんなこと言わずに」

私は助手席に彼を乗せて近郊の被災地に車を向けた。

「あれから初めて外出したけれども、こんなことになっていたのか」

まだ瓦礫《がれき》も片づけられてない津波の痕跡がくっきりと残る市内を回ると沢口さんは驚いたように首を動かし続けていた。それから最も高い津波に襲われた重茂《おもえ》半島に車を向けた。

重茂半島の姉吉《あねよし》の集落には「ここより下に家を建てるな」という石碑が昭和三陸津波（1933昭和8年3・3）の後で建てられているが、今回の津波はその石碑の前まで押し寄せていた痕跡があった。そしてそこから2キロ近くも山に挟まれた急な下り阪を走っていくと姉吉の小さな港が現れるはずであった。

何度か沢口さんと一緒に姉吉に行っているが、それは本州最東端のトドヶ崎灯台に通じる山道があったからである。ところが、いつもは2、3隻の小船が係留されていた防波堤は粉々に破壊されて岸壁も消えて港があった痕跡すら残っていない。

土がむき出しになった入り江は高い崖に囲まれてその上にはアカマツの林がある。その崖の上部には津波で削られてしまった跡がくっきりと残っており、その高さたるやなんと40メートルであったというから私たちは口をあんぐりと開けてそれを眺めていた。

「こんなのが来たんだなぁ……」

沢口さんも崖の痕跡を眺めて続く言葉が出てこなかった。

私は中学時代に津波の研究をしており、将来は気象庁で津波の研究をしたいと密かに思っていたほどであるから、過去の三陸の津波被災地の殆どに足を運んでいたので尚更被災地の様子を知りたかった。

しかし、地震後に高速道路は閉鎖されてしまったのでおいそれと被災地へ向かうことはできなかった。一旦自宅に戻って準備をしなければならず、そこで銀座や大手町辺りを走って取材をし、それから武蔵野の自宅へ戻るようにしたが四谷を16時すぎに通ったのに新宿で帰宅難民のラッシュに巻き込まれて自宅に戻ったのは深夜24時をとっくに過ぎていた。

翌朝6時前に文京区内で岡ちゃんと待ち合わせたが、結局私と岡ちゃんは別々に2台の車で被災地へ向かうことにした。しかし、下道の混雑は予想を遥かに超えるもので、普段なら20分もあれば行ける北千住に3時間もかかるほどだった。

「このままでは明日になっても着かないな」

電話で岡ちゃんと連絡を取っていたが、岡ちゃんはかなり後ろを走ってやはり渋滞に巻き込まれているようだった。

「おい、高速が開いたぞ」

午後1時近くに東北道の高速道路を使えることになったと岡ちゃんから連絡がきたのだ。取材のマスコミは緊急車両というステッカーを警察から配布してもらえれば高速道路を使えることになったのである。私は茨城県の古河《こが》周辺の下道を走っていたので、直ぐに高速の道路公団で緊急車両の手続きをして高速道路に乗ることができた。そこでは何十台もの隊列を組んだ消防車や救急車などが続々と北を目指して走っているが、道路自体には損傷が少ないので、走るのに支障はそれほどなかった。

「オレはどこに行けばいいかな?」

岡ちゃんから連絡がきた。彼は私よりもずっと後ろにいたが、浦和から高速に乗ってたので、今では私よりもかなり前を走っていた。

「陽が沈む前の被災地といえば、仙台はどうかな。仙台南のインターで降りて若林区の海岸線にいけるから。多分16時ぐらいにはつけるだろう」

日没は4時半前ぐらいだから、写真を押さえることができると私は素早く計算をして告げた。

「若林区？」

「ほら、市会議員の汚職問題で一緒に張り込んだことがあるじゃないか。自衛隊のヘリコプター基地があって、浪分《なみわけ》神社もあったろ。あれは津波を避ける神社だって教えたのを忘れたか？」

「ああ、そういえば行ったなあ。分かった。向かってみるよ」

当時若林区の海岸線に1000人もの水死体が上がっているというニュースが流れていたのだ。しかし、それはデマであることが後日判明したのだが、そのときは岡ちゃんに取材に行かせるつもりだった。

私が仙台を通過したのはもう陽が沈んだ16時半を過ぎていた。それで私は仙台で降りることを諦めて誰も行っていないだろう宮古を目指すことにしたのだった。宮古の町に入る前、僅か5キロほど手前の集落には電気が煌々《こうこう》と灯り、震災の影響は全くないように思われた。コンビニも営業していたからそのように思いながら10分もしないで宮古の中心部の町へ入るとそこには漆黒の闇が広がっていた。

動いている人も車も皆無のゴーストタウンで、泥の積もった道はなんとかやっと1台の車が通れるスペースがある。すると赤色灯が回って消防車が1台ホースを出して消火活動をしていた。

「火事ですか？」

「うん。一旦電気を通したら漏電があちこちで起こってしまって火がでたので市の中心部の電気は通じないようにしているんだ」

吐く息が白いのがライト越しに見えて、白い雪がチラチラと舞っていた。

「そうですか……」


実はこのとき、「すずや」のマスターや奥さんは店の近所の病院に避難していた。というのもそこだけは自家発電の設備があり、発電設備を津波の襲来にそなえて5階の屋上に設置していたので唯一明かりが灯っていたのだ。

「オレはさ、津波の歴史は繰り返すと思って屋上に自家発電の設備を上げていたのさ。電気がなければ患者は死んでしまうから責任があるんだ」

後日院長から話を伺うことができたが、この病院は透析患者が多いので電気が必要不可欠であることも理解できた。なんでも他の自家発電を備えている病院は地べたに設置していたので水を被ってしまって稼働できなかったところが多かったらしい。

「それで、国は自家発電を屋上に新しく設置する病院に対して補助金を拠出することを決めたんだけど、以前から自費で屋上に備えていたオレは1円も補助金を貰えないんだからおかしくないか」

院長は眉をひそめて国の方針を皮肉っていた。

結局、「すずや」はこの年のお盆には2階部分だけで営業を再開し、完全に復旧するのに1年もかかってしまった。私もそうであるが、地元の者たちには津波で亡くなった親族や友人がいるのは当然のことであり、再建するにも並大抵ではない苦労が皆の肩に重く乗っていた。そのためなのかどうなのかは不確かではあるが、マスターが病魔に侵されてしまったのである。ガンであることは耳にしていたが、一旦退院して店を切り盛りしていたものの別人かと思うほど痩せて体調も優れぬようだった。それでも私は店に顔を出す度に、

「良くなったら一緒に竿をだしましょうよ」

と、励ましていたのである。しかし、それから2年ほどして彼は天に召されてしまった。

宮古に行く度に訪れていた「すずや」はもう無くなってしまい、私の楽しみも、あの素晴らしかった料理も失われてしまったのである。

店の主だったあの巨大なイワナの剥製は津波で流され、今は海で泳いでいるかもしれない。

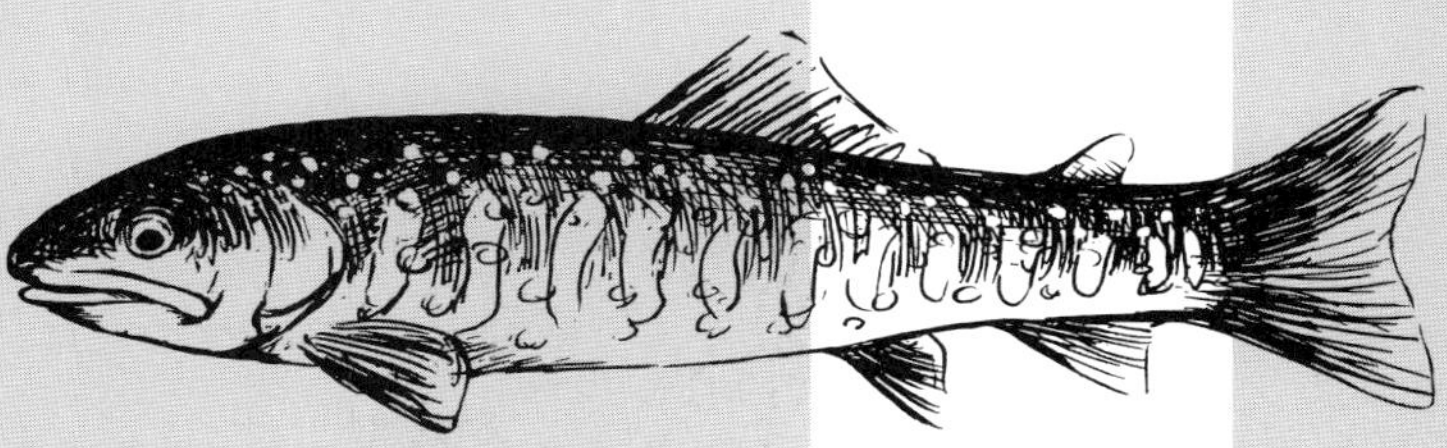

磐井川の思い出

岩手県の県南にある一関の町を東西に流れる磐井川《いわい》の上流を目指して西に向かってレンタカーの黒いニッサン・エクストレイルを飛ばしていった。ちなみに磐井川は栗駒山の麓から流れ出て一関の街外れで北上川に合流している。

4駆のエクストレイルは運転する私の心と同調して跳ねるように道路を転がっていく。

「いやあ、いい天気だ。絶景かな、絶景かな」

助手席で岡ちゃんが歌舞伎役者のような台詞を吐いている。

国道沿いにある、ごつごつとした黒い岩が川床からにょきにょきと出ている景勝地の厳美渓《げいびけい》を過ぎ、なおも上流に向かう。

すると山が近くなり新緑が私たちを歓迎してくれるように目に優しく入ってきた。山桜は盛りを過ぎ、黄色い山吹が新緑のなかでひと際目立っていた。左手の奥には褐色の山肌に白い残雪を見せる栗駒の連峰が優しく佇んでいる。

暑くもなく寒くもなくそして風もない絶好の日和だった。文字通り薫風さわやかな5月、サカナたちの活性も高くなるこの時期が渓流釣りでは最も楽しく胸が躍る時期だ。

磐井川の支流の産女川《うぶすめ》に寄ってみた。釣り雑誌で何度も紹介されている著名な河川でもあるが、私にとっては初めての渓だった。山道に車を止めて岡ちゃんと素早くウエーダーを履いて釣りの身支度を整えた。彼の釣り歴はこのころ3年ぐらいだったと思う。渓流釣りが楽しくてしょうがない時期だ。自宅でヒマな時に毛鈎を巻いているらしいが、ケースに入っているのは小学校低学年の図工で作ったような親指の先ほどもあろうかというような無骨な蓑虫のような毛鈎だった。

「こんなので釣られたら余程サカナも適当じゃないのか」

掌《てのひら》に毛鈎を乗せて笑いながら茶化したが、そのようなことに動じる男ではない。

「人間と一緒でいろいろな性格のサカナがいるんだよ。適当な性格のサカナならこれで釣れるって」

岡ちゃんは渓にこだますするような声を出して笑った。


浮きたつ心を抑えながら河原に降りてみるとそこには私が想像したものとかなり離れた渓相が拡がっていた。

栗駒山を源流として大きな山塊の渓間を流れてくる産女川は多くのコンクリート堰で仕切られている人工的な河川だったのである。正確に計ったわけではないが、200mごとに背の高さほどの大きな堰が設けられ河原には両手がやっと回るほどの黒っぽい石がごろごろと転がっている。

きっと大雨が降ると直ぐに大水が出るのだろう。川岸には雑木も生えておらず、氾濫することが容易に想像できる渓相というか川相だった。

堰の川幅は100mぐらいと随分広いが、実際の流れは精々2mほどで、そこにはプールがあり、プールから流れ出る下は岩盤だった。通称滑床《なめどこ》と呼ばれる渓相で、周囲は陽射しを遮る木立もなく、サカナが隠れるスペースがないのでサカナが居付くことは殆どない。

ゆったりとしたトロ場もなく、ごろごろとした岩の間を流れ落ちた水は堰でプールとなり、そこが淵になる。真っ青な空に5月の陽光が燦さんと輝いているのに寂寥《せきりょう》感を覚えるような悲しく泣きたくなるような渓相だった。

それでもしょうがないので堰のプールに向かって竿をだすと型のよいイワナが釣れてきたが、どうにも釣りの気分としては良いものではない。

リリースをして早々に産女川に見切りをつけて本流の磐井川沿いの国道に戻り、上流に向かって車を走らせていった。ますます山々は近くなり、正面には雪を抱いている奥羽山脈の峰が連なり、左奥には栗駒山の白い山頂付近が見えた。

祭畤《まつるべ》大橋を渡り、事前に地図で調べていた脇にある鬼越沢という支流を狙うことにした。しかし、本流の磐井川との合流地点はなんとも平坦な渓相であり、池か湖かといった景色で竿をだす気にもならなかった。そこから鬼越沢の上流を目指したのだが、なんとそこでは砂防ダムの工事が行われていたので唖然《あぜん》としてしまった。作業員はいなかったが、河川改修工事も行われていて、コンクリートを流し込む木枠が造られ作業小屋のプレハブの建物も置かれている。当然のことながらサカナがいそうな気配すらない。

「あの合流地点でやるしかないなあ」

岡ちゃんと再び橋のたもとの磐井川の合流地点で竿をだしたが数尾のハヤがパクパクと口を開けて上がってくるだけだった。

「おい、上がろうぜ」

夕まづめの絶好の時間なのに諦めるしかない。一関のビジネスホテルに戻って、居酒屋でも行くのが賢明な選択と判断するしかなかった。

夕暮れの道を２人で車を停めている場所まで戻り、ハッチバックの後部席にウエーダーを脱いで入れ、私がドアをバタンと閉めたのが悲劇の幕開けだった。車の鍵をウエーダーの横に置いたまま閉めると自動的にロックがかかってしまったのである。まさかそんな造りになっているとは想像していなかったから唖然とした。

「アチャー」

ガラス窓からは車の鍵が見えているのに開けることはできない。車を借りた盛岡のレンタカー屋に行けばスペアキーがあるだろうが、160キロは優に離れているのだ。往復するだけで4、5時間はかかってしまう。となると頼るのはJAFだろう。

「申し訳ない。岡ちゃんは釣りをしていていいから、オレはJAFに来てもらうために連絡を取りに行く」

当時は携帯電話の電波なぞ入らない時代の山奥のことだ。私は意を決して近くの民家に電話を借りるために徒歩でトボトボと一関方面に歩きだした。ここに来るときに何軒かの民家が見えていたからそこまで行かなければならない。

日暮れの国道342号線を歩き出した。すれ違う車があるなら停めて乗せてもらおうとも考えていたのだが、1台の車も通らない。というのも祭時大橋の上流にはたいして民家がなくその上は冬の間通行止めになっており、この期間も閉鎖中だったから余程の物好き以外の車の通行はないのである。

30分以上も歩いてやっと見つけた商店のドアをドンドンと叩いてみたが、2軒、3軒と反応がない。これも後で分かったが、この辺りは別荘地で夏の観光客相手が商売の商店はこの時期には誰もいないのだった。遠くにポツンと灯りのついている民家をやっと見つけ、電話を貸してもらってＪＡＦと連絡が取れた。

「一関の磐井川の上流の祭畤大橋の脇から支流に向かう道に停めています。鍵を閉じ込めてしまって」

「ああ、そうですか。車種は？」

こまごまとしたことを訊かれた。

「何時間ぐらいかかりますかねぇ？」

ＪＡＦは水沢に本部があり（現在は奥州市）、そこから来るらしい。

「そうですね……、2時間はかからないと思います」

「分かりました。よろしくお願いします」

来てくれるだけで御の字だ。民家に電話のお礼をした後で、再びトボトボと国道を歩いていく。これだったら、磐井川の1本北を東西に流れている衣川《ころも》で竿をだすんだったと悔いが残る。磐井川と比較して衣川はそれほど大きな川ではなく、里山を流れているような風情の川で、渓相もそれほどよくないので磐井川にしたのだが、失敗だった。

渓流釣りでは川を知らないと失敗すると昔から言われているが、それはこのようなことを指すのだ。

情けない気持ちを噛みしめながら月と星の明かりを頼りに再び祭畤大橋を渡って車の場所に向かった。100ｍほどの長さの大きな鉄筋コンクリートの大きな橋だが、こうやって日に何度も徒歩で渡る者などいないのではないか。それにしても疲れてしまった。

とっぷり陽が暮れたので、岡ちゃんは釣りを止めて車の脇で腰を下ろしていた。

「どうだった?」

岡ちゃんが怒った口調でないので救われた。

「うん。ここで野宿することはなさそうだ」

JAFとの会話を伝えて、私も岡ちゃんの脇に腰を下ろした。何もすることがない。月や星を愛でる趣味もないのだから自分の情けない気持ちをずっと引きずっていた。たまに国道方向から車のエンジン音が聞こえてくるがJAFの車ではないだろう。2時間ぐらいというのだから、そんなに早く到着できるわけがないのだ。水沢から高速で一関のインターで降りて、そこから優に30分以上はかかるのだから2時間というのは妥当であろう。

9時前になって、再び橋に行ってJAFの車が来るのを待っていた。脇道への入り方を教えないと私が停めた車の位置が分からないと思ったからだ。

やっとのことJAFのヘッドライトが見えたときには大袈裟ではなく「助かった」と感激した。乗っていたのは中年の係員1人だった
「釣りをしていたんですか?」

「ええ。やらないんですか?」

「やりませんよ。こんなところにいたら熊に襲われますから」

彼の歯が白く浮かんだ。釣りの趣味がなかったら、こんな山奥で竿をだす意味も分からないだろう。

「まずは、これでやってみましょう」

係員は運転席側の窓の隙間から薄い金属を入れて、ロックを解除しようと試み始めた。私も

随分前に自分の車で誤ってロックしたときに金属製の曲り尺を使ってなんとか解除した経験があるので、やり方は知っている。彼が作業をしやすいように私は懐中電灯をそこに当てていた。何度かトライをしたが、引っかかりが上手くつかめないということで諦めるしかなかった。

次に鍵穴をピンセットのような器具を使って開けることにトライすることになった。こちらのほうが随分と難しそうだが、5分ほどであっけなく開いたのには驚いた。

「良かったですね」

平身低頭して謝意を表す私に係員は自慢するでもなく淡々と事務処理をして暗闇のなかを走り去っていった。

「ゴメンよ。今夜は何でも食べてくれよ」

一関の街の高級そうな寿司屋に招待して岡ちゃんに酒を注いだのは言うまでもないことだった。

それから数年後の08年6月14日のことである。土曜日の朝に都内西部にある自宅のテレビで大リーグ中継を見ていたら急に非常震災警報のアラーム音が流れだした。すると自宅がゆさゆさと揺れ出し、宮城県栗原市と奥州市衣川区で震度6強の表示が直ぐにでた。

どうやら栗駒山周辺が震源地のようだった。活火山であり、山頂近くまで岩手・宮城両方向から舗装道路が繋がって、宿泊もできる温泉宿がある。釣りで何度か行った経験はあるが、山頂近くの沢は温泉水の影響からか魚影はなく、かなり下流に行かなければ釣りにはならなかった。渓相もそれほどよくなく、滑床の渓流が多い。1626メートルと標高はそれほど高くなく、道路も舗装されて交通の便がいいので年配の登山者や、観光客が多いが、売店や温泉などは観光地ズレしていて値段も高いし店員の態度もそっけなく殺伐としていた記憶が強く残っていた。

テレビのニュースは、ヘリコプターからのライブ映像を映し出しているが、それを見て目が点になってしまった。森の中にある大きな橋が3段ほどに折れて崩壊しているではないか。咄嗟《とっさ》に「祭畤だ」という声が漏れた。忘れもしない、私が何度も徒歩で渡った屈辱の橋が無残に落ちているのだ。

「あの橋だろ。なんだっけ」

暫くして岡ちゃんから電話がきた。彼は助手席に乗っているだけだから祭畤大橋という名前も覚えていない。渓流の釣る場所は私任せの殿様のような釣り人であるから、名称を覚えもしないし、釣っている川も本流なのか支流なのかも関知しない羨《うらや》ましい性格なのである。

「行くんだろ」

当然のように彼が言う。

「そりゃあ行くけれど……」

事件でも事故の取材でも地形や人脈を把握していることがアドバンテージを生む。栗駒周辺に詳しい記者がそうそういるワケがないし、私は一関の街にも詳しいし、新聞記者の知人もいる。岡ちゃんをピックアップして昼前には4駆で都内を出発した。カメラの機材に交じって彼の荷物にはしっかり釣り道具が積まれた。

「お前、そんな暇はないかもしれないぞ」

苦笑したが、私も釣り道具を積んであるのだから説教をする資格なぞ全くない。車のラジオからは被害状況が刻々と流れている。栗駒山の山頂にあった温泉施設が土砂ですっかり埋まってしまったことを知った。何度か私も釣りの後でお湯に浸ったことがあるから感慨深いものがある。

釣り人の何人かが行方不明だというニュースに心の中にズシンと重いオモリが入った気持ちになった。6月のこの辺りの渓流は最高のシーズンである。木の芽も小鳥たちもそしてサカナも生きる喜びに溢れている。そこに起こった巨大地震。山が崩壊してしまったら逃げる術はなく、私でも巻き込まれる可能性は十分にあるということだ。

山形県の県北のある渓流で岡ちゃんと一緒に竿をだしていたら目の前の崖から小型自動車ほどの大きな岩が轟音と共に落ちて来たことがあった。

「ダメだ。逃げようぜ」

鳥肌を立てながら急いで釣り場から離れたことがある。また、秋田県の渓流でも目の前の高さ50メートルほどの崖が幅10メートルほど音を立てて崩れて下の渓流に大きな飛沫を上げたのを見た経験もある。渓流釣りでは水死する確率は鮎釣りや海釣りと比較して極端に低いと思うが、滑落や落石の危険を伴うのは致し方ない。いや致し方ないという逃げ方はしたくないが、自分では安全をたしかめたとしても避けられない災難というのがある。それが人生なのだとも言いたくもないが、無常、運命という陳腐な単語しか出てこないのが空しい。

そんなことを考えながらハンドルを握って栗駒の宮城県側に到着した。東北道の金成《かんなり》インターはある殺人事件取材で何度も通っている馴染みの場所で、そこで降りて栗駒方向に向かった。

ちなみに岩手の北上山地の閉伊川の支流の松草沢で17歳の少女の遺体が発見されたこの殺人

事件はまだ未解決で心の中に今でもしっかりと残っている。殺された少女の名前は佐藤梢さんで男性容疑者の若者と知り合いだった。そして彼女の同級生で同じく容疑者と付き合っていた友人というのが同性同名の佐藤梢さんという複雑怪奇な事件であった。同性同名の人違いの殺人ではないかという疑いも週刊誌を賑わせたものである。

容疑者とされた若者の家族に何度も会って取材をし、私の感触では若者が容疑者であることが信じることができない事実もあるのでなんとか解決をして欲しいものだが、その兆しは全くない。容疑者が逮捕されない限り、それは続く。無実かもしれないし、死んでいる可能性もあるのに、可哀相《かわいそう》なのは家族である。ちなみに容疑者は重要指名手配犯として全国の警察署のポスターにも載っている。

栗駒山の山頂に繋がっている道路は全て封鎖されていて通行止めになっていた。それでも走り回ってダム近くの崩れた1軒家の民家の取材をした。比較的新しい大きな邸宅で庭も広いが、屋根のオレンジ色の瓦が半分以上落ちている。まだ取材のマスコミは来ておらず、その家のご主人と話をすることができた。定年で悠々自適の生活を送っているといい、家族は栗原市で働いているらしい。広大な敷地には何台かの乗用車も置かれ裕福な暮らしぶりがうかがわれた。

「いやあ、家が潰れなくて良かったよ」

「そんなに酷かったんですか？」

「生まれて初めてぐらいの地震だった。ほらあそこも崩れているだろ」

指さしたのは渓流沿いの山肌だった。幅20メートルほど雑木が崩れて山肌の土がむき出しになっている。

「まぁ、これだけ揺れてもケガもなかったし、家も潰れることもなくて不幸中の幸いってなものだろうな。地震保険にも入っているから助かった」

宮城側から栗駒山に上がるルートは全て規制されて登ることはできない。マスコミの車が右往左往しているのを目にして私は岩手側に向かうことにした。例の磐井川方面である。

本宮《もとみや》という集落があり、この近くには鎌倉時代の荘園風景が残っているというので取材に来たことがあった。荘園なんぞ全く興味はなかったが、平泉が世界遺産に立候補するにあたり、その骨寺《ほねでら》村荘園遺跡というのも重要な構成資産のひとつであると立候補の用紙に載っていることを私は知っていた。

というより、平泉の構成資産には眉唾的なものが多いからという知人からの情報で構成資産を見て回ったことがあったのだ。骨寺村荘園というのは学術的には分からないが、なんの変哲もない丸い形の棚田のような田んぼが広がっているだけで、その周囲に住宅がポツンポツンと建っているだけだ。「これが世界遺産の候補地？」と驚くほど、どこにでもある風景だった。

後日、平泉は世界遺産登録に日本で初めて落選し、構成資産を見直さなければならなくなった。骨寺村荘園遺跡はあっさり候補地から下げられたのだから私の見る眼もまんざらではないだろう。構成資産を広げるのは近隣の市町村を巻き込んで世界遺産登録のブームを巻き起こすと予算がそれによって付くことに大きな理由がある。

今回の場合は平泉町が主導権を握っているが、近隣の一関市や奥州市となった衣川村などでも構成資産がノミネートされていた。なんとも政治的な臭いがプンプンとするのが世界遺産登録の裏側なのだが、マスコミがそのことを報じることはまずない。地元の活性化になる世界遺産を応援するのが当然のことであり、反対するのはタブー視されているので報道されないのである。

結局平泉は落選の翌年に世界遺産に選ばれたが、私の感覚からすれば失礼ながら和歌山の熊野古道と島根の石見銀山そして平泉は下駄を履かせてもらった世界遺産という気がする。

もちろん源義経のことや金色堂、そして松尾芭蕉の奥の細道の舞台であった平泉を卑下《ひげ》しているのではない。ただ、なんでもかんでも世界遺産にしたいという風潮がおかしいと思っているのだ。熊野古道も構成資産を広げ過ぎて単なる山道も世界遺産というのだから驚くばかりで、こちらも高野山の素晴らしさを卑下しているわけではない。紀州の熊野三山へ向かうただの参詣道を古道として世界遺産に立候補させた発想のユニークさに舌を巻いたが、結果的には成功した。

石見銀山が立候補したのもかなり無理があったと思う。だが、銀の精錬によって自然破壊が起きていたのに、石見では植林を積極的にやって自然と調和していた世界でも稀な銀山であるという理由で選ばれた。そんなので選ばれるの？　という疑問を私は持ったが無論報道されることはなかった。地域振興の錦の御旗に逆らうことは御法度なのだ。

石見はユネスコの諮問機関で世界遺産登録の調査をするイコモス委員会から立候補延期勧告を受けていながら強硬に立候補を取り下げずになんとか登録をもぎ取ったのである。そしてその翌年の平泉の世界遺産登録が落選してしまったのだ。私はイコモス委員のしっぺ返しを食らったのだと密かに嗤ってしまった。

というのも平泉では最初に浄土思想を打ち出して立候補したからだ。日本人でも理解ができないような浄土思想を他の国々の方が果たして理解できるのだろうか？　やはり流石にそれでは通らなかった。金色堂をシンボルとする黄金文化を立候補テーマにすればよかったのに文化庁の担当者が造園のスペシャリストで毛越寺《もうつうじ》を代表とする庭園が浄土思想だと立候補のテーマにしたから訳が分からなくなってしまったのが失敗の原因だったと私は理解している。

マルコ・ポールが『東方見聞録』で「ジパングに黄金の寺がある」と記述しているのが金色堂である可能性が高いのだから黄金で押すべきだったのだ。

私は平泉が世界遺産登録から落選した後で「平泉ショック・黄金文化」というタイトルでテレビの企画構成を担当して番組を制作することにした。黄金文化を補強するために、日本文学を世界に発信した多大の功績があり２０１９年に惜しくも亡くなったドナルド・キーンさんに白羽の矢を立ててインタビューを申し込んだ。

「私が初めて中尊寺に行ったのは昭和20年代後半のことでしたね」

キーンさんは何度も何度も中尊寺を訪ねて、黄金文化を築いた藤原三代のことや源義経のことも詳しい。東京北区の自宅のリビングの壁には蔵書がびっしりと並び、交流のあった三島由紀夫や川端康成、谷崎潤一郎などの本が見える。

「マルコ・ポーロの『東方見聞録』に書かれているジパングにある黄金の寺院というのは時代を考慮すると金色堂しかないんです。黄金によってあの時代の東北に絢爛豪華《けんらんごうか》な文化を築きあげたのは素晴らしいことですよね。それを松尾芭蕉が歌に詠んだ。日本人の心の中にしっかりと根付いているんじゃないですか。『夏草や兵《つわもの》どもが夢の跡』という句は普遍的な感情を現している素晴らしいものだと思います」

知の巨人とでも形容せざるを得ないキーンさんとの会話は非常に楽しいもので、唇の端に唾を溜めながら膝を乗り出すようにして熱心に語ってくれた彼の姿は今も忘れられない。日本にとって本当に惜しい方が亡くなったことを日本人は肝に銘じるべきであろう。

また、平泉の中尊寺で得度をしていて平泉のことに詳しい作家の瀬戸内寂聴さんにもお話を聞くことができた。

「そりゃあ、平泉は黄金文化ですよ。黄金は世界中不変なものでアピール力があるのにそれを利用しない文化庁の作戦がダメだったということでしょ。浄土思想といってもねえ、日本人でも分からないようなものを主張したって外国人は理解できないから」

寂聴さんは忙しいなかにも時間を割いて下さってきっぱりと答えてくれた。立候補を決めた時点で岩手県知事だった元総務省大臣の増田寛也さんや達増岩手県知事、そして文化庁長官なども快くインタビューを受けてくださった。

文化庁の新しく担当になった方も快く取材を受けていただき、テレビ朝日のサンデーフロントラインで特集番組として放送されたのである。

しかし今や世界遺産は飽和状態となり玉石混交ははなはだしいものがある。世界遺産は貴重なものだがドイツの世界遺産だったエルベ渓谷は高速道路建設によって遺産登録は取り消された。生活の便利さを選んだドイツの判断は尊重すべきだと私は思うのだ。

平泉や一関などでもロケをしていたので、震源地近くの地理もすっかり頭に入っていた。一関の本宮の小学校は被災してきた人たちの避難所になっており、そこでも話を聞くことができた。

「イワナが心配でね」

「イワナ？」

「うん。知っているかい？」

私は頭を上下に強く振った。

「ボクはイワナやヤマメの釣りが趣味ですからこの辺りにも釣りに来ていたんです」

「ああ、そうですか。じゃあ分かるでしょ、オレはイワナの養殖をしているから水が心配なんでねえ」

作業服の年配の男性の顔が曇っていた。イワナとなれば私の専門分野だ。親しくなるのに時間はかからなかった。直ぐに日本で初めてイワナの養殖に成功したのがこの栗駒山麓であることを思い出した。日本の渓流から乱獲や自然破壊によってイワナやヤマメが姿を減らし幻のサカナと称されていた昭和40年代の１９７１年にこの地でイワナの養殖に成功したらしい。そのやり方が時間をかけて全国に広まってイワナの養殖が可能になったのだ。ヤマメはそれより少し早く１９６１年に旧水産試験場奥多摩分場が養殖に成功している。ただヤマメもイワナも養殖に成功したからといって直ぐに全国で養殖が始まったわけではなく、広まるまでは時間がかかったらしい。

イワナを養殖するには水温、水質が適切でなければならず、簡単ではないらしく、年配の男性は不安を口にした。

翌朝にその養殖施設に行ってみた。渓流の水を引いて、いくつか分けられているコンクリートのプールに稚魚や成魚がゴマを散らしたように泳いでいる。大きなものは胴回りも太く優に尺を超えている。

「さあ、ここで早速やろうか」

人差し指を上下させて生け簀《す》を見ていた岡ちゃんが苦笑いした。

「アホか。この惨事に……」

震災から3日後の快晴の朝にマスコミの記者やカメラマンたちが自衛隊のヘリコプターに搭乗していけることが決まった。取材陣を何回かに分けて現場上空に連れて行ってくれるという。

「乗れるのは1社1人ですから」

貫禄のある太った自衛隊の幹部が説明した。

「オレはいいから、岡ちゃん行けよ」

「いいのか?」

「写真を押さえなければいけないからな」

轟音と強風を残してヘリコプターは栗駒の峰の方向に飛んでいった。それを見ながら隣に立っている幹部に声をかけて名刺を渡した。

「三本木ですか?」

「ええ、そうですけど、詳しいですなあ」

「ボクは六本木ですから」

「ははは、そうですか。本庁がありますんでね。随分行っていませんけれど」

あっという間に打ち解けた。三本木というのは盛岡から30キロほど北の岩手山麓にある自衛隊基地のことを指す。六本木はかつて防衛庁の六本木基地があった場所で現在はリッツ・カールトンホテルなどがある。三本木の近くでも竿をだしているから地の利はある。早速手に持っていた栗駒周辺の地図を広げて被害が大きかった地区に赤い印をつけてもらった。釣り人が行方不明の沢も分かったが、行くことはできないという。

15分ほどすると岡ちゃんたちが乗ったヘリが帰ってきた。

「どうですか？ヘリに空きがあるので乗れますけど」

幹部がわざわざ私に伝えにきた。

「いや、ありがたいですけれど結構ですから」

断って被災者たちの声を聞くために取材に向かった。

「いい写真は撮れたかい？」

助手席の岡ちゃんに声をかけた。

「ダメだった。山頂付近は泥で覆われて灰色になってさ。温泉宿の建物の影も形もなかった。まあ、これはテレビで映されていたからだけど、崩落した山が写真では上手く写せないんだよ。肉眼では分かるのにカメラでは奥ゆきの距離感が出なくて、のべっとしている。いたるところで崖崩れがあってその脇を渓流が流れているのが堰《せ》き止められて真っ青に見えるプールが幾つもできていたけれど余りにも広範囲で掴《つか》みどころがない」

岡ちゃんの顔が浮かない。

「例の落ちた橋の上空も通ったよ」

「そうか……」

土砂崩れによって磐井川の流れが堰き止められて巨大なプールが出現していた。それが崩れれば下流の一関の街に甚大な被害がでる。それを避けるために流れの脇に水路を造る工事をする黄色いショベルカーが数台動いていた。

豆腐をすぱっと切ったような100メートルの断崖

地震から3か月ほど過ぎて栗駒周辺の取材許可が下りて住民と許可証を申請したマスコミの社だけが栗駒山に登れることになった。

山頂近くの駒の湯にはなぜか報道陣の姿はなかった。散々報道していたから関心を呼ばなかったのかもしれない。ズブズブと沈む泥の海の前には通行禁止の黄色いテープが風に揺れていた。ナナカマドの赤い実も熟し、山はすっかり秋の気配を漂わせて寂寥感に支配されている。

そこから山道を辿っていくと最大の被害があった山の崩壊現場に行くことができる。別荘なのか森の脇に赤い屋根の一軒家がポツンと建っていた。その前で車を停車させ、岡ちゃんと2人で歩き出した。車が1台余裕で通れる未舗装の山道はクネクネと曲がっているので右に左に揺れているような目の錯覚を引き起こし、目の前の大きな森全体が歪んでいるようだ。

「なんだ、これは」

民家から3分も歩いて右に曲がるとあるはずの道が急に消えていた。いや消えたのではなく、切れていた。まるで豆腐に包丁を入れたように道路はすっぱりと直角に切られて無くなって土がむき出しになった崖が現れている。遥か向こうに道路の続きが微かに見えている。つまりその間にあったはずの土地がすっかり地面に吸い込まれてしまったということだ。

「信じられない」

恐る恐る道の端からクビを伸ばすと、100メートルもあろうかという下に緑の木々があるではないか。山がそのまま100メートルも地下に潜ったということだろう。さっと腕に鳥肌が立った。色々な災害現場を取材した経験はあるが、これほど不思議な体験をしたことはない。当時はまだ東日本大震災が起きていなかったからでもあるがそれを割り引いてもあの消えた山は今でも脳裏にしっかりと残り自然の前では人間は無力であることを強く意識させられた。

もし私があの崩落した森にいたなら逃げることなど100％不可能なことだったろう。釣りをしていた人たちは崩壊に巻き込まれ、生き残るのはノーチャンスだったのだ。運命と言いたくはないが、運命だとしか言えない現状に私はショックを受けてしまった。

偶然あの赤い屋根の住人が家財道具を取りにきていたので話をすることができた。

「あと30メートルもズレていたらこの家も奈落の底に落ちていたかと思うと運命を感じます」

「あの地震のときもここにいたんですか？」

「そうなんです。ゴーッと山が音を立ててね、波に揺られているように家が震え続けていたんです。バサバサとかバキバキという大きな音が森のなかから聞こえていました。樹木が折れる音だったんでしょうね。でもまさかいつも目にしている前の山がなくなるなんて誰も思わないでしょ。そりゃあ腰が抜けるほど怖かったですよ」

頭にスカーフを被った年配の女性が生々しく証言してくれる。

「もうここには住めないし、住む気もありません。でも命が助かったというだけで充分です」

「……そうですね」

慰めの言葉も見つからないので会釈をして今度は一関側に行ってみた。

「今日は」

「ああ、お久しぶりですね」

例のイワナの養殖池は無事に残っていた。被災した折に話を訊いたご主人も元気そうに庭に顔をだしてきた。

「停電で、あと2日水が供給されなかったら全滅だったのがなんとか復旧できたんです」

「この水は磐井川から引いているんですよね?」

「いや、裏山の湧き水をポンプで引いていたんです。そちらのほうが水はきれいですから」

「イワナも助かって良かったですね」

「ええ、良かったですけれど、観光客も減っているし、イワナの需要も減っているので……」

なんでも近隣の旅館やホテルにイワナを卸していたのが、注文がすっかり減ってしまったという。

「でも頑張っていきますから」

力強くはないが、彼の言葉は今も私の記憶に残っている。

盛岡毛鉤の善さん

「バシャーン」

カジカガエルが寂しく鳴いているだけだった薄暮の淵で急にサカナがライズしたかと思うと竿が撓った。竿をだす度にサカナが仕掛けに向かってジャンプする。まるでマジックを見ているようだった。善さんは顔色を変えずに次から次へとサカナを上げていく。なんという凄い仕掛けなのだろうか。

コレは南部毛鈎とも南部流し毛鈎とも盛岡毛鈎とも呼ばれているものだ。南部とは江戸時代に現在の岩手の北半分から下北地方までを治めていた南部藩のことを指しているが、まずはその仕掛けについて考察していこう。

戦前そして戦後の混乱時代の川魚漁師は宿や料亭から望まれる量と型のサカナを納入することが仕事だった。18センチクラスのヤマメを50尾欲しいと注文されれば、漁師はそれに見合うように漁をしなければならなかった。

「あのな、ヤマメの旨いのは18センチぐらいなのさ。身もシッカリしていて25センチ以上は大味になってしまう。だからオレの親父は18センチクラスが釣れるように工夫をしたんだよ」

酒席を共にすると、こぼれそうな大きな目をカッと開いて善さんは昔のことを振り返った。善さんは私と初めて会ったころには市内の中津川の明治橋近くで桜井釣具店という小さな釣具店を開いていた。いわゆる昔からある釣具屋さんだ。

「親父は病弱だったからそんなにきつい仕事にはつけなかった。だけど食っていかなければならないから、好きな釣りを商売にしようとしたんだ。数多く、そして形を揃えるために親父が考えたのが流し毛鈎だったというワケでさ。江戸時代からあった盛岡毛鈎を参考にして春先や晩春にはどのような川虫がいるのか、また夏にはどのような虫をサカナが好んで食べるのかを研究して改良したんだ。その横でオレは親父の仕方を学んでいったというわけだ」

　現代のようにヤマメやイワナが養殖できている時代ではない。渓流魚の最高峰としてヤマメ・イワナが珍重されていた時代である。ヤマメやイワナが海魚と比較してどちらが美味しいという議論は置いておくとして山奥の宿や新鮮な海魚が獲れない内陸地方では川魚は立派なお膳の主役であった。

　渓流の事情を知らぬ客は幻と呼ばれているヤマメやイワナをありがたいものとして口にする。そんな時代が高度成長と共に長い間続いていたのだ。

　川魚漁師は宿のリクエストに答えるべくいかに効率的に釣ることができるのかということに頭を悩ましていた。アユなら朝から晩まで竿をだしていればそこそこの釣果を得ることは可能だ。しかしヤマメやイワナはそうではない。朝まづめ、夕まづめという日の出や日の入りの時間には釣果が上がるものの日中にはパタリと釣れなくなる。

　サカナは天敵の鳥から狙われるのを避けるために岩の隙間や淵の奥でじっと時間が過ぎるのを待っている。そして鳥目となった時間を推し測ったように日暮れに活性を上げてくるのだから不思議なものではないか。なぜサカナたちは鳥が夜に目が利かないことを知り得ることができたのだろうか（フクロウなど夜行性の鳥もいるけれど）。大古から本能としてＤＮＡが引き継がれているとしか思えない。

　さあ、夕まづめになった。あちらこちらで水紋が広がりライズが始まった。心を躍らせて竿をだしてサカナを釣りだしても１本の竿を使って釣るには時間が足りない。現実はひと流しで必ず釣れるというわけではない。そこで手返しを素早くして量を確保しようと考え付いた仕掛けが盛岡毛鉤だった。

盛岡毛鉤なるものがあると知ったのはもう30年以上も前のことだろうか。フライフィッシングの洋式毛バリの愛好家からするとそれは邪道だと蔑まれていた。なぜそのように忌み嫌われているのだろうか。それは釣れすぎるということが大きな原因のように思われる。

盛岡毛鉤は仕掛けの最先端に白いウキがある。中指ほどの太さと長さがあり、タラの木（タラボと地元では呼ばれている）を削って空洞にし、そのなかに小さなオモリを入れて絶妙なバランスを取っている。そのウキの先に尺程度の長さのハリスがあってそこに仕舞いの毛鉤がある。ウキのお陰でその毛鉤は完全に沈む事はない。そして竿先に向かって50センチほどの間隔で枝糸が出てそこに毛鉤が付いている。道糸と枝糸が絡み会うことがないように結び方も工夫してある。一般的に渓流釣りのハリスというのは0・6や0・8ぐらいで太くても毛髪2本程度しかない。しかし盛岡毛鉤の仕掛けの道糸はそれと比較すれば驚愕すべき2号程度の太いものが使用され、枝糸も1・0ぐらいだが、それが釣果を左右することはないという。

川の下流に向かって仕掛けを投げ入れると、ウキを先頭にして仕掛けは流れていく。流れに直角に竿をだし、仕掛けを竿で支える。そしてゆっくりと糸が川面を叩くように揺する。するとサカナは毛バリに向かって狂ったようにライズしてくるのだ。

ヤマメだけではなく、ハヤやイワナも飛びついてくる。

道糸に付いている毛鉤の数は4個ないし5個。毛鉤は色が水色や黄色そして緑色、赤色など色とりどりだ。それらは毛虫を模したものや、水生昆虫を模したもの、そして毛虫などを模したものとキチンと区別されている。川魚漁師は遊びでサカナ釣りをしているわけではなく仕事としてサカナを釣っているのだ。釣れなければオマンマの喰い上げになってしまうからサカナを釣るために漁師はヤマメやイワナが何を好物にしているのか知らなければならない。

渓流の濡れている石をひっくり返し、そこについているヒラタや鬼チョロのような水生昆虫をながめる。それだけではない。早春にサカナがどのような動きをするのか、春になるとどうなるか、夏はそして秋はというふうに実際に調べて毛鈎を作るというのだ。

渓流に枝を伸ばしている木々からは毛虫やクモなどの昆虫が水面に落ちることもある。道端からバッタやアリが流れることもあるだろう。するとサカナがライズしてそれを捕食する。

毛鈎が巻かれているハリの大きさも揃っていて、ハリが小さければチビヤマメなどを釣りあげることも可能だが、そんなサカナは無視する仕掛けになっている。一方で川魚漁師は尺サイズのサカナを狙っているわけではなく、食べて一番美味しいといわれる20センチ前後のサイズのサカナを狙っている。それが料亭や宿から求められるので敢えて大きなサイズは外しているのだ。

善さんの父親は病弱だったが、一家を食べさせるためにシーズンには川魚漁師として県内の穴場を巡って当時としては破格の収入を得ていたという。善さんも父親から手ほどきを受けて盛岡毛鈎を作ってきた。

「庭で色々な種類の鶏を飼ってさ、その毛を使って試行錯誤を繰り返していたんだ。何年もかかって親父はこの仕掛けを作りだしたのさ。オラも親父の脇でそれを見ながら真似をしていたんだ」

彼は鶏やキジ、山鳥、クジャクなど沢山の鳥の羽が立て懸けている机の前に腰かけ、メガネを鼻の下にずらしながら左手の親指と人差し指でハリをガシッと押さえて毛鈎を作成する。フライを作成するのは金属製のバイスという万力に似た器具にハリを挟んで行うのが一般的で、ハリの軸に鳥の羽などを巻いていく。しかし、善さんの場合は左手がバイスの役割を果たしている。

「ほら、こうやってハリをギュッと挟めばいいんだでば〜」

簡単そうに見えるが、当然のことながら私にはできないし、多分ほとんどの人はできないだろう。

「これがさ、夏になるとサカナが食いつく毛虫だ。木の葉の上から川にぽちゃんと落ちることが多くて、サカナはそれを見て、ガブッと食いついてくるわけだ。それと大雨の後の流れを計算して毛鈎を作ったこともあった」

サカナが活性化するのは上流に雨が降って増水したときで笹濁りという言葉がある。笹の葉のように緑がかった水の色の事を指す言葉だが、水の底の積もった落ち葉が水の勢いで流れ出し、その葉の間には多くの虫が蠢《うごめ》いている。それが水に乗って下流に流れ出していくし、雨風によって岸や樹上から川に落下した虫も流れ出ていく。

サカナたちはこれを見つけて狂喜乱舞し、ライズしたり流れのなかをエサを求めて泳ぎまくる。鳥たちが濁った流れにいるサカナを見つけられないこともきっと本能で分かっているのだろう。

渓流釣りに行こうと善さんを何度も誘った。

「オレの足がさ、調子が悪いから。調子が良くないと渓流には行けねえなあ」

そう言いながらも自宅から歩いて3分ほどの中津川の岸で竿をだしていた。鮎の友釣りである。

「中津川にいますので、呼んでください」

自分の店では種鮎を売っているから入口のガラスに張り紙が貼ってあった。

「若いころに鮎に嵌ってしまってな。渓流釣りとは違って鮎は一日中だから川に腰まで浸かって朝から晩まで竿を振っていたのさ。それで足が悪くなってしまった」

冷たい水に長年浸かっていると足の具合が悪くなるということは他の釣り人からも耳にするが、なんでも神経痛らしく足が痛くて自由に動かなくなるらしい。

「今は川に入ることはしないんだ」

中津川の水辺に立って竿をだしている。彼は酒も好きで、なんどか一緒に自宅近くの居酒屋に通った。

「おばんでやんす」

「ああ、お久しぶりでやんす」

馴染みの店の暖簾《のれん》をくぐると善さんの姿を見た店主がペコペコと頭を下げるのが印象的だった。

「まるでヤクザの親分みたいですね」

「そんなんじゃねえよ。でもオラの周りにはヤクザ者が多かったからな」

善さんは過去に盛岡競馬場で飲食店を経営していたことを酒を重ねながらポツリポツリと喋っていった。岩手は軍馬の産地として有名で、現在でも盛岡と水沢に競馬場がある。盛岡と水沢で交互に開催をしているが、市内北部の高松の池の脇にあった盛岡競馬場は現在はオーロパークという名前に変わって岩山の向こう側の山の中腹に20年近く前に移設された。東京や中山など中央の競馬場と比較すれば小さいとしか形容できないが、公営競馬では唯一の芝のコースも備えており、１９９９年ＪＲＡ（中央競馬会）ダートのＧⅠフェブラリー・ステークスで水沢競馬場所属のメイセイオペラが優勝した栄光の歴史を持つ。地方競馬所属の馬がＪＲＡのＧ１で優勝したのは後にも先にもコレだけである。

オーロパークのオープニングセレモニーには仏映画『男と女』の主人公だった男優のジャン・ルイ・トランティニアンがフランスから来た。往年の目つきの鋭い精悍な彼とは異なり脂っけが抜けて好々爺といった雰囲気だった。彼のことをよく知っているわけではなく、彼のファンでもない私の目的は当然のことながら取材の合間に渓流に行くことであって、昼のセレモニーを取材して急いで渓流に出かけ、その晩のパーティーに戻って何食わぬ顔をして取材をしていたのだ。

競馬場というのは遊園地ではない。中央の競馬場では遊具を備えて子供連れの客を呼び込もうと努力しているが、切った張ったの輩たち、有象無象の輩たちが集まってくる場所である。一攫千金を狙っているヤツやどこからかクスねてきた金を馬券に託して夢を追う場所なのだ。そこで善さんは長年飲食店を経営してきて市内では釣具店も経営していたわけである。

「オレの店は川魚専門の店でな。ウナギ、そして鮎を出していたんだよ。つまみもオレが工夫して出していたから繁盛したんだ」

味にはかなりうるさいタイプで本物の食通であった。

「岩手で一番旨い鮎が獲れる川がどこなのか知っているかい？」

「どこですかね？　気仙川ですか？」

岩手で鮎の川として有名な陸前高田市の気仙川が直ぐに頭に浮かんだ。県南で暖かいから鮎の育ちも良く、県内で1番早く解禁されるのでニュースに取り上げられることが多い。

「いや、あそこはダメなのさ」

「なぜですか？」

「流域に田んぼがあると毒水が川に入ってくるんだ」

「毒水？」

「そう、田んぼの農薬だよ。アレが入ったところの鮎はダメなんだ。旨くない。気仙川は三陸では珍しく暖かいから昔から稲作が盛んでな。川沿いに田んぼが沢山あるだろ」

「ええ、そうですね」

何度か気仙川でも竿をだしていたので町の様子は分かっている。市といっても県内でも人口は下から2番目で、駅から直ぐに田んぼが広がっている小さな田舎町だった。

話はずっと後になるが、２０１１年の東日本大震災で最大級の被害を受けたのが陸前高田である。私も地震の翌日から三陸に入り約2か月かけて北は青森から南は茨城まで全部取材に回った。言い訳するようで恐縮だが、その間は1度も竿をだしていない。そのような気分にならなかったのと、3月や4月は竿をださないと決めていたからだ。勿論過去に行ったことがある地域ばかりなので震災前の町の様子も分かっている。

陸前高田の海から2キロも内陸に離れた4階建ての市役所庁舎の最上階の上に津波の痕跡を

見たときには流石に鳥肌が立ってしまった。同じ三陸の宮古市重茂地区のある入り江で40メートルを越えた津波の跡を見たときも驚いたものだが、海岸から建物が遮蔽《しゃへい》物となっている奥の庁舎にそれほどの波が押し寄せて多数の死傷者を出したことは悲劇というしかない。

被害が大きかったのは陸前高田が三陸では珍しく平地が広がっていたために直ぐに山に逃げられなかったという原因もあるだろう。他の地域では背後に山が迫っているので逃げる時間的な余裕はあるが、陸前高田と北の久慈市は中心部から山が遠いので逃げるのが難しい。

宮古から北の三陸地方、特に久慈市は夏にオホーツク海からの北東のやませと呼ばれる風が吹き込むために寒く、稲の栽培も難しい地域であり江戸時代には飢饉《ききん》が頻発していた。

「コメのできるところの川はダメなんだでば～」

善さんがニヤリと笑った。

「へえ、そうゆうものですか。たしかに鮎は川によって味が変わりますよねえ。ではどこの川だったらいいんですか？」

「そりゃあ、閉伊川が一番かなぁ。田んぼはほとんどないし適当に河原が広がっているから振り込むのも難しくない」

「宮古もやませでなかなか稲が育たないですもんね」

「んだ」

「では安家《あっか》川はどうですか？」

県北の北上山地を縫うように流れて太平洋に注ぐ渓相が良い川で私がよく足を運ぶ。

「安家川も田んぼがないからいいけれど、あそこは竿をだせる河原が少なくて、盛岡から片道

2時間もかかるので商売には向いていない」

「雫石はどうですか?」

盛岡から秋田に向かう県境を源流として北上川に流れ込む有名な支流である。

「雫石は昔から米どころだって。あんなに田んぼがあるところだから味は落ちる」


善さんと初めて一緒に釣りにでかけたのは、この雫石川の支流の志戸前《しとまえ》沢だった。盛岡市内中心部から30分ぐらいで行ける便利な場所だが、山道の脇をゆったりとした流れが続いているので楽に入渓できるし、渓相も悪くない。山道には練馬や品川、相模、千葉などの関東地方のナンバーを付けた車が目立ち、それが100メートル毎に駐車しているほどの盛況だった。

「雑誌にフライフィッシングの聖地と紹介されたりテレビでも取り上げられたりしたからな」

「そうなんですか。オレはこの辺りではやらないから」

「なんで?」

「だってここだけは岩手県内の年券を使えないじゃないですか」

岩手と山形県は県内の各河川で釣る許可がされている共通入漁券の年券を発売している。鮎の年券と鮎以外の雑魚の年券で、雑魚は1万円を少し超える金額で、鮎は2倍ほどの金額だ。入漁券は腕に巻くタイプで顔写真も貼られているし、盛岡にある県の内水面漁業協同組合にも同じ写真が保管されているのでたとえ失くしたとしても再発行をしてくれる。それがいかに安くて便利なのかは他の県でやっている釣り人なら分かるだろう。

他県では河川に入る毎に入漁券を購入しなければならない。初めて入った川のどこに券を売っているお店があるのか分からないことがしばしばあるし、今入っている川がどこの支流なのかも分からないこともある。もし、監視人に指摘されれば現場で券を買わなければならないが、秩父の荒川では現場売りが3000円というとんでもない値段だ！

　そこで思い出されるのは10数年前の春過ぎに閉伊川の中流で1人で釣りをしたときのことだ。そこは河原が広く流れも緩やかな場所で近くに車を停めるスペースもある。まだ陽も高かったので場所を変えようと仕掛けを仕舞っていると河原に4人の中年男性が笑いながらやってきた。釣りをする服装ではなく、ジーンズにセーターといった恰好なので行楽客であることは直ぐに分かった。

「釣れましたか？」

　笑顔で話しかけてくる。

「いやあ、ダメなので場所を変えようと思っています。どちらからいらっしゃったんですか？」

「横浜です。こいつが釣りをしようと言って、さっき宮古の釣具屋でコレを買ってきたんですよ」

　手にしているのはウキやハリが入っている初心者用の釣りセットだった。

「これをこう結んで……」

「違う、違う」

「あれ？　こうだっけかな？」

　和気藹々《わきあいあい》に仕掛けを竿に付けてやっと準備が整い川に投げ入れた。黄色い丸いウキが流れていくのを私は岩の上に腰かけて見ていた。山桜も咲いて新緑の若葉が目に優しく河原で歓声を上げている彼らを見るのも楽しかった。

何度も流しているが魚信《あたり》はなく、ああでもない、こうでもないと彼らの笑い声が河原に流れていた。十分ほどしてウキがピクンと揺れて水中に引き込まれると、10センチほどのサカナが身をくねらせて上がってきた。

「釣れたぁ、なんだこのサカナは？」

中年男たちが少年のようにはしゃぐのを見るのも愉快だ。

「ハヤですね」

岩の上で軽く手を合わせて拍手をした。

「そうですか。面白いなあ」

2人は釣りの経験があるというが遊漁船でのもので、川釣りは初めてで、あとの2人は釣り自体が初めてだという。こうやって自然と遊ぶ楽しさを覚えてくれればこちらとしてもうれしいものだとタバコを吹かしていた。しかし、その時、国道側の岩陰からジャケットを着た中年の男が突然現れた。

「はい、鑑札を見せて下さい」

中肉中背で四角張った顔の男は私を見た。

「はいよ」

年券を見せると今度は河原の4人組のところに歩み寄っていく。4人組は当惑したように監視員の要求に突っ立っているだけだった。

「では鑑札がないので1人1000円いただきます」

「えーっ、お金を取られるの？」

さっきまで和やかだった空間に亀裂が走った。

「ちょっと待ってくれよ。この人たちは素人、初心者だよ。それにハヤしか釣っていないんだから」

腰かけていた岩から河原に飛び降りて、私は監視員に歩み寄った。

「そんなのは関係ありません。川釣りには鑑札は必要ですから、払うのは当然です」

木で鼻を括るとは正しくこのことだ。

「まずはキミの身分証明証を出しなさいよ。本当に閉伊川の漁協の監視員なのですか？」

「あなたは年券を持っているから関係ないです」

「いやいや、折角釣りを楽しんでいて今後も釣りをするかもしれない人たちに理不尽なことを言っているのが分からないのかい？　彼らは釣りのルールもまだ知らないんだよ。あの仕掛けで鮎やヤマメやイワナが釣れると思っているのですか？」

４人の中年男性たちは私と監視員の論争を黙って見ていた。

「そう言われても入漁券を買うのがルールですから」

「ルールは大事だろうが、彼らが川遊びを楽しめたらその後川釣りに夢中になるかもしれないし、友人や子供も釣りファンになってくれるかもしれない。それを違反したから１０００円ずつ支払えというのはあまりにも杓子定規《しゃくしじょうぎ》というものだよ」

川の漁業協同組合というのはゴマンとあるが、海と異なり現代の日本において川魚漁で生計を立てている者が何人いるのだろうか。皆無というわけではないだろうが、限りなく無に近いだろう。川魚漁をしない人たちが漁協に入って「オレたちの川だ」とふんぞり返っているのが実情なのだ。

山梨・神奈川の道志川のように川沿いに道案内の看板を立てたり、河川の掃除もするし公衆トイレをわざわざ設置しているような河川なら入漁料を支払うのも道理があるだろう。

ところが今の日本の河川では多くの漁協は放流だけして他は何もしないのに入漁料は支払えという驚くべきシステムがまかり通っている。川にゴミや流木が引っかかっていてもそれを除去することもしない。河原の下草を刈って釣りやすい場所を整備しようとする心遣いもない。

「河川の所有権は国だから勝手に手を加えてはいけないという河川法があるからできないんだよ」

漁協の組合員はうそぶく。自治体に許可をとればいい話なのに、そのこともしないで「できない」と言い張るだけだ。

大雨の後で水量の多い川を避けて釣りをする毎に入漁券を買うのは非常に面倒なことであるし不可能に近い場合もある。その意味で岩手や山形で県内の河川全部を釣ることができる共通年券を発売しているのは凄いとしか言いようがないというか全国の河川もそのようにすべきなのだ。ところが何度も指摘するが、川魚漁で生計を立てていない漁協が自分のシマを守るために強固に反対しているのが実情だ。政治家は有権者となる川釣り人口が少ないから全く興味を示さないが、全国内水面漁連なる組織にバックアップしてもらっているセンセイもいる。漁協側のセンセイが漁協に不利？　となる共通年券を推すワケがないだろう。

岩手でも相当論争があったようだ。そのなかで最後まで反対をしたのが雫石川の漁協である。人口が多い盛岡に近くて釣り人も多いと自負している雫石川や少数の河川だけが今でも共通年券を受け付けていない。お金の配分に不満があったと耳にしたが、雫石川で生計を立てている組合員などいないのに配分に文句を言う。私はそんな狭窄《きょうさく》的な考え方をしている雫石川で竿をだすのがたまらなく嫌だった。


「もういいですから」

閉伊川で私と監視員の論争を見ていた４人組の１人が声を上げた。結局１人分の１０００円を支払い監視員は去っていったのである。

「ごめんなさいね。折角楽しんでいたのに」

「いや、しょうがないですから……」

すっかり釣りをする気持ちが失せているのが分かった。


「釣れましたか？」

志戸前沢で川から上がってきたばかりのウエーダー姿の若者に車のなかから声を掛けた。つばのついた帽子を被って、背中には木製の渓流専門の網を下げて歳のころ20代の半ばであろう。

「いやあ、ダメですね。でもチビヤマメがかかりました」

フライロッドを手にしている若者が白い歯を見せて微笑んでいる。

「大宮から来たの？」

４輪駆動のピカピカの車には大宮ナンバーが付いていた。

「ええ、仲間と２人でです」

恰好からみると初心者のようでウエーダーもピカピカの新調品である。どうせたいして釣れないだろうが、こうやって釣りに嵌っていってくれるのは嬉しいものだ。

一旦上流まで上がって釣る場所を探したが、どこにも人が入っている。

「しょうがないからずっと下に行くべえか」

善さんに指示されたのは沢が御所ダムに流れ込む直前の場所だった。御所ダムは人造湖で、何本かの支流がそのダムに流れ込み、その放出口から下の北上川に合流するまでが雫石川と呼ばれている区間だ。

コンクリートの護岸がずっと続いており、渓相云々というレベルではなく、そこに段々になっている堰堤が点在している。善さんが堰堤のプール脇の河原に立ったのは、森に暗闇が忍び込んできた時間で、すっかり西の空が虹色に染まっている。

私は河原の岩に腰かけて善さんの動きを黙って見ていた。柔らかめの5・4メートルのハエ竿に仕掛けを結び付け、流れの中心に向かって投げ入れた。ハエというのはヤマベのことで、婚姻色は赤く出る特徴がある。

「何回も投げ入れるから軽くて柔らかいハエ竿がいいのさ」

川幅が3、4メートルの変哲もない流れの中心部は堰堤の高度差があって水は白い泡を混ぜ合わせながら、勢いを徐々に失っていく。

善さんは水流の勢いが良い場所を狙ってハエ竿を川に直角になるように構えて仕掛けが流れ下りないように支えていた。そしてゆっくりとハエ竿を上下に揺らし始めた。これで道糸に5個付いている毛鈎が水面を叩いたり沈んだり浮いたりすることになる。つまりこの一本の仕掛けはドライフライもウエットフライも付いていることになるわけだ。

サカナはエサの好みがいろいろあるだろうから、どれか好きな毛鈎に食いついてくれよ、というイメージで作られたのがこの流し毛鈎なのだろうが、このような仕掛けというのはどうやら全国各地にあるらしい。

善さんが押さえているハエ竿の端には白いウキが水の勢いで左右に揺れている。この先にも毛鈎が付いているが、こちらは完全に水のなかに入っているからウエットフライということになる。

「ガボッ」

という音とライズが合わさったと同時に善さんの右手が竿を上げた。ウキの上のハリに銀色のヤマメが身をくねらせている。善さんが狙っている20センチに少し足りないサイズだった。

善さんの釣りは釣り下りである。サカナは上流に向かってエサが来るのを待ち受けているから釣り人は自分の姿を悟られないように渓流を釣り上がっていくのがセオリーだと渓流釣りの本には記されている。

「どうして釣り下るんですか」

「あのな、サカナは人間が思うほど人の動きを警戒していないんだよ。警戒するのは上空で狙っている鳥でさ、鳥目の時間になると本能で分かっているからエサを追い始めるわけさ。盛岡毛鈎の釣り方は下ったほうが楽にどんどんポイントを攻められる」

メガネの上から善さんがこちらをジロリと見ながら笑った。一気に2尾釣れることもあったが、それほどの釣果ではなかった。

「もっとな、ガボガボッって飛びついてくるんだが、今日は水量がそれほど多くないから」

僅か20分ほどでヤマメを3尾、イワナが2尾、そして外道のハヤも3尾釣れたが善さんは納得できないといった表情を浮かべていた。

善さんから釣りに行こうと連絡がきて再会したのは約ひと月後のことだった。正確に言うのであれば私が善さんの盛岡毛鉤の芸術的な素晴らしさをページにして紹介しようという企画が通ったのである。

「サルでも釣れる」

「釣りの初心者でも子供でも竿さえ持てばヤマメ、イワナが釣れてくる魔法のような仕掛け」

企画書にはそのように書いて提出した。

「本当にサルでも釣れるんだな」

「勿論です」

「ほんじゃあ、サルを連れていって竿を持たせて撮影しろよ」

「……それは例えというもので……」

編集長の前でしどろもどろになって苦笑した。

「まあ、いいか。今週はデカいスクープを取ってくれたし」

きっと編集長はご褒美《ほうび》の意味でプランを通してくれたのだろう。善さんの体調を尋ねていた私にOKの連絡がきたのだ。この取材には社員カメラマンの圭太クンが同行することになった。

当時岡ちゃんはまだまだ釣りをしていない時期のことである。圭太クンは丁度フライフィッシングを齧《かじ》ったばかりの若葉マークの初心者である。フライフィッシングの格好良さから入ってきたので、エサ釣りやルアー釣りも未経験で渓流釣りに慣れていなかった。

背が高くて細身で精悍な容貌に長い髪がマッチしていて、プロのカメラマンとくれば女性にモテそうな要素ばかりなのだが、圭太クンは浮ついた感じがしない朴訥《ぼくとつ》な性格の青年だ。一緒に渓流に行ったことがあるが、どのフライを選ぶのか思案する時間も仕掛けを作る時間も兎に角長い。

「あれ？　まだ竿をだしていないの？」

「ええ、どのフライにしようか迷っちゃって」

渓流から上がってきても車の脇の草むらに腰かけて作業をしているほどマイペースな男だ。撮影にも時間をかける。どうやら圭太クンは完璧主義者のようで、善さんがバイスなしでハリを親指と人差し指で押さえて巻く姿も写真に収めたし、過去に作ってあった盛岡流し毛鈎の〝作品〟も収めた。作品といってもそれは商品である。一本の仕掛けに5個か6個の毛鈎が付いてタバコの箱の2倍程度の大きさの水色の発泡スチロールに巻かれているのがガラスケースのなかに陳列してある。4・5メートルと5メートルの仕掛けがあり、4000円と5000円だった。

それが高価なのかどうかは価値観によるだろう。善さんはこの仕掛けを作るのに一日に2セットが限度だと言っていた。それだけ集中しないとできないらしく、種類が異なる毛鈎は一個一個非常に丁寧に巻かれているのがよく分かり、芸術品ともいえる。

盛岡市内の釣り具の量販店でも盛岡毛鈎セットと称するものが売られているが、こちらは800円から1000円程度の値札がついている。しかし、それは善さんが作成した盛岡毛鈎とは名前は同じでも似て非なるものである。

私は盛岡に行って善さんと会う度に彼の仕掛けを購入していた。累計で20個ほども買ったのだからお得意さんだったのかもしれない。

今でも書斎の机の奥に1度も使用していない新品のセットがひとつだけ大事に仕舞われている。それをたまに出して見るのも愉しいもので、直ぐに渓流で遊んでいる自分が浮かび上がってくるのだ。

道糸は2号ぐらいの黒い塩化ビニールで、毛鈎がついている枝糸は3センチほどの長さで1号近くの太さがあるのでサカナに切られるということはまずない。枝糸が道糸に絡まないように結ぶのが大きなミソであるようで、善さんは私に結び方を伝授してくれた。

ただ、1度に3尾も4尾も掛かってしまうと枝糸と道糸が絡んでしまうことがあるから、欲張らずに1尾かかったら直ぐに上げたほうがいいとアドバイスをしてくれた。これはアジなどのサビキ釣りで何尾も釣れたときに絡まってしまうことがあるのと同じことである。

盛岡から秋田に向かう国道46号線を西に向かう。善さんはいつものように助手席に新聞紙を引いてウエーダー姿で座っていた。シートを汚さないようにするための習慣らしく、後部席には撮影機材の脇に圭太クンが腰かけている。

雫石の集落が見えてくる手前のカーブを通過するときに善さんは必ず両手を合わせて頭を下げる。

「このカーブで数年前にオラの釣り友達が交通事故で亡くなったのさ。ここを通る度にこうやって冥福を祈っているんだ」

行先は善さんしか知らない場所で、角館を目指してくれと言われた。どうやら今回は善さんの秘密の場所に連れていってくれるらしい。マッタケ採りの名人は親子でも生えている場所を教えないというが、渓流釣りも似たところがあり、釣れる場所は秘密にしておく釣り人は多い。しかし、台風などの大雨、洪水によって大事なポイントが消える場合もある。私も幾つかの秘密のポイントが無残に消えた経験があるが、消えたとしても秘密の場所は永遠に私の記憶の中に鎮座しているのだ。

「桧木内川《ひのきない》に行くんですか？」

「うんだ。そこの支流にいいところがあるんだ」

角館の桧木内川は桜のシーズンになると数えられないほどの大勢の客で賑わう。雪深く鉛色や白い無彩色の長い冬を耐えてきた北国の人々は有彩色の桜の開花によって誰もが喜びの表情を浮かべ、河原にビニールシートを敷いて酒盛りを始める。堤防には桃色の絨毯《じゅうたん》を体中に巻き付けた枝ぶりの良い桜の巨木が数キロも続いている。

私も運よく2度ほど桜の花が満開の桧木内川の河原に行ったことがあるが、ゆったりとした清流と景色が調和して感嘆の声が自然とでてくるほどであった。ここは日本でも有数の桜のスポットである。ここには桜が散るころから6月にかけて日本海から雄物川を経てサクラマスが遡上してくるらしくルアーマンが川で狙っているのを目撃したことはあるが私はまだ狙ったことがないのは残念なことだ。

「そこを右に行ってくれ」

善さんがしゃがれた声をだした。角館の町のずっと手前の橋を渡っていく。

「そこでちょっと止まってくれよ。ここで入漁券を売っているんだ」

そこは田舎のよろず屋さんで運転席から降りた私は店の奥に向かって、

「ごめん下さい」

と叫んだ。暫くすると奥から手拭いを被って腰を少し屈めたおばあさんが出てきた。そこだけ時間が停まって懐かしい昭和の香りがしてくるような気がする。善さんと圭太クンそして私の3人分の日釣り券を買った。1人500円で、おばあさんがマジックで年月日を書いたチケットを持って運転席に戻った。

「まだ陽が高いから、ここら辺で釣りをしたらいい」

善さんはそう言いながら支流の開けた砂利の多い河原に腰を下ろして川を眺めていた。

「ここも昔は水量が多くて淵があってポンポン釣れたもんだが」

圭太クンは川に入り込んで善さんが盛岡毛鈎を振り込む姿にレンズを向けて、何枚も写真を撮っていたが残念ながらたまに釣れてくるのは小さなハヤしかいない。

「さあ、そろそろ行くべえか」

西の空が茜色に染まりだしたころに私は善さんの指示通りに車を動かしていった。森をグルグルと回っているようで、どこを通っているのか分からない。というのもこの辺りには玉川水系の支流も桧木内川の支流もあるからだ。

車がやっと1台通れる細い道の脇に車を停めて、善さんを先頭にして草むらを降りること1、2分で大きな岩や淵が点在している渓流が目の前に現れた。支流のはずなのに川幅は5メートル以上もあり、どうやら水深も1メートル以上ありそうで水量も豊富だった。ゆったりとした流れが森の奥まで続いている。

「こんなところがあるんですね」

「うんだ。いい場所だべ」

善さんは褒《ほ》められた子供が喜んでいるような笑顔を浮かべ、ハエ竿を手にして苔が生えている岩の間の流れに仕掛けを投げ入れた。そして、ゆるゆると竿を揺らしていると毛鈎に向かってパシャとサカナが飛びついてくる。その瞬間を圭太クンは狙ってシャッターを押し続けているが、なかなか上手くいかなかった。

「もう1度お願いします」

圭太クンは長身を折り曲げてお辞儀を繰り返した。

「ああ、何度でもやるからいいよ」

夜の闇がひたひたと森に忍び込んでくると当然のことながら写真をクリアに撮ることができないので時間との闘いでもあった。カジカガエルの低い声が聞こえてくるのとライズする水音が重なってきだし、ハエ竿がギュンと撓った。

「ほらほら」

竿を上げた善さんが左手で道糸を手繰り寄せると25センチ以上もありそうなヤマメが2尾銀色の魚体をくねらせている。それからは入れ食いが始まった。幾つもある毛鈎に向かって狂ったようにサカナたちがライズしだした。まるでマジックショーを見ているようだ。ひと流しで必ず1尾や2尾が釣れてくる。

「もう大丈夫です」

圭太クンからＯＫのサインがでた。人影がぼんやりと浮かぶ時間になっていて、私も圭太クンも善さんから竿を借りていとも簡単にヤマメやイワナを釣り上げたのである。

盛岡に行く度に善さんの店に足を運んでいた。世間話をしながら善さんは左指でハリをガシッと挟んで毛鈎を巻いている。

「後継者はいないんですか？」

「そんなのはいねえよ」

善さんには息子さんがいるが、会社勤めをしているので店も継がないと寂しそうに笑った。

「こんなんでは食べていけねえべ。小遣い銭稼ぎでやっているんだから」

たしかにそうで、５０００円の毛鈎セットがポンポン売れるワケがない。

「量販店で盛岡毛鈎が売っているようだけど、どう思いますか？」

８００円から１０００円の価格で売っている盛岡毛鈎のことを話題にした。

「アレを盛岡毛鈎と思って購入したお客さんに申し訳ないような気がするよ。あれだばたいして釣れねえから。オラのとは全然違うだろ」

善さんのものと量販店もものはまるで別モノと断言できるほど違っている。

「ですよね。だから継承して欲しいんですよ」

「そりゃあ難しいべえな。だけどまがい物が増えるのは困るけど……」

盛岡に行く度に善さんの体調が悪くなってきた。エラが張っていた顔も風船がしぼんだように小さくなり、人を射るような眼光も大人しくなってしまった。

「あのな、糖尿病だってさ」

「善さんはグルメだから旨いものを食べ過ぎたからじゃないですか？　治ったら一緒に渓流に行きましょうよ」

　励ますつもりでワザと明るく声をかけた。

「うんだ。もう1回渓に行きたかったな。あんたと一緒にいった秋田の川が最後だったから」

「あのときはよく釣れましたねえ」

「そうだったなあ」

　どこか遠くを見るように善さんの目が宙を彷徨っていた。車椅子で病院の送り迎えをしてもらっている善さんとも会ったが、私の顔を見ても誰なのか分からない様子に衝撃を受けてしまった。

　それから約1年後に善さんは旅立ってしまった。善さんの父親が発明して改良を加えた盛岡毛鉤はもうないし、昭和の遺産のようだった古い釣具店も解体されて空地となり何もなかったように見えるが、今でも私の思い出には永遠に残っている。

　しかし、なんとか盛岡毛鉤を復活することができないだろうか。私は善さんが亡くなった後でそのようなことを考え続けていた。私自身が善さんのような毛鉤を作ることは多分できないだろうし、枝糸の結び方も独特のものだと生前善さんから訊いていた。

　19年の夏に盛岡の行きつけの寿司屋へ行った。後述するがこの寿司屋の雇われ板前はケンさんといい、海外までフライフィッシングに行くほどフライフィッシングに凝り、毎週の休日には渓流でロッドを振っている。彼の作製するフライは手先が器用なだけあって非常に精巧であるので、盛岡毛鉤復活の相談をした。

「ほんじゃあオレがやってみるべえか」

近々ケンさんに私が持っている盛岡毛鉤を見せる予定になっているのでもしかすると近い将来に復活する日が来るかもしれない。

車から降りて3分以内で尺モノを釣る

近くで大物を釣る意味

仕事の合間に釣りに出かける生活を送っていたが、首都圏の渓流では無理があった。早朝にせよ、夕方にせよ首都圏では奥多摩の現場まで片道2時間はかかるのだ。その途中に事件が起きたら急いで引き返さなければならない。

比較的仕事がヒマな平日に釣行することになるが、強風や大雨だったりすると行くこともできない。

「おお。行かないのかよ」

群馬で岡ちゃんを渓流釣りに引き込んだ後で、電話が頻繁にかかってくるようになってきた。

「この前の朝、奥多摩に行ってきたけれど……」

「ほう、どうだった？」

「あんなに釣り人がいるとは思わなかった。人、人、人だもんな」

「で、釣れたのか？」

「……釣れなかった。入りたいポイントに爺《じじい》が居座ってさ。3日も続けて通ったのに」

「ほう。3日坊主か。5分刈り？」

「うるさいなぁ。どっかにいい場所はないのか？」

とても師匠に対する言葉遣いではない。本来ならポイントというのは自分で探すものだが、岡ちゃんは簡単に行けて尺モノが釣れるポイントをいつも要求していた。

「それじゃあまるでGWの『安・近・短』みたいなものじゃないか」

「それでいいんじゃない。頼むから探してみてよ」

当時私も奥多摩行きは諦《あきら》めて道志川に通うようになっていたが、それでも時間がかかる。暇を見つけて栃木や茨城に遠征して竿をだしたが、なかなか満足ができる渓流で遊ぶことはできていなかった。福島の会津や白河辺りにも遠征したが、これもイマイチで、そのうちに段々と分かってきたことがあった。それは東京から車で3時間程度の渓流には必ず釣り人が入っているということで、言い方は大人しいが荒れているという意味である。

私が「安・近・短」に目覚めたのは小渕元首相を追求した「仮面の善人」という連載を担当したからでもある。例の「ドコモ株疑惑」の連載である。それが小渕氏が亡くなるまで毎週連載されて半年以上も続いたのだから小渕氏の出身地である群馬県の高崎市内のホテルに拠点を置いて取材に回ったのだ。当然釣りの場所も近くて時間もかからないし、仕事はきちんとしているから誰からも文句を言われない。それどころかしっかりとスクープを獲ってくるのだから、出張は全部認められていた。

そこで学んだのは大きな事件やスクープを獲れれば現地で取材ができるということだった。それで私は渓流釣りのメッカである北東北に狙いを定めて渓流シーズンに大きなネタを仕込むことにした。

仙台近郊の穴場

２００２年に世間を騒がした大きな事件が起きた。政治家の秘書による口利き行為で政治家たちにお金が渡っていた、いわゆる「業際研事件」である。県立病院やごみ焼却場の入札の調整役として政治家の秘書たちが暗躍し、例えば病院のベッドや椅子など細々した備品にまで口利きがされてバックマージンを受け取っていたのだ。

その舞台は全国に及び、徳島県知事が逮捕されるなどの大きな騒ぎとなった。正式名称、業際都市開発研究所を運営していたのは鹿野道彦衆院議員の秘書だったOで主犯格であったが、彼が主に差配をしていたのは宮城県の仙台市で、鹿野議員のおひざ元の山形県でも相当暗躍し、そこに他の議員の秘書も係っていた。そのためにマスコミ各社は仙台に記者を投入し、繁華街の国分町は記者たちで賑わっていた。

私もその渦に巻き込まれることになったが、頭のなかにあるのは当然渓流釣りのことである。仙台は大都会であるものの、市内の中心部から1時間も行けば渓相の良い渓流が点在する理想的な街である。私が目を付けたのは仙台の市内から南西の30分ぐらいで行ける釜房湖という人造湖であった。ここは仙台市民の憩いの公園となっており、有名ではないが、国営みちのくの杜の湖畔公園という名称になっている。体育館やテニスコートのスポーツ施設も充実して休日には家族連れで楽しんでいる様子が窺える。ここに流れ込む渓流にはほとんど釣り人はおらず、体育館から近い道沿いに車を停めて、僅か30秒で狙ったポイントに降りていくことができる。かなり急な斜面を雑木の枝を掴んで降りていくと、護岸工事がされているコンクリートの棚の上に出られる。

コンクリートの暗渠《あんきょ》から水が流れていて、上流の流れと合流になっているところがポイントだった。水深は深くても1メートルで幅も50、60センチしかない細い流れで、田んぼで草刈りされた雑草が流れてくることもあり、清流とはいえない水質であるし渓相云々は論外という場所だった。

コンクリート壁の護岸工事がされているので趣というものは全くないが、そのコンクリート部分に腰かけて合流部分を狙って竿をだした。道糸につけた橙色の毛糸の目印がスーッと流れていくと合流地点の手前でキュンと糸が動いた。

すぐに手首を返すと想像していた以上の引きで、竿先がお辞儀をするではないか。

「おっと」

竿で遊んで上げてみると、30センチ弱の型のいいヤマメが釣れてきた。

「なかなかいい型じゃないか」

道路の上から岡ちゃんの声がした。

「こんなところで釣れるワケがない」

彼は現場を見てバカにしていたのだが、私の様子を見て慌てて仕掛けを手にして降りてきた。

それほど水が綺麗というわけでもないし、本当に変哲もない流れなのに不思議なことにハヤは1尾もおらず、釣れてくるのはヤマメだけだった。夢みたいな場所で、仕事が空くと車を走らせたものだ。

護岸から一旦道路に上がって暫く歩いていくと大きな岩が流れに浮かぶ渓相の良い渓流がある。大きな淵もあるそこには地元の年配の釣り人が来ていていつしか親しく言葉を交わすようになった。白髪が混じった無精ひげが皺《しわ》に深く刻まれている頬に広がっている。

「田んぼがヒマになるとここに来るんだ」

農業と年金で悠々自適な暮らしを送っているようで、ウエーダーを着るような場所でもなく、汚れがついた灰色の作業衣にシャツを羽織っただけの気楽な恰好だ。

「ここはね尺モノが多いんだよ。でも明るい間は絶対に姿を現さない。狙うのは日が暮れてからだなあ」

私が竿を仕舞って帰り支度をしたあたりからが彼の出番になるわけだ。私もよせばいいのに陽がとっぷりと暮れた暗い渓流で月明かりを頼りに腰まで浸かって竿をだしていた経験が何度かあるが、道糸につけた目印が見えずに難儀をしたものだ。

それにしても若い頃には今考えると随分と無茶なことをしたと思う。足を踏み外したら深みに嵌ってしまうような本流の流れのきつい場所でも平気で竿をだしていた時代もあった。１人での釣りばかりだったから私が釣っている場所は誰も知らないはずだ。だから、もし流されたら誰も助けてくれないだろうし、行方不明になっていた可能性は充分にあったのだ。恐怖よりも釣りたい欲望が遥かに勝っていた時期であったが、今振り返ってみると無謀に近いものがある。

彼が釣る場所は上空に橋が架かっており、そこの外灯の明かりで水面はぼんやりと判別がつく比較的流れの速い岩に囲まれた淵だった。

その晩は淵の脇の平らな場所にプラスティックの椅子やテーブルが置かれ、缶ビールが置かれて彼の仲間の若い男女を含めた5人がやってきた。どうやら渓流の脇でバーベキューパーティーを催すようだった。

「兄ちゃんも飲まないか？」

私に向かって缶ビールを持ちあげて見せた。

「ありがとうございます。でも車ですから」

「そうか。残念だな。ほんじゃあ釣るべえか」

他の仲間が鉄板で肉を焼いている脇で彼が腰を上げた。短めの使い込まれた延べ竿を手にして、仕掛けを流れに放った。その釣り方を見て目が点になってしまった。流れに浮かんでいるのは海釣りで使う電気ウキで、まるで蛍が飛んでいるように淡い緑色の光が流れに漂いながら下流にゆっくりと流れていく。するとスーッとウキが水中に引き込まれた。彼が竿を立てると満月のように弓なりになって竿先が大きく揺れる。

「ほら、来た」

長年渓流でやっているらしく慌てることなく、竿をコントロールしてサカナを岸辺に寄せて来た。なんと幅広で尺上のヤマメだから驚いた。バーベキュー脇で尺ヤマメを釣って焼いて食べる。これほど贅沢なことはないだろう。

黄金色に染まった渓

仙台だけではなく、山形でも口利き疑惑の県立病院が建てられており、そこの取材にも飛び回っていた。当時新築された疑惑の県立病院は県内に2か所あり、ひとつは県南の米沢市近くの置賜《おきたま》の県立病院と山形市と北の天童市の境にある県立病院だった。

山形というのはラーメン王国であり、個人のラーメン代金支出額は日本一という土地柄である。私はラーメンに目がなくて今まで5000軒は下らないほど食べ歩き、ラーメン記事も書いていたこともあるが、それはラーメンブームが起きる前のことであり、私は余りにも早すぎたランナーだったわけである。

ラーメン王国山形の美味しいところは山形市内と南陽市の赤湯あたりで、残念ながら庄内地方、鶴岡や酒田のラーメンは私の口には合わない。赤湯には有名な龍上海《りゅうしゃんはい》の本店があり、辛みそラーメンを求めて長蛇の行列になっているが、私が通っていた当時は店も古くてそれほどの行列はなかった。この近くには地元の方々が通う美味しい醤油ラーメンのお店もあるのに、行列はなく観光客は全然知らないようだ。

龍上海は当時山形市内には2軒あって山大医学部近くの龍上海が市内では人気を集めていた。が、私のお気に入りは山形南高校近くの墓地裏にある「金ちゃんラーメン」であった。金ちゃんという店名は県内に何カ所かあり、本店は赤湯にあるがチェーン店ではなくて、各々が独自経営をしているようで、味に変化がある。お気に入りの金ちゃんの醤油ラーメンは黄金色に輝くスープで深いコクがあるがしつこくはなく、毎日食べても飽きがこない。東京から来た知人たちを連れていくと誰もが「美味しい」と感嘆の声を上げたものだ。それで値段がワンコイン以下だったのだからリーズナブルである。

昨今はラーメン1杯が800円とか1000円とかのお店が多いが、たかが、といっては失礼だけどもそれは少々高すぎるのではないだろうか。勿論、具材を極めていけば自ずと単価が高くなるのは理解できるが、昨今の不景気で消費者たちの財布のことを考慮していないような気がする。抜群に美味しくなくてもそこそこ美味しくて安いほうがラーメン店の目指す道だと思うのだが。

徳島の知事が逮捕されたことで、山形県も同様になるのではないかという流れになった。各社とも当時の高橋和雄知事の動向を追っていたが、彼は病気を理由に姿を消していた。

山形市内の新築された県立病院の正面玄関で知事を直撃したのは張り込んでから2日目のことだった。日曜日の午後だったのでひと気の少ない玄関前にいたのは私たちともう1社のテレビ局の記者で直撃することに成功したのである。

「知事、笹かまを貰《もら》ったという噂は本当ですか?」

私の質問にスーツ姿の知事はギョッとした表情を浮かべた。当時、仙台名物の笹かまぼこの箱の下に現金が入れられて業者から渡されたという噂が飛び交っていたのだ。

「オレがか? そんな話はないって。本当だよ」

その様子を岡ちゃんのカメラが追っている。隣に奥様がいた知事は検査入院のために病院にきて私たちに捕まったわけであるが、それほど怒った様子はなくて、正面玄関で暫く足を止めた。

「警察はどんな動きをしているんだ？」

「さあ、分かりませんが……」

「オレには火の粉は降りかからないから。ご苦労さん」

右手を軽く上げて、病院に入ってエレベーターに乗り込んだが、結果的に高橋知事が検挙されることはなかった。

この病院の裏には大きな川が流れている。誰もが知っている最上川の上流にあたるわけで、ここから川は内陸部を北に向かって下り、芭蕉も逗留していた大石田を過ぎると左にカーブして酒田の港に流れていく。病院の辺りでも流れは太く濁っているので竿をだすことはなく、もっぱら支流を攻めていた。

仙台と山形を往復することが多くなった。高速道路を使えば仙台市内から山形市内は1時間もかからない距離である。

6月になって山形道から車でそう遠くなく釣れそうな場所を地図を頼りに探し回ることにした。

「ほら、この支流なんか狙い目だと思うけどな」

「フーン、そうか……」

岡ちゃんは殿様であるから自ら地図を見ることもしないで「よきにはからえ」だ。仕事を終えた午後になって彼と一緒に車を走らせるようになったが、もしダメだったら日暮れには釜房湖のいつもの場所に引き返せばいいと考えていたから気楽なものだ。

「こりゃあ外れだな」

助手席の岡ちゃんが苦笑した。本流に流れ込んでいる支流は細く、小さな古い住宅が重なっているような道の脇をちょろちょろと流れているのでとても釣りになりそうもない。車が1台やっと通れるようなくねくねとした道を登っていくと、急に道幅が広くなった。どうやら拡幅工事が行われたようだ。

そこを更に上っていくと雑木林の向こうにチラリと砂防ダムのコンクリートが見えた。

「ああ、あの砂防ダムの工事で重機を入れるために道幅を広げたんだな」

山道に車を停めて岡ちゃんと様子を見に行った。

ブルドーザーが入ったらしいキャタピラの跡が土に残りそこには雑草も生えているので、数年前に工事が行われていたのだろう。地図上ではどうやら奥には人家もなく、誰もいないし、車が通ることもない。かなり奥まで車を走らせて川を探ってみたが砂利の上をさらさらと流れているような川だった。そのために車をバックさせて、砂防ダムに向かうことにした。

鳥のさえずる声が森にこだまし、幅5メートルほどの清流が上流でV字に分かれて砂防ダムに向かって流れていた。砂防ダムといっても幅が100メートル以上もありそうな大きなもので、そこには大きなプールが水を溜めていた
手のひらほどの小石が続いている河原の間をサラサラと細い流れが続いている。渓相が良いわけではないが、目の前には周囲を灌木に囲まれた大きな体育館3つ分ほどのプールが砂防ダムに溜まっていた。そのプールは薄い緑で翡翠《ひすい》のようでありながらどこか深みのある神秘的な水を蓄えていた。

ダムのプールにはテニスコートほどの中州があり、そこには雑木が緑の枝を広げている。目を輝かせた岡ちゃんの口から感嘆の声が上がった。釣れる、釣れないにかかわらず、流れ込む川とプールの景色は一級品である。

「これは、これは……」

「やってみようぜ」

どうしても手前の渓流を渡らなければプールに流れ込む場所に行けないことが分かり、山道に停めておいた車に戻ってウエーダーに着替えだした。靴も一体化しているタイプのウエーダーだ。この頃はできるだけウエーダーを着用しないで釣りをするのが私のスタイルだったが、たまにはこのように履くこともあった。

源流を目指して釣っていた時代は体にフィットするスパッツタイプのタイツと渓流専用の滑りにくい靴を履いていた。鮎釣りをする人のスタイルに似ているが、動きやすいけれど長時間履いていると蒸れるし、脱ぎ着もそれほど簡単ではなく、たっぷりと水を吸った靴もかなり重くて疲れるのが欠点だった。

それから靴から胸までつながっているタイプのウエーダーを着用するようになった。これもかなり蒸れて動きにくいが、ゴアテックスであればそれほど蒸れることもなく軽くて動きやすい。ただゴアテックスは川に降りるときに藪漕ぎをすると棘などで簡単に穴が開いたり破れることが最大の欠点だった。ゴアテックスは4、5万円もするので、そんなに簡単に破れてしまっては経済負担が大きくなる。

補修をする布もあるが、目に見えない針の先のような穴から水が入ってきたこともあってゴアテックスも諦めて一般的な胸までのウエーダーを利用することにした。そのうちにウエーダーを履かないで釣るのが私のスタイルになっていくが、それまでにはこんな苦労を重ねていたのだ。

ジーンズの上にウエーダーを履き、釣り道具を持って再びさっきの河原に戻った。水深は膝下ぐらいでひんやりとした感触がウエーダーから伝わってきた。どうやら蔵王を水源にしているようだが、ここからは手前の山が邪魔をしてまだ残雪があるはずの蔵王の山塊は見えなかった。

手前の清流を渡り、その奥の中州のような砂利がこんもりとしている河原に腰を下ろして仕掛けを用意し出した。午後4時を過ぎているのにまだ陽は稜線に沈んでおらず、晩春の心地よい微風が頬を撫《な》でる。

「先にだすよ」

「うん、いいよ」

いつものように岡ちゃんの数倍早く仕掛けを作った私はまずはミミズをエサにプールに流れ込んでいる脇の流れに落としてやった。

その辺りの水深は軽く1メートルを超えていそうで、底には一抱えもありそうな岩が点在しているのが見える。ゆっくりと目印が流れていくと、急に目印が引き込まれた。手首を返すのと、竿先が引き込まれるのが同時だった。水の中で銛が振られたように銀色の魚影が右から左に走っていく。

「おっと」

腰を低くしたが、それほど抵抗を見せずに上がってきたのはパーマークが鮮やかな25センチほどの幅広のヤマメだった。

「いい型じゃないか」

リリースをする様子をながめていた岡ちゃんが笑っている。

「今度は岡ちゃんの番だ」

プールに流れ込む場所は精々1人しか立っていられない。

「よし、尺上を狙うか」

フライロッドを振りながら徐々にラインを伸ばしていくヒューヒューという小気味いい音が森に流れ出した
「上手になったなあ」

「あたりまえよ」

煽《おだ》てればずっと木に登っていく猿のような分かり易いタイプだ。しかし、彼の仕掛けは水に乗ったまま何の変化も見せなかった。何度か流してみたものの、反応はない。

「ダメだな」

岡ちゃんが苦笑した。

「水の流れを読まないとダメだぞ」

プールに流れ込んでいる水はそのまま奥に進む流れと、ゆっくりと左右に円を描くように戻ってきたり、その他にも脇に流れていく筋がある。それらを見極めて仕掛けを流さないと釣果は上がらないと口酸っぱく教えていたし、オモリの大きさや付ける位置などを変えて探らなければいけないのだ。

「ほら釣れた」

20センチほどのヤマメだった。続いて彼は再び20センチクラスのヤマメを釣り上げた。どうやらハヤはいないようで、イワナの姿もない。

プールの中ほどで時折パシャーンという音と共にサカナがライズしだした。遠くて確認はできなかったがヤマメなのだろうけれどそれほど大きいサイズではないような気がした。

岡ちゃんの後ろ姿を見ていると川面にカゲロウが漂っていることに気が付いた。小指の第一関節ほどの長さのカゲロウが水面からハッチ(羽化)しだしたのだ。何もない水面から透き通って柔らかそうな羽を持ったカゲロウがヒューッと現れてプルプルと水面で身体を震わせて羽を広げて飛んでいく。それはまるでマジシャンの胸から次から次へと鳩がでてくるようなマジックを見ているような光景だった。

「ハッチだぞ」

釣りに夢中になっている岡ちゃんの背中に向けて叫んだ。目の前を夢遊病者のように風にユラユラと揺れてカゲロウが飛んでいく。

「ちょっと車からフライケースを取ってくる」

喜色を浮かべた岡ちゃんが小走りに車に戻っていった。カゲロウのハッチは今まさに始まったばかりで、水面には丸いもじりが次々と現れだし、あっちでもこっちでもライズが始まり、さっきまで静かだったプールがざわめきだした。この時期は夕方の渓流でカゲロウがハッチしてそれを捕食するためにサカナがライズするのは珍しいことではなく、私はここのハッチも他の場所と同じようなものだろうと眺めていた。ところが、それは全く異なり、瞬きをするごとに水面からカゲロウが飛び出してきたのだ。また、飛べなくて水面に漂って体を震わせているカゲロウもいる。

「ウワー、凄いな」

車から戻った岡ちゃんがハッチを眺めながらフライケースからメイフライ類の12番を取り出してロッドを手にして川岸に立った。彼が使っているロッドは5本継ぎで、一般的なフライロッドは1・2メートルほどの長さの2本継ぎだが、携帯するのを優先しているので仕舞いは短い。私は2本継ぎのフライロッドしか持っておらず、2本継ぎのテンカラ竿も仕舞いが長いので、この時は持ってきていなかったので彼のキャスティングを見ているしかなかった。

ヒューヒューと風を切る音を立てたラインが息を吹き込まれたように長さを増していき20メートル以上向こうのプールの中ほどまで飛んでいく。キャスティングもなかなか堂に入ったもので、プールに流れ込んでいる水の勢いが静まるポイントを狙っていた。

水面にふわりと落ちたドライフライがゆっくりスーッと流れていくが、何の反応も起こらなかった。空振りが何回か続いたときだ。

「来たっ」

岡ちゃんが低く叫んだと同時にロッドがプールに引き込まれるように撓った。

「クッ」

ロッドを立てようとするが、ラインはピンと張っている。

「ラインを出せ！」

尋常ではない撓り方を目にした私は岡ちゃんに向かって怒鳴った。ジージーとラインが出て行く金属音が水面に流れだし、ラインはどんどん奥に向かっていった。右に左にと動いているラインにロッドを合わせて巻いたり延ばしたりの繰り返しを続けてなんとか凌《しの》いでいる。

「こりゃあ、相当な大物だな」

岡ちゃんの背後に立って、私の目は時折ギュンと引き込まれるラインの動きを追っていた。

「軽く尺以上はあるだろうな」

引きつった彼の顔に余裕の色はないが、一文字に口を結んでロッドを操っている。サカナの勢いはなかなか弱ることはなく、動きが弱まったかと思うと思いだしたように再びロッドを大きく震わせる。

どうやらサカナは水底の大きな岩陰で必死の抵抗を続けているようだった。なんとか勢いが弱まり、ラインを巻いているときだった。ラインが急に弛《たる》んだと思ったら直ぐ目の前の水面に巨大なずんぐりとした黒い影がこちらに向かってジャンプした。1回、そして2回。1メートルというのは大袈裟かもしれないが、腰を低くして水面を睨んでいた私の目の高さと同じぐらいでこちらに突撃してきたように感じた。

「ワーッ」

私と岡ちゃんの大きな叫び声が同時に起こった。するとラインに抵抗がなくなってしまった。バレてしまったのだ。

「見たか？　アレ？　マグロだろ」

水面を凝視している岡ちゃんの声が微かに震えている。淡水のプールにマグロがいるワケはないが、私の目にもマグロのように見えたのは事実だ。

「凄い引きだったなぁ。一体アレはなんだったんだろう」

強烈なパンチを食らったボクサーがリングに尻もちをついたように、岡ちゃんは河原に腰を落としてバトルが行われた水面を呆けたように見ていた。

「マグロではないことはたしかだが……」

私も一瞬であるけれどもジャンプした魚体は目に焼き付いている。長年渓流で竿をだしているが、あのようなサカナは記憶にない。

「考えられるのはニジマスか？」

ニジマスは1メートルを超える大型もいるし、ファイトも凄いものがある。が、一瞬のことで不確かだが、あの魚体にはニジマス特有の橙の縦縞の帯模様はなかったような気がする。

「そうかなあ。魚体は流線形でマグロやカツオに近い型だったよな」

「うん。それは認める。口が尖っているように見えたから少なくともバスではない」

ダウンした岡ちゃんはショックの余り立ち上がることができない様子だった。ハッチは先ほどよりもどんどん増して顔の周りにも飛んでくる。

カゲロウの大群に陽の光が射すと渓全体が黄金色に染まった。信じられないほどの大群である。夕方の渓流でブヨの大群が柱のようになって群がっていることがあるが、柱ではなく、空一杯にカゲロウが乱舞しているのだ。何十年も渓流で釣りをしたが、これほどの大群を見たのは初めてだったし、それ以降も一度も経験したことのない光景が広がっていた。

それに合わせて祭りの太鼓が叩かれるような水音があちこちで鳴っている。カゲロウを捕食しようとサカナたちが踊り狂っているのだ。

「信じられない。なんだコレ」

口に入ってきそうになったり顔にぶつかってくるカゲロウを手で払いながら、私は呆然とそれを見ていた。カゲロウだけでなく、ガガンボなのだろうか足の長い大きな虫もフワフワと漂っている。

パール・バックの『大地』には中国の農地でバッタが移動する様子が描かれている。空を覆い尽くすようなバッタの大群があることを初めて知ったのがこの小説であったが目の前ではバッタではなくカゲロウが正に空を覆い尽くしているのだ。何度も書くが、カゲロウのハッチは珍しいことではない。が、物には限度というものがある。バッタはエサを求めて次々に農地に飛んでいくのだろうが、どこを目指すという目的地を持たないだろうカゲロウはフワフワと空を黄金色に染めるほど漂っているのだ。

大群が乱舞していたのは10分もなかったのかもしれない。雨が上がるように徐々にその数は減っていきだした。

さっき岡ちゃんが逃したサカナをもう一度狙えないかと思った私は手のひらで捕まえたカゲロウをハリに刺して述べ竿で水面すれすれにキャスティングした。もしあのサカナがエサに飛びついてきたとしても糸を切られる可能性は限りなく高いだろう。述べ竿の6メートルと仕掛けの糸の長さは6メートルしかない。つまり、いくら泳がせても12メートルしか余裕はないのだから、フライよりもずっと行動範囲は短いのだ。それでも述べ竿の柔軟性にかけてみる気になっていた。

パシャッという音と共にサカナがカゲロウを口に咥えて身を翻すと同時に竿先が重くなった。

思わず腰を低くして構えたが、少々の抵抗をしただけで上がってきたのは23センチほどのヤマメだった。

結局、あの幻の大物は再び姿を見せることはないままだった。それでも岡ちゃんと私はカゲロウをエサに合わせて10尾ほどのヤマメを釣り上げた。中には30センチの尺モノも2尾含まれていた。

夕闇が迫るとハッチはほとんどなくなってしまった。

「もう止めようか」

上空が薄暗くなった頃合いを見て私は納竿することにした。顔を弛緩《しかん》させ、ニヤけながら仙台へ向かって車を走らせた。ホテルでシャワーを浴びてから繁華街の国分町の行きつけの寿司屋で岡ちゃんと乾杯をした。

「いやあ、凄かったなあ」

あの幻のサカナとのバトルの様子とハッチの凄さが彼の口からこぼれ出る。

「うん。黄金の渓というのをオレは初めて見たよ」

私の脳裏にもあの光景が浮かんでいた。

翌日の午後に再び私たちがこの場所に車を走らせたのは言うまでもないことだ。前日の夢のような体験をもう一度、と考えるのは岡ちゃんも同じことである。

「あのサカナを絶対に釣ってやるから」

昨日から岡ちゃんは同じことばかり言い続けている。仙台市内の釣具屋に寄って岡ちゃんは道具を買い足し、私もホテルに置いてあったテンカラ竿を車に入れるのを忘れなかった。陽が稜線に隠れるころに私たちは現場に着いた。

前日のような青天で同じような気温であり、コンディションも同じだ。相変わらず釣り人はいないし、車の通行もなくパラダイスのような釣り場を今日も独り占めすることができる。車を道路脇の草むらに停車させてウエーダーを履く。3分ほど歩いて川を渡って中州に腰を下ろしてウエーダーを脱いでジーンズ姿で仕掛けを作り出した。ジーンズだけになると暑くも寒くもないので軽快に動くことができる。

時折プールの奥でライズをしている水音がする。小鳥のさえずりが耳に心地よく、向こう側の森の淡い緑も目に優しいのも昨日と全く同じだ。テンカラ竿に仕掛けをつけてカゲロウを模したメイフライタイプの毛鉤をつけて狙い始めた。

岡ちゃんは対岸に渡ってフライロッドを振り始めた。広い河原なので自由自在に振ることができるから楽な場所である。

私もテンカラを振って流れの脇にそっとドライフライを流しだした。流れの途中で水底からサカナの黒い影が上がってくるが、毛鉤を見切ってしまうのか食いつくことなくそのまま下に戻っていく。何度か場所を変えて、やっと18センチほどのヤマメを合わせることができた。エサ釣りとは違う意味で楽しいものである。岡ちゃんもなんとか1尾を釣り上げたが昨日に比べて釣果は落ちている。

「もうハッチの時間だよな」

時計を見ていた岡ちゃんが声をかけてきた。たしかに昨日の今頃は徐々にハッチが目の前で始まったのだが、今日はそんな兆候はまるでない。

「あっ、あそこに」

岡ちゃんが指さす空中をゆっくりと白い翅《はね》を震わせたカゲロウが風に乗ってフワフワと飛んでいく。その後も数匹のカゲロウが飛んでいるのを見ることができたが、昨日の比ではないのだ。お祭り騒ぎだった昨日のライズも起こらない。

「こりゃあ、ダメだな」

夕闇が近づいても無数のハッチは起きなかったので岡ちゃんは私の隣にきて腰を下ろしてタバコを吹かした。

「昨日と同じような天気なのに不思議なものだ」

「不思議だよなあ……」

私も腰を下ろしてタバコに火をつけた。

「沢山釣れた場所に翌日も行って同じ仕掛けで流しても1尾も釣れなかったこともあるからなあ」

立ち上る紫煙を目で追いながら私は過去の経験を喋っていた。冗談ではなく、いつもは釣れるはずの場所で何時間も粘って1尾も釣れなかった経験は何度もしている。それほど釣りというのは不思議なことが起きる。川だけでなく海釣りでも同じで、同じ岸壁の場所で竿をだしても全く釣れないことがある。

「もしかすると昨日の気温が高くて源流にある蔵王山塊の雪が溶けて今日になって水温が微妙に下がったからハッチが起こらなかったのかもしれない」

「そうかなあ」

岡ちゃんは残念そうな眼をプールに向けていた。

このパラダイス釣り場はその後年に何回も私たちを満足させてくれた。主に6月から8月の期間が多かったが釣り堀の如く必ずヤマメをゲットすることができ、大きさも25センチ以上なのだから文句もない。

「もしかして、ここには密かに誰かが放流しているんじゃないか？」

「そうかもしれないなぁ」

私が疑問を抱くほどプールには豊富にサカナが棲んでいたのだ。私が商売人ならこのプールを行政から借り受けて釣り堀としてオープンしたいと思ったほどだ。それほど簡単に入ることができてプールの周囲で竿をだすことができるのだから繁盛することだろう。

ヤマメ以外にはたまにイワナそしてニジマスも釣れたことがあるが、例のマグロは一度としてヒットしなかった。しかも特筆すべきは何十回も行ったのに他の釣り人と出会ったことがないという不思議な場所であることだ。一度中州でハリを入れるプラスティックケースを見つけたことがあるので釣り人が来たことはあるのだろうが、頻度が明らかに少ないということはよく分かった。

道はそれほど難しくないのになぜ釣り人が行かないのか理由は分からないが、私にとっては喜ぶべき場所だったのだ。

この数年あの場所に行くチャンスがなかったが、２０１６年の6月後半に近所へ出張があり当然の如く仕事終わりに岡ちゃんと一緒に車を飛ばしていった。

「あのマグロはいるかなぁ～」

「いるわけないだろ。あれから何年経っていると思うんだ？」

「いたらリベンジができるんだけど」

「返り討ちに遭うかもしれないぞ」

「いやいや、あの時とオレは腕が違うから。しかし、あのカゲロウとハッチは今でも忘れられないよ。凄かったなあ」

「うん。それはオレも今でも思い出す」

思い出話に花を咲かせているとパラダイス釣り場近くの山道に着いた。何年も経っているのに拡張工事の道路はそのままで、なぜか中途半端に工事は止まったままだった。

「へえ、全く変わっていないじゃないか」

「うん。まるで時間が停まったようだな」

私は頷きながら例のプールを目指して歩き出した。３分歩いて尺が釣れるプールだ。コンクリートの堰堤が陽に当たって白く輝いているのが見えてきた。雑木林を潜ると河原が目に入ってきた。川の流れはどこだ？

「おい、プールがない！」

目の前には乾いた地面が堰堤まで続いているだけでその間を身長ほどの幅のちょろちょろした流れがあるだけだ。

「消えたのか……」

２００年ほど前の中央アジアには大きな湖があったのに、それが消えてしまったという本を読んだことがあるが、それほどのスケールには到底いかないまでも目の前にあったはずのプールはすっかり消えてしまっていた。どうやら上流からの土砂がプールを埋めてしまったようなのだ。

私たちを喜ばせてくれたパラダイスの釣り場は消えてしまったが、思い出の中でしっかりと今も生きているから落胆はそれほどしなかった。そのうちに堰堤前を浚渫《しゅんせつ》すれば再び水は蓄えられてプールができることだろう。それが何年後になるのか、ならないのか、分からないが少々寂しさを覚えながら私たちは次の隠れ釣り場へ向かっていった。

盛岡のパラダイス釣り場

盛岡に行く機会が増えたのは20年以上も前のことだった。いや、正確に言うのなら盛岡近郊の仕事を晩春から秋にかけてどんどん入れていった意図的なものである。私が釣り場所を探すのに頼ったのはケンさんからの情報であった。

「車を停めて3分で尺モノが釣れる場所」

これが私のモットーであることをケンさんも耳にタコができるほど聞かされている。

「そんな贅沢なことばかり考えているのか？　邪道だべ」

ケンさんは盛岡市内の寿司屋の雇われ板前だが、寿司ネタになるような海釣りには全く興味はなく、休みになると県内の川に通いつめるフライフィッシャーだ。

20年以上も前に友人に連れられていった寿司屋で渓流釣りが趣味と言うとケンさんの目が輝

いたのを今でも思い出す。背がすらりとして姿勢がよく、鼻筋の通った大きな目は少々怖い感じがするが笑うと目尻が下がる。

「何釣りですか？」

「忙しいのでエサとテンカラですけど」

「フーン、ベイトかぁ～」

寿司ケースの向こうのケンさんが鼻で笑った。エサ釣りは渓流釣りの釣り方ヒエラルキーで最下位になっているのは理解しているが、そこまであけすけに言われると自尊心が傷ついてしまう。

「しょうがないですよ、時間が限られているから」

「しかし、やっぱり、フライじゃないとダメだべ」

「フライって振れる場所って限られているじゃないですか。それを見つけるのも大変なんですよ」

私は仕事の関係上、時間をそれほど取ることができないことを説明していった。

「で、ケンさんは本当に釣果があるんですか？」

私が疑問を口にすると、カウンターの上の戸棚から写真を出してきた。ケンさんが一抱えもありそうなニジマスを持った写真で、後ろには雪を抱いた尖った山脈が連なっている。

「これはどこですか？」

「うん？　そいつはニュージーランド、そしてそっちがカナダで釣ったときのものだでばぁ～、キングサーモンが写っているべえ」

海外までフライフィッシングに出かける寿司屋のケンさんとは一緒に釣りに行ったことが何

度もある。

　彼の週1の休みはほとんどが渓流釣りに費やされているし、海外にも行くのであるから釣りバカなのは間違いない。細い山道でも走りやすいように4駆の軽自動車を使い、盛岡からそう遠くないいろいろな渓流に通い続けているのだ。

　彼の釣りに対するポリシーはなかなか参考になる。キャッチ&リリースは徹底していて1尾も持ち帰ることはない。早朝に現場に向かうが、1番活性が上がる夕方前には納竿して帰宅するというものだ。

「オレはさ、夕方に竿をださなくてもこれがあるからさ」

　笑いながら左手で右腕を叩いた。

「腕があるから釣れるんだ。夜までには家に帰るのが疲れがなくて長く釣りを続けられる秘訣だよ。もう何年もそうやっている」

「へえ、立派なものですね。オレはまだまだそこまでは達観できないなあ」

「だべ。なかなかそんな釣り人というかアングラーはいねえべえ〜」

　さすがに洋行帰りのアングラーだけあってケンさんは時折英語を交える。純朴な岩手弁に加えて英語混じりというのもなかなか面白いものだ。

「だったら寿司のほうも釣りぐらい頑張ればいいのに」

「また〜。それを言うなって」

　ケラケラと笑うのも人がいいのが丸わかりだ。最初に一緒に出掛けたのは盛岡から40分ほど走った渓流で、彼はゴアテックスのウエーダーに着替えていた。

「随分と高価なものじゃないですか。破れることはありませんか？」

「だから藪に入らないように注意しているけれど、破れることもあるよ。ゴアテックスは弱いのが欠点だからなあ」

河原に立ったケンさんのキャスティングを見て腕を自慢するだけのことはあると直ぐに分かった。膝ほどの深さに立ちこんだケンさんがロッドを振ると小気味よい音を立ててラインが息を吹き込まれたように目標に向かっていく。腕の良くないアングラーは引っかかるのを恐れて対岸の木立の脇を狙うことはしないものだが、対岸の木立の手前の流れの上にフワリとドライフライを着水させて、それがスーッと流れ出した。

と、1投目からロッドが撓る。

「おーっと」

ロッドを寝かせたケンさんはサカナとのバトルを楽しむかのように時間をかけて手元に銀色の魚体を引いてきた。腰の後ろからタモを取り出して収めたのは25センチほどのパーマークが鮮やかなヤマメだった。

「いい型じゃないですか」

「うんだね」

手慣れたように上顎《あご》に刺さっているハリを外し、ヤマメをリリースしてやる。ケンさんは次から次へと釣り上っていくのがスタイルのようだ。私はここぞと思ったポイントは仕掛けを変えて粘ることが多いが、彼は1度か2度トライして出てこなければ諦める。どちらが正解の釣り方なのかは分からないが、次から次へとポイントを求めるタイプが多いようだ。これは1度仕掛けを投入して釣れないときはサカナが警戒して出てこないのだ、という昔からの〝教え〟が脈々と続いているからだと思う。

「体を低くして足音を立てずに近づけ」

「岩陰から姿を見せればイワナは逃げてしまう」

「1度逃したサカナは何日も出てこない」

渓流釣りの本にはこのような教えが数多く書かれているが、私の経験から言わせてもらえば、このような教訓には間違いも多いのである。

渓流を歩く場合にわざと大きな足音を立てる必要はないが、それほど神経質になることはなく、なるべく川に入らないで釣るように心がけるのがいいように感じる。また釣り逃がしたサカナでも釣れてくることは珍しくない。

私がある淵で28センチクラスのヤマメに糸を切られたことがあった。

「わぁ、悔しいな」

そう思いながらも別の場所で竿をだして30分ほど後に再びさっきの淵で竿をだしたところやはり型のいい28センチクラスのヤマメを釣り上げることができた。するとそのヤマメの上顎にハリスがついたハリが残っていたのだ。それは先ほど私が逃したヤマメだった。

だから先人の教えにも適当なものがあると認識すべきなのだ。もしかすると流し方が目の前の渓流と合っていない場合がある。底を這わしてやるとか大きな岩のぶっつけにはオモリを変えてやるとかの工夫をしなければ、みすみす大物が潜んでいる絶好の場所を素通りしている可能性があるだろう。

「ここには絶対に大物が潜んでいるはずだ」

仕掛けを何回も変えて粘って粘ってそして竿先が引き込まれるほどの大物が釣れた時の喜びは格別なものである。

秋田のよく通っていた渓流の大きな淵で私は岩に腰を下ろして30分も粘ってエサもオモリも変えまくってやっと尺上のヤマメを釣り上げたこともある。ヤマメが警戒心が強いというなら ば何度も仕掛けが投げ入れられている淵で釣れたのはどのように説明できるのだろうか。

ケンさんのいる寿司屋にはアングラーたちがよく集まっていた。フライフィッシャーもルアーマンもベイトフッシャーもいる。私のように「歩いて3分で尺モノを狙う釣り人」はまずいない。

「3分間ってまるでカップ麺アングラーじゃないですか？」

ルアーマンの千葉さんが笑う。印刷会社を経営している社長の彼は北東北の川でルアー釣りをしまくっているらしく、いろいろな川の情報を持っているので何度も一緒に酒を酌《く》み交わした。

「流石にルアーまでは手が回らないんですよ」

私は春のサクラマスの時期だけはルアーを手にするが、1日中リールを巻いてそしてキャストする作業が楽しいとは思えない性格だ。しかし、ルアーマンのことを卑下するつもりは全くない。

「ルアーは疲れますからねえ」

「いやいや、ルアーが1番遠くまで投げられますから大物が釣れる確率が1番高いんです。ちゃんと流れの筋を読まないとダメだし、スプーンやスピナーなどのチョイスも大事だから頭を使わないと釣れない。フライより使うかな？」

「またまた、そんなことないって。フライの種類のほうが多いべ」

ケンさんが余裕を持った笑みを浮かべた。

「ベイトだって頭は使いますよ。どんなエサでオモリはどうするとか」

ルアーマン千葉さんとフライフィッシャーのケンさんの会話に私が入った。

「ベイトは論外だから」

2人が口を合わせるので苦笑するしかなかった。

釣り人というのは面白いもので自分の釣りスタイルが一番だと思う人種なのである。ケンさんは擬似餌でサカナを騙《だま》して釣るフライフィッシングが最高の釣りだと思っているし、テンカラの釣り人は自分の糸が届く範囲で最高の釣りが出来ると自負している。無論ルアーマンもただただリールを巻くだけではなく、そこのテクニックが釣果を左右することを力説する。

一番不利なのは私であろう。カップ麺アングラーと揶揄《やゆ》されても笑って誤魔化《ごまか》すしかない。

「それだけの時間が取れない釣り人だっているわけで……。だから3分で尺なんですよ。これぞ究極の尺釣りじゃないですか」

「なるほど、なるほど」

釣り人は自分が専門のフライとかルアーの釣り人とは喧々諤々《けんけんごうごう》の議論をするが、私のような部外者には優しいものだ。相手にされていないという意味でだけど。

1番通った盛岡の穴場

盛岡の中心部から約30分走る場所に車を停めて3分で尺が釣れる場所があると情報を仕入れて、早速向かったのは言うまでもないことだった。そこは岩手山が正面にドンと見える田園地帯を流れる川だ。こんなところで？　という気持ちになるような里川であり、両側をコンクリートで護岸している渓相もなにも関係ないといった雰囲気の場所である。

集落の神社の森がこんもりとしている近くに車を停めて、歩いて3分ほど行くと3メートルほどの高さの堰堤が現れる。幅は30、40メートルぐらいで下は学校のプールほどの大きさになって、プールからは幅2メートルほどの清流が流れ出ている。流れはきつくなく、堰堤を落ちる水音だけがかなり大きな音を立てている。灌木もなく、流れ脇の小さな河原に雑草が生い茂っているだけだ。

コンクリートの護岸脇の草むらに腰かけて、3メートルほど下のプールを眺めながら早速仕掛けを竿に通した。エサは万能のミミズだ。白く泡立っている堰堤下に向かってエサを付けた仕掛けを上からプールに投げ入れてやると、複雑な水の流れに糸が揉まれてゆっくりと下流へ流れていく。

あそこで目印が吸い込まれるはずだとか、あそこかもと想像するこの瞬間がなんとも言えない。ところが、何回か流してやっと釣れてきたのが20センチほどのヤマメだけだった。日が暮れる時間が近いので釣れないからといって他の場所に移動する時間もない。私はオモリを変えたりオモリの位置をハリに近づけたりし始め、エサもミミズの他にブドウ虫も使ったがやはり釣果は上がらない。

そこで私は立ち上がって後ろの田んぼの畔《あぜ》道をレジ袋を片手に歩き始めた。狙いはイナゴの幼虫である。専門的に言うのなら2齢から3齢の緑色の柔らかなイナゴだ。7月前半ごろから成虫になるまでこのイナゴのエサは相当な威力を発揮する。成虫になると釣果はガクンと落ちてしまうのも不思議なものである。コオロギやショウリョウバッタでは全然ダメだし、トノサマバッタのような体の硬いものも食いつきが極端に悪くなる。

イナゴの幼虫はエサを採るにも時間がかからないし、1日2日は持つので重宝するエサなのだが、田んぼによってはイナゴがいないという場合がある。なんでもイナゴを発生させなくするための農薬があるらしく、それを使っている地域では全くイナゴがいないということもあるので要注意である。しかし、だ。イナゴだけが死ぬような農薬というのが人体に無害だということには私は納得がいかないが、農薬に無知であるからだけど、なんだかうすら寒いような思いもする。

20匹ほどのイナゴの幼虫をレジ袋に入れて戻った私はイナゴのエサを付けて釣り始めた。オモリは軽い方が釣果は増すという考え方が多いが、目の前のプールではオモリをかなり大きなBにして丁度良かった。目印が停まったかと思うと、グイグイと糸を引く感触が手に伝わってきた。28センチほどの背中に白い斑点のある白っぽいイワナが身をくねらせて上がってきた。

0・8の道糸でハリスは0・4で高さが3メートルあるので糸切れの心配があったもののなん

とか釣り上げることができた。それから薄暗くなるにつれて入れ食い状態になったのである。コンクリートに腰かけて竿をだすだけだからこれほど楽な釣りはない。私は盛岡及び盛岡近郊での仕事がある度にこの場所に必ず足を運ぶことになった。今まで１００回以上は通っているだろうが、とにかく魚影が濃く、1度もハヤが釣れないのも魅力だった。たまには1尾も釣れない不思議な日があるのも仙台近郊のパラダイスプールと同じだった。

そんなときには運がなかったと自分に言い聞かせるだけだ。若いころには釣れないと他の場所に移動することが頭に浮かんだり、こんなはずじゃないと試行錯誤を続けて焦りまくっていたものだが、そのような嵐の心境は鎮まってきた。これも年齢を重ねるということなのだろうか？　半分はそれを認めたくないという心境も残っているが、なるようになる、ならぬものはならぬというのが釣りの本質なのではないだろうか。

それにしてもここではコンスタントに夕暮れの1時間に10尾ほどのヤマメやイワナを手にすることができた。

型のよいヤマメは1尾キープして夜にケンさんの店で塩焼きにしてもらった。面倒だろうが我儘《わがまま》を聞いてくれたのである。どんなサカナでもそうであるが、塩の振り方や焼き方で味は各段に異なってくる。顕著なのは鮎であって、鮎という同じ種類でありながら全く味が違うということはよくある。

ヤマメも同じで私はヤマメ・イワナを狙うが、味に関しては残念ながら鮎に軍配を上げる。淡泊でありながら脂もほどよく回っている鮎の繊細な身を口にすれば、それがヤマメやイワナを凌駕《りょうが》しているのは川釣りをしている者なら誰もが感じることであろう。

「ヤマメは鮎より美味しいよなあ」
たまにそのように言い切る方も少なくない。
「ええ、そうですね」
そのことに逆らうことはしないが、心の中ではこの味音痴めがと軽蔑しているのだ。

ここのプールに通い始めて数か月、9月になってからのことだ。いつものように車を停めて稲穂がお辞儀をしている田んぼを見ながらプールに向かった。見渡す限り黄金色に染まった田んぼでは時折稲穂がざわめき、成虫になったイナゴが道端の雑草の上で跳ねまわっている。あと半月もすれば刈り入れ時になるのだろう。それまでは水が抜かれた田んぼで稲穂はたっぷりと陽を浴びて熟成していくのである。

この日はうす曇りで頬を撫でる風にうっすらと米の匂いを感じる。護岸に腰をかけて仕掛けを作っていると「バシャーン、バシャーン」という音がした。反射的に下を見ると、鼻が尖り、背中が盛り上がって身体を婚姻色に染めた大きなヤマメがライズしているではないか。目の前でそんな大ヤマメがライズをしているのはそれほど多いことではない。

私は閉伊川の蟇目《ひきめ》あたりの巨岩に腰かけて50センチ近くもあろうかという大ヤマメが3尾も4尾も1メートル近くもジャンプし続けている場面に出くわしたことがある。幅が30、40メートルもある本流の深い淵となっている近くの流れで、婚姻色がでている大ヤマメは私の直ぐ目の前で私のことを無視するかのように何度も何度もライズを繰り返していたのだ。長いタモであればジャンプの瞬間に掬《すく》うことができるのではないかと思うほどの近さだった。慌てて竿をだしたが、全く無視されたまま10分ほどもジャンプを続けてやがてどこかに行ってしまったのである。

それ以来の久しぶりに見た婚姻色に染まった大きなヤマメのライズである。きっと産卵行動で上流へ向かうつもりなのだろう。目の前の堰堤を乗り越えたら上流へ向かってしまうので、その前になんとかして釣り上げたい。

私は震える手で仕掛けを竿に付けてプールに投げ入れた。エサはミミズ、そしてブドウ虫もイナゴの成虫も使ってみた。

見えるサカナは釣れないという古くからの格言があるように、私の仕掛けを無視するかのようにヤマメは下流の流れでライズしたかと思うとプールでもライズを繰り返した。オモリの大きさを変え、その位置を変えてエサも替えて仕掛けを投げ入れることの繰り返しだった。

もう10分以上も空振りが続いた。一体どうすれば釣れるのだろうか？　ルアーなら引っかかる可能性があるかとも思ったが、用意をしておらず、テンカラ釣りでは釣れても一発で切れそうだ。

頭のなかがくるくると回り、最後に思いついたのがフットバシだった。急いで手元にあったミミズのパックから活きの良い太めのミミズをハリに通していった。1匹2匹3匹……、まるで団子のように絡み合ったミミズをオモリなしで投げ入れた。堰堤から落ちた水が白い泡に包まれている辺りから、糸はゆっくりと下流に流れていく。竿尻を持つ手に汗が滲《にじ》み、ジーンズで右手を拭った。

突然真下のプールの深みに影が走ったかと思うとズンという重い手ごたえと同時に穂先が

ギュンと引き込まれた。グイ、グイ、グイと糸を引っ張る躍動感が竿尻に伝わってくる。やったという高揚感と逃がしてしまうのではないかという不安が交互に押し寄せてきた。サカナは衰えるどころか勢いを増していくような感覚がある。やはりあの鼻曲りのヤマメが掛かったのだろうが、まだ水中の魚体を見ることもできなかった。

竿をだしている護岸の3メートルの高さまで引き上げることは当然無謀で、途中で糸が切れてしまうだろう。岸壁の釣りでは振り出しの大きなタモでサカナを掬い上げることができるが、ここにそんなものはなく、腰に注した携帯用のタモ網があるだけだから何の役にも立たない。一瞬プールの中で朱が走った。やはりあのサカナがハリから逃れるように水の中を走り回っているのだ。

私はどうしても釣り上げたかったが糸を切らないで上げるのは賭けでしかない。なら自分は河原に降りなければならない。何カ所か護岸から降りられるようにコ型の鉄の階段が備え付けられているが、ここから一番近い階段は100メートルも離れているから絶対に無理である。となると残る方法はここから飛び降りるしかない。意を決して手にした竿を持って糸のテンションが落ちないようにしたまま3メートル下の草むら目がけて飛び降りた。骨折したらとか足を捻挫《ねんざ》したらどうしようと一瞬頭を過《よぎ》ったが、そんなことより釣り上げるほうが優先だ。

若いころには落ちたら死んでしまう50メートルもありそうな断崖を登ったこともあるし、20メートルほどの滝の脇をロープなしで登った経験もある。若さというのは無謀なことに頓着《とんちゃく》しない強みがある。しかし、歳を経てからは命をかけた釣りはしないと心に誓っていたが、それに比べたら3メートルの高さなぞ屁でもない。

6メートルの竿を握りながら足のクッションを十分に利用して草むらに着地した。この様子を他人が見たらどう思うだろうか。いい歳をしたオッサンが竿を握って飛び降りたのだ。正に釣りバカである。

相変わらずサカナの引きを受けて竿にテンションがかかっている。上からしか見ていなかった堰堤が目の前に壁のように見えた。竿を横にしながらサカナを河原のほうに引いてきた。まだまだサカナの勢いは弱まらない。その度に糸を緩めてサカナを泳がしてやる。急に方向を変えるので油断は禁物だ。

そして彼は最後の力を振り絞り目の前でジャンプした。糸が一瞬緩んだと感じるのとサカナが宙を飛んだのが同時だった。ハリスが切れてサカナは目の前の河原の浅い水たまりに落ちた。直ぐに竿を投げ出して朱に染まった魚体を両手で掴んで河原の草むらに放り投げた。

釣った、釣った、釣った。

鼓動が激しく息も荒かったが、充実感に満ち溢れていた。目の前には全力を振り絞った鼻の曲がったヤマメが尖った口を開け閉めしながら横たわっていた。

コブのように背中が盛り上がっていて体高がある幅広の雄の大ヤマメだ。何センチあるのだろうか。私はこのとき胸にいつも入れているメジャーがないことに気が付いた。いつもなら大物が釣れたら胸からメジャーを出して計ることにしているのだが、しまった、どうしよう。

「いやあ、凄えなぁ。よく釣ったねぇ〜」

突然頭の上から声が飛んできたので慌てて振り返ると首に手拭いを巻いた農作業のおじいさんが田んぼで目を細めていた。

「ヤマメだべか？」

「ええ、ヤマメです。そうだ、コレを食べませんか？」

河原の石でヤマメの頭を叩いて〆た後で私は腰のタモにヤマメを入れ、下流の護岸に打ち付けられているコの字の階段を上っておじいさんのいる田んぼへ小走りに向かった。

「こんな立派なサカナを貰っていいの？」

おじいさんが恐縮したように禿《は》げた頭を下げた。

「どうぞ、どうぞ。ひとつお願いがあるので聞いてもらえませんか？」

「はあ、なんだべ？」


陽がとっぷり暮れた盛岡の町にあるホテルにチェックインをして私はシャワーを浴びてさっぱりとした。それから冷蔵庫から缶ビールを出して机の上に置いて、携帯電話を手にした。

「プー、プー」

呼び出し音が何度かした。

「はいはい」

暫くするとしゃがれた声が聞こえた。

「あの～、例のヤマメですけれど」

私はあのおじいさんにヤマメの長さを計ってくれるように頼んで電話番号を聞いていたのだ。

「ああ、計りましたよ」

「で、どうでした？」

まるで合格発表をチェックする受験生のような心境だった。

「32センチでした。お蔭《かげ》さまで美味しくいただきました」

「あ、ありがとうございます」

電話を切って缶ビールを開けて1人でお祝いをした。冷たいビールが喉を通って行くのが心地よかった。

7時半の男

「本当にこんなところで釣れるのか?」

この秘密の場所に岡ちゃんが来たのは例の32センチの鼻曲り大ヤマメを釣ってから5年ほども経ってからだと記憶している。盛岡近郊での仕事を終えて午後4時ごろに釣り場に向かいそれから日暮れまで釣るのがパターンであった。

群馬の渓流で筆おろしをした岡ちゃんは私に連れられて群馬、長野、新潟、宮城、秋田などの渓流で竿をだすようになって若葉マークを一応卒業して一丁前に口だけは達者になっていた。

その彼からも私の秘密の場所はたいしたことがないように見えたのだろう。何度か岡ちゃんと通ったが、彼も魚影の濃い場所だということは理解したようで自分から「あそこに行こうよ」とリクエストしてくるようになっていた。

6月末、いや正確に記すなら6月30日のことである。この日は早めに仕事が終わったために時間の余裕があったので3時ごろには現場に着いてウエーダーを履いて堰堤から流れている川に降りて毛鈎釣りを楽しむことにした。雨が降りそうなどんよりとした雲が岩手山の山頂にもかかっていて、湿度が高く釣りには絶好のコンディションだった。

私はテンカラで岡ちゃんはフライフィッシングである。両岸がコンクリートで護岸がされている川幅は30メートルほどあってボサになる葦《あし》なども少なくて灌木もないので歩きやすくロッドを振り込むのも容易く、そこに10メートルほどの幅のゆったりとした流れがあった。ちょうど前日まで雨がいい塩梅に降っていたので水量も多いが、深くても50センチを超えることがないので溺れる心配もない安全な川であった。

以前、この流れで40代前半の2人のフライフィッシャーが竿を振っていて、上がってきた彼らと言葉を交わしたことがあった。

「ここはフライかテンカラ向きの川ですよ。今日も尺イワナを釣り上げましたから。ルアーやエサ釣りだと水深が浅すぎて引っかかるからちょっと無理でしょうね。もっと渓流のように起伏に富んだ流れだと雰囲気がでますけど、それは贅沢ってもんですかね」

「でも釣果はいいんだから贅沢ですよ」

「ですね。どう見てもここは田んぼのなかの里川ですから面白みに欠けるからとアングラーは足を運ばないんだと思います」

アングラーにとっては釣果が全てではないという気持ちがあるのは良く理解できる。この里川は私がいつも狙っている堰堤とまではいかないが何カ所か20センチぐらいの人工的な落ち込みがあって、白い泡が巻いており、そこにハリを打ち込むと小さなヤマメやハヤが釣れてきた。

草むらの脇の20センチもないような浅い場所からニュッと魚影が見えたかと思うとテンカラの竿をギュンと絞って下流に逃げようとしたので草むらに放り投げるようにして上げた。

「ほう、なかなかキミもやるじゃん」

草むらの上を跳び跳ねているイワナを押さえようとしていると、近づいてきた岡ちゃんが偉そうな声を上げた。

「お前、師匠に向かってその口の利き方はないだろう」

苦笑しながら胸のポケットからメジャーを取り出して計りだした。指が回るほどの細さだが、腹が山吹色に染まった綺麗な居つきのイワナで尺上の31センチだった。

「まるで蛇だよな」

岡ちゃんが嗤った。

「蛇だけど、尺は超えているじゃないか。キミも師匠を超えるように一層奮闘努力しなよ」

上官のような訓示を垂れた私は釣ったイワナをリリースしてやった。いささか飽きて来たので今度は盛岡毛鈎でトライしてみるとそれにも続々とサカナが飛びついてくる。やはり盛岡毛鈎の威力というものは凄いと再認識せざるを得ない。

雲の切れ間から顔を少し覗《のぞ》かせた岩手山が茜色に染まりだした頃に私と岡ちゃんは護岸から上がってウエーダーを脱いで例の堰堤前のプールへと向かった。向かうといっても車から歩いて2、3分である。護岸の脇の道は狭いが無理をすればプール脇に車を停車することも可能だ。となると運転席から竿を伸ばして釣ることも可能という夢のようなエル・ドラードなのである。

いつものように私はプール脇の大きな石の間を狙ってキャストし続けた。時刻が進むにつれてライズが起きて、あちこちでサカナがバシャン、バシャンと水面を叩く音が聞こえてくる。

私の竿にもずっしりと重いイワナが何尾かかかりだした。もう目印も確認できない暗さで当然のことながらテンカラなどは毛鈎を追うことができないので、エサで竿先の感覚に頼る脈釣り一本やりであった。

これで思い出すのは10数年前の6月に山形市の郊外の里川で岡ちゃんとヤマメ釣りをしていた時のことだ。無論東京からわざわざヤマメ釣りで出かけたのではなく、仕事の合間に竿をだしていたのだ。当時、NHK山形放送局の夕方のニュースキャスターに巨乳のべっぴんさんがいて、それが日本中で話題になっていた。それを仕掛けたのは私であるが、『スイカップ』なる名前を付けられてスポーツ紙や週刊誌がこぞって取り上げていた。日本一のスイカの産地である山形県尾花沢市出身の彼女の胸がスイカほどの大きさがあるのでそのように名付けられたのだ（名付け親は、東京スポーツ新聞）。

彼女の写真を掲載しただけで部数が飛躍的に伸びたのであるからNHK山形放送局の前には大勢のマスコミが集まって警備員たちと揉み合いがあったほどである。彼女は毎日出社するのではなくて不定期のために四六時中張り込みのカメラマンが局の前にいた。

私たちは彼女のスケジュールがある程度分かっていたし、彼女の山形市内の実家も割っていたので、局の前で張り込むことも殆どなく、せっせと渓流通いを続けていたのだ。それでも毎週新しいスイカップの写真が誌面を飾るのだから、他誌からは羨ましがられていたものだ。

「なんならずっと山形市にマンションを借りて住んでもらってもいいよ」

当時の編集長はそこまで言ってくれた。一瞬、そうしようかなと思ったが、どうせ夏の間だけなので、ホテルに泊まって釣り三昧に終始していたのだ。

サクランボの木々が連なる林の脇に里川が流れていて、そこにかなり大きめのプールがあった。山形が名産のサクランボであるが、こうやって目の前でルビー色に熟して枝にぶら下がっているのを見るのは初めてのことで見渡すばかりのサクランボの木に圧倒された。

網でサクランボの木全体を覆っているものもあるが、どうやらそれは佐藤錦などの高級品種を大事に育てている木らしい。農道脇に整然と並んでいるサクランボの木の周りには保護するような柵もなくて手を伸ばせば房を取ることも可能だった。

幸いというか、私も岡ちゃんも幼少時代から高級なサクランボを口にしたこともないのでサクランボには全く興味がなく、頭のなかを支配しているのは渓流のサカナをいかに釣るのかの一点に絞られていた。

釣れそうなプールに行くまではサクランボが実っている細い農道をくねくねと走り車をプールの脇の広場まで近づけることができる。ルビー色に熟した大粒のサクランボが枝にたわわに実っている中をゆっくりと走って行きプール脇にたどり着いた。そこには青年のルアーマンがいたが、陽が暮れる前に姿を消した。

実はこの近くにスイカップの実家があったので、暇を見つけては竿をだしていたのである。黒くなってしまった遠くの稜線に陽が隠れても私たちは竿をだし続けていた。

日暮れになって竿や仕掛けを仕舞っているときにサクランボ林の奥からガサガサと枝が揺れる音が近づいた。一瞬熊がでたのかと身構えたがそこから姿を現したのは制服姿の2人の若い警察官だった。こんなところに何の用があるのか？　入漁券は購入していたので密漁ではないから平静だった。

「こんなところで何をしているんですか？」

「何をって、見ればわかるように釣りですよ」

「暗くなっても釣りができるんですか？」

「それがねえ。できるんです」

「何が釣れるんですか？」

「そりゃあ、ヤマメもイワナもハヤも釣れますよ。おまわりさんは釣りをしないの？」

「……しません」

「で、どうしたんですか？　入漁券もありますけれど」

「免許証とトランクのなかを見せてもらえませんかね？」

もう1人の警官は私のレンタカーのガラス越しに車内に懐中電灯を照らして何やらチェックをしていたし我々が釣っていた草むらにも光を当てて探している。

なにやら完全に疑われている。釣りだけに興味があり、クスリなどには興味がないし、容貌を見れば分かりそうなものだと岡ちゃんと苦笑し合っていた。

「誰か怪しい者は見かけなかったですか？」

「いいや。で、どうしたんですか？」

「実はサクランボ泥棒が頻発しておりまして、昨日もこの辺りで200キロものサクランボが盗難に遭っているんです」

「そんなニュースがありましたね。そうか、この辺りなのか」

山形県内でサクランボ泥棒が始まったのは丁度この年が初めてのことで、新聞にもデカデカと掲載されていた。泥棒が頻発していたのが私たちが竿をだしていた地域だったことを迂闊《うかつ》なことに知らなかったというわけだ。

「泥棒が凶器を持っているかもしれませんから充分に注意をして下さい」

そう言い残して警官たちは林を戻っていった。

「良かったな、サクランボを食べていなくて」

手を伸ばせばサクランボの房が取れるほどの場所なのだ。

「オレもサクランボに興味はないからなあ」

「でも草むらにサクランボの軸が落ちていたら疑われたろうな」

「サクランボを泥棒している様子を撮ればまだまだここにいることができるかな?」

岡ちゃんがニヤリと笑った。流石にそんなプランが通ることはなかったが、それから数日間は例の警官が運転しているパトカーと何度かすれ違って運転席越しに苦笑したのを思い出す。


6月30日の日没は盛岡の辺りで6時40分を過ぎたころだろうか。まだ夜の帳は降り切っておらず、対岸に腰かけてフライロッドを振っている岡ちゃんの顔もうっすらと見えている。岡ちゃんは護岸から下に降りて狙い目であるプールの流れ出る河原でひたすらロッドを振っていた。

「おおい、そろそろ上がらないか?」

もう7時をとうに過ぎている。

「まだまだ、もう少し頑張るから」

この時点で岡ちゃんはこの場所で1尾も釣り上げていなかった。いや、小さなハヤを釣ったらしいが恥ずかしいのか見せてくれなかった。

私は竿を仕舞って護岸に腰かけて黒い影にしか見えない岡ちゃんの様子をタバコを吹かしながら見ていた。するとバシャンという重い音が響き、黒い影はそれにつれて慌てたように下流に歩きだした。

ロッドが撓っているのが微かに見える。

「慌てるなよ」

そう叫びながら私も腰から玉網をとりだしながら、護岸にある金属の梯子を急いで降りていった。黒くしか見えないフライロッドが半月を描き、岡ちゃんは竿を右に左にと動かしながらラインを徐々に巻いていた。

「いくぞ」

そう言うなり岡ちゃんはロッドを草むらのほうに投げるように振った。ヘッドランプの光の下でクネクネと体を動かしているのはイワナだった。

「メジャーを貸して」

岡ちゃんは私からメジャーを受け取ってイワナの体長を計りだしたが、クネクネと動いているのでなかなか計ることができない。

「40だな」

岡ちゃんが呟いた。

「お前、そうまでして数字を誤魔化したいのか？」

私は苦笑いをしながら暴れているイワナを押さえてやった。

「36、いや37センチだな」

頭の先から尾ビレの先のギリギリまでメジャーを当てて岡ちゃんが喜びの声を上げた。

「これはイワナじゃなくてイワナの姿に似た蛇だぞ」

「いいじゃないの。蛇でも37あれば」

私が何を言おうと岡ちゃんの頬は緩みっぱなしであった。岡ちゃんがこのとき使っていた毛鈎というのは親指ほどの太さと長さのモコモコとした茶色い物体としか形容ができないものだった。強いて似ているといえば芋虫である。

「こんな毛鈎に来るんだから余程腹を空かしていたのかな」

掛かったイワナが哀れに見えた。


「もうそろそろ行こうぜ」

翌年の6月半ばごろになって岡ちゃんから誘いの電話が何度もくるようになった。

「お前、もしかして柳の下のドジョウを狙っているんじゃないか？　そんなに簡単には釣れないぞ」

「いや、ドジョウではなくてイワナだけどな。あの場所がオレを呼んでいるんだよ」

「キミの妄想は殆ど病的じゃないか？」

「ハッハッハッ、なんとでも言ってくれたまえ。昨年のチャンピオンはオレだからなぁ。いやいや、釣ったときのずっしりとした手ごたえが今も感触で残っているよ」

「アホか？　あんな細い蛇のようなのがずっしりしているワケがないじゃないか」

このときは盛岡の前に八戸で仕事があり、岡ちゃんと仕事帰りで渓流に足を運んでいた。八戸には馬淵川と新井田《にいだ》川と大きな川が２本あり、私たちが狙っていたのは新井田川の最上流部だった。ダムから放水している地点から下流にかけて竿をだしていたのだ。

そこに行く道にかかる大きなコンクリートの橋の欄干が捕鯨のための大きな捕鯨砲だったのには驚いてしまった。海から軽く20キロ以上も山の中に捕鯨砲とはミスマッチであるが、昭和の30、40年代にこの集落から捕鯨船に乗って南氷洋に出かけていた人たちが多かったと地元の方に聞いた。なんでも捕鯨船で働けば相当のお金になったらしく、この集落の多くの方が行ったらしい。

私は捕鯨にも興味があって若いころに伝手《つて》を頼って水産庁の方にお願いして近海捕鯨の取材を申し込んでいたことがある。やっと許可が下りて三陸沿岸での調査捕鯨の船に乗れることになっていたが、急に反捕鯨の運動が激しくなってドタキャンを食らってしまった。なんとも悔しい思い出だ。

現在では北から金華山の鮎川、房総の和田、そして和歌山の太地が日本三大捕鯨漁の基地として有名だが、三陸には他にも捕鯨解体の工場が何カ所かあって、その近くを通ると獣を煮たような異臭が鼻をついたものだった。

新井田川の最上流部は流れが緩やかでフライを容易く振り込める渓相であって、私はそこでテンカラを使ってヤマメを上げたし、エサでも型の良いヤマメやイワナを上げることができた。

どうやら、ここは地元でも人気のスポットらしく、夕方には若いルアーマンやフライフィッシャーもポツポツと竿を立てている。ルアー釣りに向いている幅の広い流れが多く、対岸ギリギリにキャストしている。なんでも尺上のイワナが掛かってくるらしいが、私の竿にはそれほどの大物は掛かってこなかった。

しかし、岡ちゃんは絶不調というか万年不調でこの3日間サカナの姿を一切見ていなかった。それでも喜々としてフライロッドを振っているのだから彼の鈍感力はある意味で凄い。

「こんな毛鈎に来るわけないだろ。もう少し違うのを使えよ。今日で3日坊主だろ」

芋虫の毛鈎を指さした。

「キミと違ってオレは尺上しか狙っていないから、これでいいのさ。去年ちゃんと釣れたじゃないか」

日程をやりくりして岡ちゃんの望み通りに6月30日の夕方に盛岡近郊の例のポイントに行った。もうあれから1年経ったのにまるで時間を巻き戻したように雲が低く立ち込めて、雨は降っていないが湿気が多いのも丸1年前と同じだった。

「さあ、やろうか。岡ちゃんやらないのか？」

暗くなるまで岡ちゃんは護岸に腰かけて私の釣りをタバコを燻らせながら見ていた。相変わらずどこから湧いてきたかと思うほど丸々と太った大型のイワナが竿を撓らす。ただ尺近いだけで尺上は釣れてこなかった。

「さあ、行くとしますか」

ウエーダー姿になった岡ちゃんが護岸から降りていつもの場所でロッドを振り始めた。遠目にも芋虫が川面をゆっくりと流れていくのが分かる。ライズはそこそこ起きているが、芋虫に反応はなかった。

陽はとっくに暮れて7時も半に近かった。去年釣れた時間であるが、流石に柳の下にドジョウならぬイワナがいるわけがない。ただ上がろうという声を掛けるには忍びないので私は河原で頑張っている黒い人影を黙って見ていた。

「来たぁ～」

岡ちゃんの叫び声と黒いロッドが撓ったのが同時のように見えた。まるで去年の再現フィルムを見ているように全く同じである。護岸から降りて、ファイトをしている彼の横で玉網を構えた。ヘッドライトに照らされて上がってきたのは芋虫毛鈎を咥《くわ》えたイワナだった。

「メジャーを貸して」

私からメジャーを受け取った岡ちゃんは私が魚体を押さえていた上にメジャーを置いて長さを計っていく。去年と同じような蛇のように細長いイワナだった。

「これって去年釣ったのと同じイワナじゃないのか？」

「まさか。37いや38だな。どうだいこれは」

頬が緩みっぱなしの岡ちゃんはカメラに蛇イワナを押さえてご満悦だ。

「去年より1センチ成長したんだよ。キミが4日坊主になるのが可哀想だからと、しょうがなく出てきてくれたんだって。感謝しろよ」

「ああ、なんとでも言ってくれ」

巨人が9連覇した時代に「8時半の男」と呼ばれたリリーフ専門の宮田という投手がいた。終盤の抑えにマウンドに上がるのが大体8時半というから名付けられたのだが、岡ちゃんは7

時半の男であった。

白馬のエル・ドラード

北アルプスの峰々がギザギザに尖った白い屏風《びょうぶ》のように西の空の半分を覆っている。もう5月だというのに山は真冬と同じように雪に覆われているが、庭のトネリコの木には新緑の若葉が顔を出し、水仙の芽もツンと出かかっている。私がバルコニーのテーブルに腰かけてコーヒーカップを片手に雄大な景色を眺めていると向かい側に腰かけている雄二さんから声をかけられた。

「今日はどこを攻めるつもりだい？」

「姫川しかないですからね」

「う〜ん、本流はあまり釣れないからなあ」

ここは長野県の北部の白馬村にある雄二さんの別荘だ。指導員の資格があるほどスキーが趣味だった雄二さんが、奥さんの両親が所有していた白馬村に別荘を建てたのは長野五輪よりずっと前のことだ。現在は外国人観光客で溢れている白馬であるが、当時も観光客は少なくなかったけれど、分譲別荘地には空地がかなりあった時代のことであり、大型スーパーも役場の近くに1軒しかなかった。五輪を経て大型スーパーも何軒もできたが不況の波に呑み込まれてしまった。しかし、近年外国人観光客の増加によって息を吹き返したという。スーパーの野菜や肉の価格は都会よりも高くて品もそれほど良くなく、まるで軽井沢のようにいわゆる観光地の値段なのだ。

雄二さんと私は学生時代に雄二さんの会社でアルバイトをしていたことがきっかけで親しくなり、ご夫婦の吉祥寺の邸宅で寝泊まりしていたこともあった。吉祥寺の自宅は奥さんの実家だが、資産家であるのでそこに新しい大きな家を新築したのである。つまり雄二さんはアニメの『サザエさん』でいうマスオさんであるが、争いごとの嫌いな優しい性格で料理も上手で台所仕事も苦にしなかった。

普段はスポーツとは縁がないように細身でぶ厚いメガネをかけている大人しい方なのだが、いざスキー板を履くと別人のようにゲレンデで舞い踊る。そして渓流でも竿さばきは熟練の釣り人となるのだ。

というのも雄二さんは東京の大学時代に探検部に所属して昭和40年代には全国の渓流で野営をしながら竿をだしていたというから自炊も得意の元祖渓流マンとも言っていいほどだ。

「当時はイワナやヤマメの人工繁殖は黎明期《れいめい》だったために全国に普及しておらず幻のサカナと呼ばれていたんだよ」

「そうらしいですね。でも釣り続けていたんでしょ」

「そう。ボクは自分専用のヤマメバリを釣具屋さんに発注してね。軸が長くて刺さりがいいんだ。それをケースに入れて仲間とオンボロ車で東日本の河川を彷徨っていたというわけさ。今のように高速道路があるわけじゃないし、野営をしながらの釣りの旅だった」

「本当に釣りバカだったんですね」

後で彼からスペシャルのハリを何本かプレゼントして貰ったが、何十年も経っているのにさっき製作したばかりかと思うほどの光沢があり、ハリ先を少し触っただけで親指から鮮血が出たので驚いた経験がある。ハリの軸が長いのが釣果に関係があるかどうかは分からないが、ハリスを結ぶのには都合がいいのはたしかだ。

ウイスキーのグラスを手にして雄二さんの釣り談義に耳を傾ける時間が愉しかった。

「青森の日本海側の川も良かったけれど、人生で一番釣れたのは、佐渡だったなぁ。新潟市から見て佐渡島の裏側だよ。そこに出かけていって海岸に流れている小さな川の脇でキャンプをしてねえ。当時は道路も整備されていなくて行くだけで大変だった。島の裏側には大きな川はなくて、海岸までちょろっと流れている川が多いんだよ。こんなところで釣れるかというような小川なんだけど竿をだす度にビールの大瓶ほどのまるまると太ったイワナがポンポンと上がってくるんだねえ。まるでカツオの一本釣りをしているように、ビール瓶のイワナを脇に挟んでハリを外してハイ次、という具合だったもん」

「へえ、そんな経験はないなあ」

「ボクもあのような経験は初めてで、そりゃあ凄かった。何本も小さな川があったけれど、どれもこれも入れ食いでさ。何十尾も釣って天日で干してイワナの骨酒も作った。香ばしくて酒も進むんだ。あれほど釣れたのは後にも先にもないから」

破顔一笑の雄二さんのグラスに入ったウイスキーはどんどん減っていく。

「釣りの話をするときは相手の手を縛っておくものだ」

とは古くから言われていることで、話しているうちに過去に釣ったサカナのサイズがどんどん膨らんでくるというものだ。しかし、ビールの大瓶サイズのイワナはしっかりと私の心の中に入り込んでしまった。

この話を聞いてから私は佐渡の裏側に行くチャンスが1回あった。佐渡には5、6回ほど行っているが、裏側に行くにはかなり時間がかかるし、泊まる施設も完備していなかったので足を運べなかったのだ。

佐渡にはお能の舞台とアジサイが有名なお寺が何カ所かあり、身長よりも高いアジサイが咲き誇っている林のような大きさに驚きながら取材をした。

6月だというのに島の裏側の海岸線はゴツゴツとした岩だらけで大きな荒い白い波が押し寄せる荒涼とした景色が続いていた。その狭い海岸線に一本道が続き、一方は絶壁のような崖に面していて舗装はされているが民家も少なく寂寞《じゃくまく》としているとしか形容できない場所が続いていた。

雄二さんが釣ったのがどこの海岸の川なのか判断がつかないほど幾つかの小さな流れが海岸へ下っている。他に仕事があったので時間が取れず、100メートルぐらいしか流れがない小さな川の1、2か所で竿をだしたものの残念ながらサカナを見ることはできなかった。

雄二さんとは長野の相木村や信濃川上の渓流や群馬の水上などの渓流にも一緒に出掛けた過去があり、エサやテンカラ釣りで遊んだものである。彼は古くて短めのカーボンロッドを使っていだが、振り込みを見ただけで釣り慣れているというオーラが出ていた。

ベテランは川の流れを読み、筋の脇を上手に狙う。雄二さんもこのポイントに的確に打ち込み、2、3回流して出てこないと次のポイントを狙うスタイルで歩くのも速い。

私の釣り方も若いころは先に先にと歩いていくスタイルだったが、だんだんとじっくり攻めるようになっていった。それは渓流で1日中遊ぶ時間がなくなったこともあるし、夕まづめだけの時間しか狙わなくなったことも原因のひとつであり、更には先に行ったからといって大きなサカナが釣れるワケではないことを知ったからでもある。

　どんどん歩いて攻めるほうが釣果は多いような気がするが小さなサカナが多そうで私は自分のスタイルのほうがしっくりする。


　雄二さん夫婦には仲人も引き受けてもらい家族同然にお付き合いをさせてもらっているので春のGWのシーズンと夏の休みには私の家族も白馬の別荘に毎年出かけていった。私自身はスキーをしようという気持ちからは卒業しているので、GWでもゲレンデに出かけることもなく、雄二さんの家族や私の妻子がゲレンデに行っている昼間は川で竿をだし、スキーから帰ってくる彼らの夕食を作って待っているのが日課となっていた。いや、正確に言うのであれば2年に1回ほどゲレンデを1本ほど滑るぐらいで、それほどスキーには固執していない。小学生の低学年のころまでは朝から晩まで雪の中を転げまわってスキーでも遊んでいたのに、大人になってこたつで丸くなるほうが愉しいことを覚えてしまってからはスキーウエアに着替えるのも面倒臭くなったのだ。

　白馬の村を南北に流れて日本海へ注ぐのは姫川である。姫と名付けられている川は全国に幾つかあるが、それは暴れる洪水の川という意味である。お姫様は我儘で言うことをきかない暴君ということからと由来を聞いたことがあるが、この白馬の姫川も小石ばかりの砂利の川で雑木は川岸から相当離れたところに生えているだけで、大雨が降ったら洪水が起きるだろうと直ぐに分かる。そのために上流部分には多くの砂防ダムが洪水を防ぐために作られていた。

渓相もそれほど良くはなく、ＧＷでも氷水のような青白い冷たい雪代が流れているので魚信は全くない。

それが分かってからは姫川に注ぐ農業用水のような小さな川を狙うことにしていた。そして朝晩に通える秘密の穴場を見つけたのである。

それは後に私の釣りのモットーとなる車を降りて３分で尺が釣れる場所だった。その場所を流れているのは別荘から車で３分ほど走った田んぼや住居の間を流れている幅２メートルほどの農業用水に使われている里川だった。北アルプスを源流として白馬の村を流れて本流の姫川へ流れ込むコンクリートで護岸がされている里川の、ある部分だけ小さな段差があり、下に畳１枚ほどの小さな淵があった。またそこから30メートルほど下には３畳ほどの淵が護岸された川のなかでひっそりと佇んでいた。護岸脇の車が入れない小さな道は雑草が刈り取られ、農作業がしやすいように整備されている

里川は田んぼで草むしりをした雑草が流れてくるようなどんよりとした流れで、私の６メートルの竿が余ってズームで短くしなければならないほど狭い。ただ、淵だけは深そうだったので期待もしないで仕掛けを投げ入れた。ところが、である。なんの期待もしていないのにギュンと竿先が引かれて、上がってきたのは30センチに５ミリほど足りないヤマメだったから驚いてしまった。尺に手が届かない、いわゆる泣き尺というヤツだ。不思議なことにこの泣き尺というのはよく釣れてくるから癪《しゃく》に障る。

体高はそれほどないスレンダーな銀色が多いヤマメでパーマークが薄かった。それより小さいヤマメをここで4尾釣ってキャッチ&イートのために別荘に持ち帰って皆で焼いて食べた。

私は村内のいろいろな場所で竿をだしまくり、水道用の水源地近くでもやってみたが、あの淵のように入れ食いの場所はなかった。ヤマメもイワナも粘れば粘るほど釣れてくる。まるで淵の底に生け簀があるのではないかと思うほどで、小学生だった息子の竿にも軽く25センチを超えて身をくねらせたヤマメが上がってくるのだからお魚天国であろう。

白馬に行く度にこの場所に早朝と夕まづめに足を運ぶことになった。夏になると子供たちとわざわざ50キロほど離れた日本海沿いの糸魚川に海水浴へ行くのが恒例となっていたが、そんなときにも必ずここで1回は竿をだしていた。

護岸の横にはまだ青く突っ立った稲田があるのでレジ袋を持たせた子供たちにイナゴの幼虫を取らせる仕事を与えると喜々としてイナゴを追いかけている。数年後の大雨によって下の淵が埋まってしまい、そこのサカナは消えてしまったので、もっぱら上の小さな落ち込みを狙うようになったが、そこそこ釣れるのでそれで満足していた。

上の息子が小学校の高学年になった時期のことである。いつものように夏の休暇を白馬で過ごしていた私は早朝に息子を起こして車で例の落ち込みに向かった。すっかり夜は明けて西に連なる北アルプスの連峰の麓は靄《もや》に霞《かす》んでいたが、山頂付近は朝日を浴びて茜色に染まり、その麓には長野五輪で全国のファンを歓喜させた白馬のスキージャンプ台がチラリと見えている。薄いジャンパーに半ズボンでも寒さは感じない清清しい朝だった。

落ち込みの脇でいつものようにイナゴの幼虫をエサにして上からそっと落ち込みの白い泡の

中に入れてやった。最初は泡の中で踊っているはずのエサは流れに乗って浅いトロ場へと押しやられていく。それを繰り返せばヤマメやイワナはエサに飛びついてくるはずだ。何回か泡の中に入れた時だった。ある場所で糸が動かなくなってしまった。水底には田んぼで刈り取った雑草が沈んでいたり、ゴミもあるからそれに引っかかってしまったのだろうか。竿を左右に動かしてなんとかハリを外そうとしたときにニューッと大きな真っ黒な頭がゆらりと動いたのが見えた。

「アレ、アレ？　何、アレ？」

息子が指さしている黒い物体が果たして何なのか咄嗟には判別できなかった。オオサンショウウオのようでもあり、ナマズの化け物のようでもあった。四国の四万十川で私の竿が大きく撓りファイトを何分かしたあげく釣り上げたのが大ナマズだったと笑える経験があるが、今目にしているのは渓流釣り人生で初めてと言える大物であることは間違いなく、こんな小さな里川にいるようなサカナではないこともたしかである。

ハリは口元にガッシリと掛かり、それを糸が切れない程度に引いていくと落ち込みの底の岩の割れ目からニューッと全体が出てきた。褐色でもなく黒いとしか形容できないようなイワナの化け物であった。1メートルぐらいはありそうな体長にぶ厚い体高の魚体で頭部はソフトボールほどの大きさがある。

護岸から水辺までは2メートルほどの高さがあり、目の前の化け物を釣り上げることは絶対に不可能なのは直ぐに分かった。さて、どうするか？

なんとかサカナを弱らせて、そうなったら息子に竿を持たせて自分が下に降りて腰に差している玉網で掬おうと考えた。しかし、子供がうまくサカナをコントロールして玉網まで運ぶのは至難の業である。竿を引きながらそのようなことに頭を巡らせているとその化け物が急に何回か頭を振って暴れだした。するとあっけなくプツンと糸が切れてしまい、化け物はそのまま落ち込みの底に潜ってしまった。釣り上げようと何度かトライをしてみたが、結局化け物はその後1度も顔を出すことはなかった。

「凄かったよ。ボクはあんな巨大なサカナを見たのは初めてだもん」

別荘に戻った息子は雄二さんに興奮した口調でまくしたてた。

「へえ、そんなのがいるんだ」

「そう。オレも信じられませんでしたよ。明日は絶対に釣ってやりますから」

十数年間も同じ落ち込みで竿をだしていたが、あのような経験は全くなく、私は密かにあれは落ち込みの主だと勝手に思い込んでいた。

翌朝私は息子を起こして例の場所へと向かった。前日と何も変わっていないように山脈の峰は朝日を浴びて茜色に染まっている。早朝のために交通量は少ないし、人影もないのはいつものことだ。

ひんやりとした空気のなかで竿をだす。用心してハリスは0・6にして道糸は0・8のままにしたが、ウンともスンとも言わなかった。昨日のバトルで化け物イワナはどこかに住処を変えたのかもしれない。そう思うと昨日の失敗を悔やむ気持ちがなお強くなった。

30分ほど試したあげく0・4の通し変え、エサもイナゴの幼虫からミミズを何匹もハリに刺して投げ入れた。するとモサモサとした変化と共に竿を立てると大きく竿が撓った。

「来たぁ〜」

息子の声が響く。あの化け物がとうとう姿を現したのである。0・4であっても通しであるから強度はあるはずだ。しかし、ちょっとのことで糸は切られることだろう。ゆらゆらと黒い化け物は1畳ほどの溜まりの中を泳いでいる。

「お前、降りてこの網で掬ってみろ」

隣で固唾《かたず》を呑んでいる息子に腰に差していた玉網を手渡した。落ち込みの脇には人がやっと1人乗れるくらいの岩が顔を見せている。そこに息子を下して玉網を使わせる作戦だった。といっても息子は何度か渓流に連れていったことがあるが玉網など使ったことはなく、それが成功する可能性は低い。それに私が持っている折り畳み式の玉網の直径は精々30センチで深さもそれぐらいしかなく、1メートル級の化け物イワナが入りきらないのは分かり切っているのだが、もうそれしか方法は残されていないのだ。

落ち込みの脇にはイワナを上げられる河原があるわけでもないし、落ち込みの上には農業用水を引き込むための塩化ビニールの管が何本か通っているので、そこに糸を引っ掛けるわけにはいかない。それを気にかけながら糸のテンションを保ってイワナをコントロールするのは非常に難しくて制約された空間なのである。私が降りたとしても玉網と竿を同時に使うことができない狭さなのだ。

「玉網に頭を入れて、それから玉網ごと上に放り投げるんだ。オレがそれを押さえるから」

「無理だよ」

息子は玉網を使うことも自分の身長以上もある下にうまく飛び降りられる自信もないのか躊《ちゅう》

躇《ちょ》した。

「小遣いを上げるから、頼む」

「本当だね。ゲームを買いたいから」

「うん、うん。ゲームセンターごと買ってあげるから」

子供の関心をモノで釣るという愚妻が耳にしたら目を吊り上げそうなことを言い放つとんでもない親であるが、そんなことに構っていられる場合ではない。

玉網を手にした息子が護岸の石垣を掴んでそろそろと降りて岩の上に立った。そこに向かってゆっくりと竿を動かして黒い化け物を息子の立っている場所に近づけていった。水の中で化け物は暴れずに糸の引っ張る方向に体をくねらせて動いている。

「いいか、頭から入れるんだぞ」

「分かった」

なんとか釣り上げたい私の欲望とゲームを買ってもらいたい息子の欲望が目の前の化け物イワナにロックオンされた。

化け物の頭が息子の構える玉網の近くまできて玉網が掬うように動いた。しかし、頭が入ることはなくイワナは再びゆらゆらと泳いでいた。暴れなかったのはラッキーである。

「焦るなよ。頭からだぞ」

態勢を整えるようにして1周落ち込みのなかを回った化け物イワナが再び息子の前に頭を近づけた。今度はなんとか頭が網の中に入り込んだが、化け物イワナはスイッチが入ったようにクネクネと暴れだした。なんとかしようと両手で息子も玉網を支えようとしたが、かなりの重さがあるので上に放り投げることは不可能だった。

化け物は頭を振り出し、体中をブルン、ブルンと振って本格的に暴れだした。こうなると0・4の糸などひとたまりもない。バシャーンという音と飛沫が上がって化け物イワナはまた水の底に身を隠してしまって2度と出てくることはなかった。

この何年か後に白馬では大洪水が起きて例のパラダイス釣り場の2つの淵は埋まってしまい今はその痕跡すらない。ここであの化け物イワナと戦ったのだ。兵《つわもの》どもが夢の跡。そこにはさらさらとした水が流れているだけだった。

素晴らしきかな腹帯《はらたい》

「そこを降りればいいから」

「ウエーダーを着なくていいのか？」

「そんなの要らないって。ロッドと道具ケースだけでいいから。オレの後を付いてくればいい」

私が停めた車の脇の桜の木に巻かれていたロープを掴んで3メートルほどの崖を下っていくと岡ちゃんも続いて降りてきた。崖といっても途中に大きな岩があり足場が確保されているので降りるのも難しくない。

閉伊川の本流は当然のこととして小国川や刈屋川そして長沢川などの支流も含めて何十年も竿をだしてきたホームグランドである。

盛岡から宮古に向かう国道106号線を30分ほど行くと左手にピークがある兜明神という奇妙な山が見えてくる。ここは区界《くざかい》といい戦後になって開拓農家たちが入村した集落で川井村に属していたが、平成の大合併によって車で1時間半もかかる宮古市に併合されてしまった。つまり80キロ近くも離れた宮古の市民ということになったわけであるが、盛岡の方が30分しかからないのだから住民にとっては当然役所が近い盛岡市民にしてもらいたいだろうに可哀想というか、お決まりの杓子定規のお役所仕事の犠牲になったとしか思えない。

閉伊川は北上山地の最高峰である早池峰山《はやちね》を源流として宮古の海まで流れる北上山地では最も大きな川だ。国道沿いに流れている部分が多いし、道路と川の落差が殆どないところが多いので入渓が容易いという利点がある。

上流域でも何度も竿をだしているが、それほど大きなモノを釣ったことはなく、この川を攻めるなら中流域がいいようだ。

中流の腹帯《はらたい》という集落がある場所を流れる閉伊川は川幅も広くて大きな岩も水に隠れ、ゆったりとした流れがあり、淵もザラ瀬もある渓相である。

「ミャア、ミャア」

声を上げているのは渓流には珍しいウミネコたちで十数羽も朝から夕方近くまで川の辺りを飛んでサカナを狙っている。海から30キロも離れているのにここにサカナが豊富に集まっていることを知って通ってくるのだろう。

南側の河原は雑草が生えているだけで、車が何台も停められるスペースがあり、そこから川まで20メートルほどしかないからここはいつも釣り人の姿が見られる人気の場所になっている。といっても釣り人の殆どは鮎釣りであって、閉伊川は鮎の川としても有名なので全国から釣り人がやってくる。しかし、近年は河鵜《かわう》によって鮎が捕食されて相当な被害を受けているのが新聞やテレビによって報じられており、漁協は川に田んぼで雀を追い払うように銀色のテープや糸を張ったり花火を上げたりして被害を食い止めるように努力をしているが、成果は芳しくないようである。

この河原の上流の対岸には水力発電所からの放水口があり、そこから常時大量の水が放水されているので渇水期にもある程度の水量があるので楽しめる釣り場である。

放水口の辺りで竿をだすには川を渡っていかなければならないためにウエーダーは必需品であるのは当然のこととして、水深も腰辺りまであって水流の勢いも強いので、流されてもいいようにタイツスタイルのウエーダーでないと危険を伴いそうだ。

大概の鮎釣りの人は日が暮れる前には竿仕舞いをするので、夕まづめを狙う渓流釣りとはバッティングをすることはない。

私がいつも狙っている釣り場所は本流の上にコンクリートの橋が通っている北岸の脇のコンクリートのテラスである。上は線路で、多分護岸工事のときに作られたものが残っているのだろうが、ここから下流の方まで岩場が連なっているのでそれらを伝って行くと狙えるポイントは多数ある。

テラス上の道路脇の駐車スペースに車を停めて3メートルほどの細い岩の割れ目を下っていくとこのテラスに出られる。車から降りてわずか2分で尺モノが釣れる場所に出られるのだから、こんな場所はそうそうないだろう。ここではウエーダーを履くこともなく、水に濡れずにジーンズでの釣りも可能である。

2019年夏に此処に足を運んでみたが、雑草が生い茂り下に降りるために木に巻かれていたロープも無くなっていたので降りるにはロープが必要となる。

「へえ、こんな場所があるのか？」

初めて岡ちゃんをこの場所に連れていくと驚いたように目を丸くした。南側の対岸まで50メートルはありそうな流れが目の前に現れる。そこには流れのきつい瀬の他に緩やかなチャラ瀬もあるかと思えば直径10メートルほどの淵や落ち込みやなど、渓流で狙いたいポイントが連続しているのだ。

テラス脇の流れは怖くなるほどの速さと水量であるから絶対に注意をしなければいけないが、他はたとえ流されたとしても下流にいけばチャラ瀬となるので、まず命の危険はないだろう。

「ジージー」

フライのラインを飛ばした岡ちゃんのフライが流れに乗って暗緑色の淵に入っていくとゆらゆらと底からサカナが近づいてくるが目の前でプイと去っていく。何度もトライしても同じことの繰り返しだった。

上流からの流れで風があり、狙った場所にフライを飛ばすことは難しいが、なんとか風を利用して岡ちゃんは次々とポイントにフライを落としていった。

「ほらっ」

やっとのことでラインが引っ張られて竿が引き込まれた。25センチクラスの黒い斑点が緑色の背中に散りばめられているヤマメで体側にある小判型のパーマークも鮮やかだった。

私は、他の川で竿をだしても、日没直前にはこの場所に通うことが多かった。なんといっても車を停めて2分で降りられるし、幅1メートルもあるコンクリートのテラスからキャストできるのだからこれ以上便利な場所もないし、着替える必要もなく、竿を仕舞って2分で車に戻れるというのは充分に魅力的だった。

私が狙っているのは5メートルぐらいの円形になっている淵だった。本流の太い流れが絶え間なく流れ込んでいる淵は暗緑色で深さがどのくらいあるのか分からない不気味さがあり、1番重いオモリを使って深さを計ってみたが、5、6メートルは楽にありそうで、その底には大きなサカナが隠れているに違いなかった。

明るいうちにこの淵で大物を釣ったことはなく、私はなんとかして大物を釣りたいものだといつも思っていた。しかし、ミミズでトライしてもダメ、ブドウ虫やヒラタの川虫もダメ、トンボや甲虫を付けてもダメだった。

「これしかないよ」

ここに来る前に岡ちゃんを車で待たせて田んぼに寄って3齢のイナゴを10数匹取ってレジ袋に入れてきたのだ。閉伊川沿いには田んぼが少ないし、イナゴがいないところもあるので苦労したが7月の前半しかこの真緑の仮面ライダーのようなイナゴは採れないから最強の応援団を得たような心強い気分になったものである。そうそう、この淵ではシンキングの毛鈎も試してみたこともあるが、全く反応はなかった。

仕掛けは5メートルほどの0・8の道糸に0・4のハリスを長くして、ハリから30センチほど離れた位置に渓流釣りでは普段使うことがない3Bのオモリを付けた。オモリを底近くまで落としてイナゴのエサをゆっくりと淵の中で回すというイメージである。

稜線に日が隠れた時間を狙って、淵の端からゆっくりと仕掛けを沈めてやった。1分、2分と竿先には全く反応はない。

「イナゴでもダメじゃないか」

横に来た岡ちゃんが嗤った。

「まあ、見ていなよ。そのうち我慢できなくなって飛びついてくるから」

ここで仕掛けが悪いと思って竿を上げてはいけない。私は淵を仕掛けが一周するごとに竿を徐々に下げてやり、竿先が水面に触れるくらいに沈めてやった。3分以上経ったであろうか。「グ、グーン」と音が頭の中で響いたように感じると、穂先全体が水の中に引き込まれるほどのショックを受けた。

腰を低くして竿を上げようとするが、穂先は何度も下にもっていかれる。底の岩の隙間に入られてしまったら、容易く糸は切れてしまうことであろう。なんとかサカナを底から浮かさなければいけないということばかり頭に浮かんでいた。狭い淵からサカナを出せば流れに乗せてうまく取り込めそうなのだが、敵は姿をみせることもなく、愚直に底へ底へと糸を引っ張っていった。

それでも何度かやり取りをしているうちにサカナの勢いが弱ってくるのが分かった。イワナなのかヤマメなのか？　できればヤマメだといいが、こればかりは選ぶことはできない。夕闇が迫る淵の表面に黒っぽいサカナが見え今度は横に走りだした。それがチャンスで、私は竿を下流に向けて淵から流れに出してやり、流れの脇の河原にサカナを誘導してやった。

「ヤマメかぁ～」

岡ちゃんの悔しそうな声の下で幅広のヤマメがパクパクと口を動かしている。早速胸のポケットからメジャーを取り出して、魚体に合わせてやった。

「32・5かな？」

幅が広いから充分に満足できる釣りだった。

「ほら、大きくなって主になるんだぞ」

上顎にかかっていたハリを外して大ヤマメを川にもどしてやると、一瞬水の中でキョトンとした丸い目をこちらに向けて慌てたように淵に潜っていったのであった。

堰堤下の釣り堀

盛岡から秋田に向かう国道46号線は、雫石の集落を過ぎると勾配がきつくなる。20年ほど前にこの外れの場所に道の駅ができ、日帰り温泉も設置された。九州から北海道まで全国の温泉に通っているが、５００円の入湯料を払っても入る価値があるアルカリ温泉で、肌がすべすべとしてゆったりとお湯に浸かることができる。

そこから車で10分も走らないところに尺モノが釣れる穴場がある。国道からちらちらと見える渓流は雫石川の支流の竜川《りゅう》といい、水量のある流れがゴツゴツとした岩の間を縫っている。そこを上っていくとやがて国道から左手の樹林の間に大きな堰堤が見えてくるが、その場所には崖側に10数台の車が停められるスペースがある。

多分冬季にチェーンを巻くためのスペースとして設けられているのだろうが、ここに車を停めて、道路を横切るとガードレールの切れ間に下に降りられる小さな踏み跡を見つけることができるはずだ。道はクマザサなどのボサに囲まれて歩きづらいが、古い護岸の跡を辿っていくと見上げるばかりのコンクリートの堰堤の下にでることができる。車から降りて3分程度の距離だ。

高さが15メートルぐらいもありそうな巨大な堰堤の幅は50メートル以上もありそうで、竜川の流れを堰き止め、堰堤の上部から3メートルぐらい下には1メートル四方もありそうな放水口が何カ所か開いており、そこから間断なく水が噴き出して鼓膜を絶えず震わせるような音を四方に響かせている。

堰堤の下には巨大なプールが青緑色の水を満々と貯え、そこから幾筋もの流れが下に流れ出ている。それらは小さな岩や樹木の間を流れ落ち、下流部で合流して大きな流れとなって薄暗い樹木のトンネルに吸い込まれている。流れの水深は深くても膝程度であるから危険は少ないが、うっそうとした樹木に囲まれた渓は夏でも午後ともなれば陽が射すこともなく薄暗くていつも不気味な感じがしたものだ。

「こりゃあ、凄いところだなあ」

渓流釣りに目覚めたばかりの岡ちゃんを連れていくと、彼も圧倒されたように口をあんぐりと開けているばかりだった。フライロッドを振りだしたが、放水口からの水の勢いで風が生まれるのか、なかなか堰堤下のプールの狙った場所にフライを落とすことができない。当然のことながら私の6メートルの竿でも到底届かないほどの奥行があり、ルアーで狙うしかないような場所だ。

河原には錆びた缶ビールの空き缶があったし、踏み跡もあるからこの場所は相当狙われているだろうが、何度行っても釣り人の姿は見たことがなかった。

国道から反対側の堰堤の端のプールはそれほど大きくなく、そこで私は20センチ程度のイワナを釣り上げた。しかし、その後はウンともスンとも反応はない。ミミズ、ブドウ虫を試しオモリも変えてみたがやはり反応はなかった。

「絶対にここには大物が潜んでいるはずだよ」

「そうかなあ？　もうあらかた釣られたんじゃないか？」

岡ちゃんはフライが上手く飛ばないのに嫌気がさしたのか中州の砂利に腰かけて休んでいる。釣れそうだと思った場所で粘るのは私の信条であるので河原の岩をひっくり返して川虫を採ることにした。玉網を下流に広げて足でガサゴソと大きな石を動かすと落ち葉などが玉網に入っていく。それらを捨てて調べていると、クロカワ虫やヒラタなどの水生昆虫に混じってガサガサと動くものがいた。

「やった～。鬼チョロだ」

小指の第2関節ほど、3、4センチもあろうかという黄土色の鬼チョロが入っているのを掴んで岡ちゃんに見せた。

「オレは苦手だから」

岡ちゃんが眉を顰める。不思議なもので岡ちゃんはクロカワ虫を平気で摘まんでハリに刺すが、私は指を噛むクロカワ虫が苦手で余程のことがない限りエサにすることはない。噛むといってもそれほど痛いわけではないのだが、形態からして生理的に受け付けないのだ。岡ちゃんは鬼チョロが触れないというから面白いものだ

人によって触れることができないエサというのがあるようで、あるベテランの渓流釣りの人がミミズを触れないと聞いて驚いたことがある。なんでもクニュクニュと動くのと臭いが苦手らしく、彼はブドウ虫オンリーの釣りか毛鈎を使っていた。

私にとって鬼チョロは川虫界最強のエサであり、ヒエラルキーのトップに君臨していると思っている。釣具屋によっては鬼チョロを冷凍パックにして売っている店もあるが、残念ながら高価なので私は試したことはない。

鬼チョロはどこの川にでもいるわけでもないが、この場所では15分ほど網を動かして10匹ほど採ることができた。これはかなりの効率である。濡らしたティッシュを底に引いたプラスティックケースに入れて、私は勇気凛々《ゆうきりんりん》狙おうと思っていた堰堤下の落ち込みに向かった。そこには1メートル四方ほどのコンクリートの穴がぽっかりと開いて水がその上スレスレに流れていた。同じような場所が他にも1か所ある。

さっきはミミズで狙ってウンともスンとも反応しなかった場所だったが、私は絶対にここに大物がいるだろうと確信していた。かなり水深がありそうで5メートルぐらいなのはミミズで

トライをしたときに感じていた。

重めのオモリをつけて鬼チョロを付けた仕掛けをそろそろと下してやる。穴の中であるが水は動いているようで、糸はゆっくりと穴の中で回っている。するとガツンという衝撃と同時に糸がキュンと鳴った。

「来た」

腰を低くして、暴れるサカナをなんとかコントロールしなければならない。0・4の糸は切れないとは思うが用心に越したことはない。

「なんだ?」

近づいてきた岡ちゃんが笑いかけた。

「ヤマメだったら相当の大物だけど……」

やっとのことで浮いてきたサカナを流れに乗せて河原の方に誘導していった。白い斑点が背中に散っている灰色の太い魚体だった。

「イワナというよりこりゃあアメマスみたいだな」

メジャーで計ると35センチほどだ。

「オレの記録は破られなかったな」

「アホ、お前の蛇のようなイワナに比べたら倍ほどの大きさだろうが」

「いや、体長が全てだから」

無駄な論争をしながら、リリースしてやり、再び穴に仕掛けを入れた。鬼チョロは半分ほどが食いちぎられているだけなので、エサを替えずにそのまま投入したのだ。すると間髪を入れず竿が撓った。今度は30センチほどの尺ものが釣れてきた。鬼チョロ1匹で2尾の尺モノを上げることができた。やはり鬼チョロ恐るべしである。

結局、2つの穴で5尾もの尺を上げて、まだまだ明るいのに納竿することにした。釣れすぎて面白味に欠けるということもあるが、森の奥から誰かに見られているような気配がする不気味な渓相なのと目の前の巨大な堰堤が大地震か何かで崩れたら間違いなくお陀仏になってしまう場所なのも気に入らない原因なのかもしれない。

しかし、尺を釣りたい助平心の欲求を抑えられないときにはしばしば通ったものだが、2016年9月に岩手を襲った台風10号は甚大な被害を与えて、県内の河川の多くで崖崩れなどが起きてしまった。竜川の被害も甚大で、この堰堤も2019年の秋にも新しいモノを建設するために重機などが入っている。

新幹線の鉄橋下で尺モノ釣り

ポケットが沢山付いている釣り用ベストの胸に仕舞っている携帯電話が急に鳴りだして振動した。

「取材のほうは上手くいっていますか?」

慌てて耳に当てると、編集者からだった。

「うん。話を聞ける方がまだ帰ってこないので、それを待っている最中だよ」

「なんか電話が遠いようですが、聞こえますか？」

「あっ、そう。ちょっと待って」

目の前の渓流の流れの音が邪魔なのと渓流の音だと気づかれたら大変なので急いで私は岩陰にしゃがみ込んだ。

「聞こえるかい？　ページを開けて待っててくれよ」

「分かりました。大変でしょうが、頑張ってください」

「うん。ありがとう」

盛岡近郊で起きた事件の取材に来ていた私は電話を切りながら苦笑して「ゴメン」と呟《つぶや》いた。

まだ携帯電話の通じるエリアが狭かった時代のことである。当然のことながら森の奥の渓流に行ってしまえば携帯は通じなくなる。それを避けるためにはどうしたらいいのか。悪知恵に長けている私が考えたのはポケベル時代と同じで、高速道路脇は電波の通りがいいというものだった。それと同じで新幹線沿いでも電波が良好であるらしいことを知人から聞いていた。

盛岡から秋田に通じる国道46号線は仙岩《せんがん》トンネルを抜けると秋田県に入り、急勾配の下り坂の途中にはトンネルが続いてクネクネと曲がりながら下に通じている。熊があちこちに棲んでいるような深い森が重なりながら奥まで続き、遥か下には渓流の流れが少し見える場所もある。

この辺りは携帯電話がつながらないエリアなのだが、新幹線が岩手から秋田に向けてトンネルを潜ってきたあたりから携帯の電波表示がバリ3を示すことを発見してから私は頻繁に通うようになったのである。

国道の坂道を降り切って平地になると、右側に商店やラーメン店や集落が現れ始める。ここは田沢湖町の生保内《おぼない》という集落で、紅白歌合戦に幾度も出場している演歌歌手の藤あや子の出身地だ。

彼女は地元で美人が多いと有名な女子高の角館南高校を卒業後に民謡歌手として師匠の男性と秋田各地を回っていたが、暫くしてから歌手を目指して上京した。しかし、なかなか売れることができなかったが、大手プロダクションに事務所を変えて芸名も変えたのが功を奏したのか有名になってヒット曲を連発した。

彼女が事務所を変えたときには彼女の師匠のTさんに約1億円の移籍金が支払われたことが大きな話題を呼んで、私も取材のために何度も大曲市のTさんのところへ通ったものだ。もちろん取材は二の次で狙いは渓流での釣りだった。

「オラは高校時代の真奈美に民謡を教えていて、一緒に民謡酒場や大会に出ていたんだよ。四六時中一緒で同棲していたんだ」

真奈美というのは藤の本名である。藤より5歳ほど年上のTさんは小柄であるが、鼻筋が通って俳優にでもなれそうな端正な顔立ちをしている。しかし、1度口を開くと、訛りの強い秋田弁で機関銃のように喋りまくる。

「オラに喋られると困ることがあるだろうから事務所は口止め料として振り込んできたんだべ。いやあ見たこともない金額だった。真奈美さまさまだべな。だども、そんないいオナゴでもねえんだけどもなあ」

私はある程度北東北の言葉が分かるので、妙にウマがあってくだらないことを喋りながら笑い転げていた。Tさんは冗談ばかり言う明るすぎる性格で、事務所から貰ったお金で大曲市内でスナックを開店させたのだが、その店名がなんと「スキャンダル」であったから笑うしかなかった。

話が少し支流に逸れてしまった。新幹線が県境のトンネルを抜けて秋田側に入ると直ぐに車窓から見えてくるのが生保内川である。この川は玉川に合流した後『釣りキチ三平』の漫画でお馴染みの抱返り渓谷に流れていき、それから桧木内川と合流する。

私が初めて生保内川に行ったときにはもう秋田新幹線は開通していたが、生保内川の河川改修はまだ終わっていなかった。生保内川に架かる新幹線の短い鉄橋の下に大きなぶ厚いコンクリートの堰堤の工事が長々と続き、それが完成したのは10年ほど前のことだ。

変わった造りの堰堤で、高さが10メートル以上もありそうな長方形の積み木を3つ川に立てたような形をしており、2か所の間から青白い泡を立てながら勢いよく水が流れ込んでいるという川の流れを堰き止めない堰堤なのだ。どうやら貯水を目的にしている堰堤ではなくて上流から洪水時に流れ込む樹木を阻止しようとするような造りだった。

車を停めて堤防となっている高さ20メートルほどの急斜面は砂が落ちないように若い木々が植林されており、その木に体を預けながらゆっくりと降りていく。プールから出る流れは幾つかの筋に分かれて水深は膝程度でそれほど深くないが、急であり流れを見誤ると体ごともっていかれそうになる。

対岸の岩場の前に砂利の河原があり、そこに釣り道具を置いて仕掛けを用意するが、頭の上を轟音を響かせて秋田新幹線こまちが走る鉄橋があるのだ。車窓から乗客の顔まで見えるから向こう側からも私の姿は目撃されていることであろう。私を嫌っている会社関係者が乗っていないのを祈るしかないが、一瞬のことなので、余程の動体視力がなければ判別は難しいだろうと自分に言い聞かせて竿を振っていた。

小さな川には小さなサカナが、大きな川には大きなサカナが棲んでいるというのが私の持論であるから、目の前の巨大なプールには巨大なサカナが棲んでいると思うのは当然のことだ。

何度かここで釣りをして最高29センチクラスのイワナやヤマメを釣りあげているので、どうすれば釣れるのか大体分かっているつもりだった。堰堤の間から流れてくる勢いのよい本筋の流れの脇にそっと仕掛けを入れてやると本流に交わるように揉まれていく。そして円を描くように上流に戻る水の筋がある。勢いの強い流れが終わりそうになって上流に戻る地点にエサを待っているサカナがいるはずだ。信念を持って何度も仕掛けを流すが1度だけ糸を引く感触があっただけでその後の反応は全くない。

玉網を使って浅い場所で川虫を採る作業を始めた。しかし、川虫は小さなヒラタがいるだけで喉から手が出るほど欲しい鬼チョロの姿は見つからない。小指の爪ほどの小さなヒラタを2匹串刺しにしてハリに付けて流してみたが、ダメだった。それではと、堰堤脇の岩場に上がってテンカラで狙うもののこちらの反応もなかった。まあ、昨日は釣れたのに同じ場所でも次の日には釣れないということは珍しくないが、根拠はないけれども私はこの場所は必ず釣れるはずだと信じていた。

8月の終わりであるから昆虫類を渓流魚は捕食するはずだ。今度はさっき降りて来た急斜面の草地で昆虫採集をすることにした。レジ袋を手にして採ったのはバッタにコオロギ、そして赤トンボ、大きめのアリ、小さめのクモだった。それらを手にして次々にハリに刺してエサとしたのである。

30分ぐらいも試行錯誤をしただろうか。私が狙っていた強い流れが収まって円を描いて上流に筋が戻ろうとしている位置で竿がギュンと絞られた。尺上らしい重さと勢いのある引きに膝を折って竿を寝かせるようにしてコントロールしだした。

もし反対側に逃げられたら糸が切られてしまうので、なんとしてもこちら側の上流へ向かう流れに入れなければならない。最後は河原に上げるように水面を引っ張ってくればいいから糸が切れることは頭になかった。

「リーン、リーン」

間が悪いというか胸に入れている携帯電話が鳴り続けている。勿論それを無視しながら竿を躍らせていた。

「ガタガタガタ」

着信音が終わると急に頭上で大音響がした。今度は頭の上を新幹線が通っているのだ。新幹線の鉄橋の下で尺モノと格闘しているとはたとえ乗客から見えていても想像できないことだろう。

なんとかかんとか苦労してサカナを上流の流れに入れて河原に引き込んだ。背中が盛り上がった見事な体高のヤマメが口を開け閉めしながら横たわっている。

「もう少しの辛抱だからちょっと待っていてくれよ」

胸ポケットからメジャーを取り出して魚体に合わせた。32センチ。満足しながらヤマメをリリースするとあっという間に流れに入り込んで見えなくなってしまった。

「電話したろう?」

「うん、釣れたか?」

さっきの着信音は岡ちゃんからだったので、河原に腰かけて電話を掛けた。彼は別の仕事があったので来ることができないで悔しがっていたのである。

「ああ、さっき尺上を上げたばかりだよ。32センチのヤマメでさ、いやあ重くて大変だった」

「またまた。どこでやっているんだい?」

「生保内だよ」

「生保内かぁ〜」

悔しそうな声が漏れた。岡ちゃんも何度か生保内川で竿をだしていい目に遭っている経験がある。

「水量は多いのか?」

「うん多いけれど、それが釣れなくてさ。ミミズもブドウ虫も川虫もダメで、それでも粘って粘ってやっと釣り上げたんだ」

私はバッタ、コオロギ、赤トンボ、アリ、クモを使ったことを説明していった。

「さてどのエサに来たか分かるか?」

「バッタか?」

「ブブー」

「じゃあ、アリか?」

「残念でした。クモでした」

「クモかあ」

岡ちゃんが苦笑している声が聞こえる。実は同じようなことを2人は経験していたのだ。それはこの時から2年ほど前に遡る。北上山地を西から東に流れる川は何本もあるが、1番大きな川は宮古に流れ入る閉伊川で90キロ弱の長さがある。次に大きな川はそれよりも北にある岩泉町を流れて小本の港に注ぐ小本川である。この支流になるのが大川という文字通り大きな川で、他にも小川という支流もあるから比較して名付けられたのだろう。

大川は山深い北上山地を縫うように流れている渓流であるが、鉄道の駅はないし、バスの便もないので行く手段は車しかない。一応国道という名称の道沿いに川が流れているが、国道といってもすれ違えないような狭い区間が多く、待避する場所も少なく釣り人の姿を見ることは稀である。両側から樹木が覆いかぶさっている中を流れている区間が多くてしかも河原が少ないので竿をだすところが少ないのも人気がない理由なのかもしれない。

私は岡ちゃんと何度かこの大川を攻めたことがあるが、車を何度も停めては渓相を眺めてポイントを探る釣行だった。

「おい、アレを見ろ」

6月中旬に短い橋の上から樹木が淡い新緑のトンネルを作っている下の流れを見ていた私は流れの真ん中で大きなヤマメが上流から流れて来るエサを捕食しているのに気が付いた。

「わあ、でけえ。尺はあるなあ」

岡ちゃんも驚いた声を出した。

車に急いで戻って私は仕掛けを用意したがミミズをそっと流してもダメでブドウ虫を目先に落としても見向きもしない。岡ちゃんのテンカラ毛鉤にも少し近寄っただけだった。

「見えるサカナは釣れないって言うけど本当だな」

彼が感心したように呟いたのがおかしかった。

「いや、絶対に釣ってやるから。なにかエサはないか？」

目を皿のようにして探し出だそうとしたが、アリとテントウムシぐらいなものだ。そのアリも小さくてハリに2匹刺して流したがダメだった。目の下に微かに動いていた小指の爪ほどの灰色のクモがいたのでそれを手の甲で少し潰してからハリに刺した。

「今度はどうかな？」

そろそろとエサを下してやり、流れに乗せると、今まで見向きもしなかったヤマメが飛びついてきて水中に潜った。糸がキュンと鳴って竿が撓る。

橋から水面までは1・5メートルほどあり、0・4の糸では釣り上げることは難しいだろうが、河原もないので上げるしか方法は思いつかなかった。

「悪いけど、あそこの岩場で網を持っていてくれないか？」

腰に差している玉網を手渡しながら岩場に向けて顎をしゃくった。そこは水面より少し高い場所だが、やっと両足で立てるような不安定なスペースしかなかった。そこで、玉網を構えている岡ちゃんにヤマメを放り投げる作戦だった。

「いいかい」

崖を降りて小さな岩場に岡ちゃんがやっと立って、網を構えだした。

「ゆっくりな」

「分かった。いくぞ」

玉網目がけてイチかバチか放るとうまい具合に岡ちゃんがナイスキャッチした。

「31センチか。いやあ苦労したなあ」

「オレが獲ったんだから」

メジャーで計っていると、それを見ていた岡ちゃんがフフフッと笑った。

「お前、獲ったってキャッチしただけだろうが」

「いやいや、キミのアシストでボクがゴールを決めたということで。Jリーグでもそのようになっているから」

煮ても焼いても食えぬヤツなのである。

生保内の話に戻ろう。この堰堤の1キロほど下流にも巨大な堰堤がある。車が通れる道が堰堤の上の部分に沿っているので、堰堤に辿りつくのは簡単であるが、20メートルぐらい下に川が流れていて、どうしても下に行くことができない構造となっている。無理をすれば落下してお陀仏になってしまうような危険な場所である。どうしても竿をだしてみたい私はそれよりずっと下流の比較的入りやいところから川に入って上流を目指すことにした。水量は多く、油断をしていると体が流れそうな危険な場所で、流されてしまったらそのまま深みに嵌ってしまいそうだった。

一瞬私の頭に引き返せという指令が発信された。渓流釣りをしている方ならこの感覚というのは分かってくれると思う。なにか第六感のアンテナがそのように動くことがあるが、それとは真逆なこともある。

岩手県内にある川幅50メートルほどの川の中州に歩いて渡り、その向こう側の雑木林の下の深みを狙おうと考えた私は、ゴム長が一体化して胸までくるウエーダーを着こんで、中州を目指して川に入った。腰辺りまでの流れであるが、それほどきつい流れではないので伸ばした竿を片手に掴み鼻歌混じりで気楽な気分だった。ところが、である。中州まであと10メートルほどとなったときに足の踏ん張りが利かなくなってしまった。川底は玉砂利と砂なのだが、そこが掘れてしまって足が宙に浮いたと同時に体ごと横倒しになってしまったのだ。流れはきついとは思わなかったのにいざ流れに乗るとどんどん下流に流されて勢いを増していった。途中に岩が出ていれば打ち付けられてしまうが、記憶ではそのような障害物はないように感じていたので私は流されるままにすることにした。

慌てて泳げばウエーダーの胸から水が入ってくる恐れがある。仰向けになって、両手を広げて流れをコントロールできないかと腕を動かしていた。一応水が入らないように腰にはウエストポーチのベルトを締め付けているので、あまり心配はしていないが、入ってしまえば逆立ちしてしまって最悪、死につながるのだ。

命がかかっているというのに私は右手に掴んでいる6メートルの竿を離すこともしないで、竿が岩に当たらないように当たらないようにと頭を巡らしていた。

50メートルも流されただろうか。急な流れがやっと収まって、淵のような止水の端でやっと立ち上がったのである。ズブ濡れだったが、全く危険ではないと思うようなところでもこんな危ない目に遭うのが渓流釣りだ。

さて危ないと思っていた堰堤の脇までなんとか川岸の雑木を掴んで行ったが見上げるばかりの堰堤の大きさに圧倒されてしまった。それでもなんとか竿を用意して仕掛けを投げ入れようとしたが、滝のように落ちてくる水流が起こす風に吹かれてしまい、狙ったポイントに入れることができない。

顔中水滴で濡れてしまい、苦労して辿りついたのに成果は20センチにもいかないイワナが2尾釣れただけだった。まあ、明るいうちでの釣りだったという不利な条件もあったが、私の第六感がこの場所から離れるようにと警告を発していたから気もそぞろだったのが大きかったような気がする。

無理と思った場所には行かない竿をださない。渓流釣りには命を懸けない。これが私のモットーである。

名優・平幹二朗さんが密かに通った名湯

『かつてガンを患って現在は克服した平幹二朗《ひらみきじろう》さんが、毎年秋田の名湯で密かに湯治していることが分かった。今年は来週に来る予定』

「これは精度の高い情報ですか？」

私が出したプランを目にした担当編集者が訊いてきた。

「勿論、情報源から聞いています。ただ、ピンポイントの日付けは分かりませんけれど、この日から前後３日間ぐらいで行き、１週間ぐらい逗留するというんですが」

プランには６月半ばの日付を書き添えてあった。

「本当に撮れるんでしょうか？」

「そりゃあ、岩盤浴のところですから裸ではないから充分に大丈夫でしょう」

「行かれたことはあるんですか？」

「ええ、何度かありますから地の利はあると思いますよ」

今から20年以上も前のことだった。６月〇日ごろに俳優の平幹二朗さんが秋田の玉川温泉で湯治をするようだという情報が私に入ってきた。平さんといえば大河ドラマの主役をはじめとして舞台でも大活躍の名俳優として当時も知られていた存在だったが、この10年ほど前に自らがガンであることを公表して完治したとされていた時代のことである。

玉川温泉は奥羽山脈のど真ん中にある１軒宿だ。秋田と岩手の県境にあって交通の便が非常に悪い事で知られているし、ここの放射線が出る岩盤に横になって岩盤浴をすればガンが直る可能性があるということで有名な温泉である。宿泊予約は1年前から埋まっていて、なかなか泊まることができない宿であるが、平さんは毎年1週間ぐらいは湯治にきているというものだった。ただし、情報源は6月○日辺りとしか分かっていなかった。

「ダメもとで行ってもらえますか？　カメラマンは誰にします？」

「うん？　オレが撮るからカメラマンは要らないや。もし空振りだったらカメラマン分の出張費が勿体《もったい》ないからね」

「そうですか。では申し訳ありませんが、よろしくお願いします」

当時は岡ちゃんが渓流釣りに染まっていなかったので自分1人で現地に向かうのは事前に考えていたことだった。カメラマンを釣りに誘えばそれが編集部で話題になる可能性がある。

「あいつは出張にかこつけて釣りをしているんだ」

そのような噂、いや事実が広まったら宜《よろ》しくない。というか、

「釣りにかこつけて出張している」

というのが真実なのだが、ここはシークレットにしておかなければ痛い腹を探られることになるからもっぱら釣りが出来る出張は1人で、と決めていたのだ。今回も当然のことながら釣りが主であり、取材は従である。

岩手県と秋田県の境に背骨のように連なっているのが奥羽山脈であり、ここには数多くの温泉がある。雪深いところで、昭和の末までは冬から春まで冬季通行止めになっている個所が多かったし、今でもそのような道路がある。除雪機械の進歩によってそれはかなり改善してきているが、5月のGWの最中でも見上げるばかりの雪の回廊に驚いた思い出がある。秋田側の八幡平から北に向かう自動車道路ができたのはそれほど古いことではなく、昭和の高度成長時代

のことで、秋田県の鹿角市《かづの》まで抜けることができる。白樺やナラの林が続く原生林の中によくもまあ作ったものだと思うほどの道路で、無論民家などは点在していない。

その辺りにツキノワグマを飼っている熊牧場もできたが、ナラの木々や白樺が点在している深い森を見るだけで正しく熊が暮らしている地域であることは安易に想像できる。そこにあるのが玉川温泉で、40キロほど離れた湯瀬《ゆぜ》温泉街の湯瀬ホテルが所有しているが、なぜそのような人気を誇っているのか、徐々に説明をしていこう。

今では世間で知られている熱い岩の上で横になる岩盤浴というのは玉川温泉が発祥の地であることはあまり知られていないようだ。

ちなみに玉川温泉は昭和時代には古びたというか年代物の宿で、湯治客が月単位で宿泊するために自炊の設備もあった。現在は新館が建てられて新玉川温泉という宿も造られて秋田新幹線の田沢湖駅から玉川温泉行きのバスが通年で運行しているから凄いものである。冬季もここまでは田沢湖駅から路線バスが通じているのだ。

この温泉に来る客は温泉に入るのではなくて、ゴザや大きなタオルなどを手にして宿泊棟から3分ほど離れた岩場で横になるのが目的になっている。岩の下からジワジワと熱気が上がってくるので客たちは毛布やタオルケットなどで体をすっぽりと覆って熱を逃がさないようにして寝たり読書をしたりして時間を過ごす。これが岩盤浴と呼ばれるものだ。

この岩盤は北投石と呼ばれ、世界中に台湾と玉川温泉にしかないらしく、岩盤から出るラジウムの放射線がガンに効くということは古くから知られており、それを科学的に解明するために宿には秋田大学医学部の診療所が置かれている。交通の便が良くなかった時代には行ける人は限られている秘境であった。ところが高速道路が開通し、新幹線も開通すると日本全国からガンなどの難病に苦しむ人々が集まりだし、日本だけではなく世界中から宿泊を希望する客が殺到するようになった。それらの客には医者から見放された末期ガン患者も少なからず含まれており、和気藹々とした湯治場という空気ではなく、重苦しい雰囲気も漂わせている。

木造の小さな浴場もあって、そこで温泉に浸かっていたのは昭和50年代初期のころであったが、強酸性のお湯であり、かなり熱かった印象が残っている。現在では岩盤浴ができる場所に大きな円形のテントが設置されて、雨の日でも客は横になることができるが、当時はそのような設備もなかった。

玉川温泉の宿泊定員には限りがあるので、関連施設の湯瀬ホテルに宿泊して毎朝宿が運行しているマイクロバスで玉川温泉に通う客もいるし、他の宿から通う者もいる。また、玉川温泉近くの駐車場に車を停めて車中泊をしている客もいるほどだ。それだけ不治の病であるガンを治したいという方々が縋《すが》りたくなる温泉なのだろう。

申し訳ないが私は治療で行くのではなく、平さんの湯治を撮影できればそれでお役目御免で空いた時間を渓流釣りに使えるとほくそ笑みながら新幹線で盛岡の駅に降り立った。

「今度はどちらへ行くんですか？」

「奥羽山脈方向ですかね」

「釣れればいいですね。バッグは車の中に入れておきましたから」

「いつもすみません」

盛岡のレンタカー店には釣り道具やウエーダーが入っている大きなバッグを預けていたので所長がいつも気を利かせてくれる。釣り道具を持っていくのは荷物が多くなるので私は盛岡と金沢のレンタカー店に同じようなバッグを預けていた。

「それじゃあ、お借りします」

秋田県の玉川温泉の取材だが、玉川温泉は満員で泊まれないし、近郊の温泉ホテルは宿泊費が張るので私は盛岡のビジネスホテルを予約してそこを拠点にして通うことに決めていた。その途中の川で竿をだせるという計算も働いていたのは当然のことである。

盛岡から玉川温泉に行くルートは3つほどある。1つ目は盛岡から国道46号線で秋田県側に入り、田沢湖の脇を通って北に向かう。2つ目は盛岡から東北自動車道を北上して松尾インターで降りて八幡平脇のアスピーテラインを越えていくルート。そして3つ目が盛岡から東北道で鹿角八幡平インターで降りてから奥羽山脈の西側の道を南に向かうもので、どれも2時間近くかかることは分かっていた。

八幡平を越えるアスピーテラインのルートはかつては有料道路だったが現在は無料となり、眼下に広がる樹海の眺望が素晴らしく、いわゆる観光道路だ。玉川温泉の下見をするために盛岡の駅でレンタカーのハンドルを握った私は躊躇なく八幡平越えのルートを選んだ。晴れ渡った日差しを受けて森の中をドライブするのは楽しいものだが、アスピーテラインに入って上りの勾配が急になると隊列を組んだ観光バスが息を切らすようにノロノロと動いているので追い越すのに時間がかかることに気が付いた。

八幡平の頂上のレストハウスには多くの観光バスや乗用車が停まり、観光客が遊歩道に向かっている。それを下っていくと、左側に後生掛《ごしょうがけ》温泉が現れ、そして蒸ノ湯《ふけのゆ》温泉が見えてくると終点になり、そこを左折していくと玉川温泉に着く。

高校生のころ私は八幡平アスピーテラインの秋田側の終点の大沼というところにあったユースホステルに休みの度に顔を出してこの辺りを歩き回っていた。たしか大沼と小沼があって、水深が浅くてサカナは棲んでいなかったと記憶している。大沼の周りは白樺がぐるりと生えていて、散歩をするのに絶好の場所だった。

ユースホステルのペアレントと呼ばれる管理者はクロさんと記憶しているが、当時大学生だったか大学を休学していた若い細身の男性で、どうやらアルバイトの管理人だったようだ。

当時のユースホステルというのは消灯時間や起床時間が決められており、飲酒禁止やカップルでも男女別々に宿泊することなど規則が多くて息が詰まるような部分もあったが、それでも安い宿泊費で若者たちの貧乏旅行を支えていた。私はボーイスカウト出身だったので1人でテントを背負って山の中で野営をすることもあったし、そこで料理をすることも珍しくなかったので敢えてユースホステルに泊まらなくてもよかったのだが、何泊に1回はシャワーも使いたかったので屋根の下で寝ることにしていた。

クロさんの話が上手だったので私は彼や彼と同年配の常連客と会いたいために通っていたが、高校生の自分にとっては僅か3、4歳年上の者は大人に見えて憧れの対象であり、刺激もかなり受けたものだ。

4月末のGWにホステルはまだ開業していなかったが、各地から常連が顔を出して各自が食材を持参して料理は自炊して宿泊費も取られなかったのでまるで別荘のようなものだった。当然のことながら消灯時間も関係なく、飲酒も許されていて大学生の若い男女が入り混じって毎晩宴会が開かれていたから愉快だった。

当時の私は律儀に法律を守る性格だったようで、全く酒を呑むことはなかったし、喉がそれほどよくないのでタバコなぞ絶対に手を出したこともなかった。それが今ではうわばみの如く大酒を食らっているし、25歳からは少々事情があってタバコも離せなくなってしまったのだからアホとしか言いようがない。まあ、お酒は百薬の長と呼ばれるくらいだからハメを外さなければ人生を豊かにしてくれると古来からの方々は言うが、釣りもそのぐらい人生を豊かにしてくれるものだと思っている。

「お風呂に行かないか」

夕食が済んで常連の大学生に誘われた。私は湯船に入るのが好きではなく、もっぱらシャワーだけで充分というカラスの行水タイプである。特に熱い湯は苦手で、ぬるめのお湯にゆっくりと浸かることは好きなので、群馬の法師《ほうし》温泉などには何度も通っている。法師といえば80年代に加山雄三さんの父親の俳優の上原謙さんと高峰三枝子さんが出演した国鉄のフルムーンのTVCMで有名になり、その影響で大幅に客が増えたらしい。4つある湯船に丸太が渡してあり、肩までの深さの湯がぬるくていくらでも入っていられそうな絶妙な温度で、私は丸1時間も湯の中にいたこともあるが、後頭部を丸太に乗せて湯に浸かっていると「極楽、極楽」という言葉がつい口からでるような、そんな感じである。湯の底には手のひらほどの丸い石が敷き詰められており、その間から湯がコンコンと湧いている。

私は脂性なので中学時代から必ず朝にシャワーを浴びるのが習慣になっており、それは朝シャンなる言葉ができるずっと前からだった。ホステルの風呂はまだ準備されていなかったので温泉に行くしかない。

「行きましょうか」

懐中電灯を手に外に出ると眠りについた漆黒の森を月明かりが照らし、木々が水墨画のようにぼんやりと浮かんでいた。この辺りにも民家はないのでアスピーテラインを通る車は滅多になく、風にそよぐ枝の音しか聞こえてこない。月と満天の星空の明かりを楽しみながらアスファルトのアスピーテライン沿いに上って20分ぐらいいくと蒸ノ湯という温泉がある。蒸ノ湯という名称は、蒸気が地中から吹き上がってくることから名付けられており、かつてはトルコ風呂のように木製の囲いの中に身体を入れて蒸気で身体を蒸すスチームバスのような使い方がされていたようだが、私が通っていた時代には廃れたのか使われていなかった。

温泉ブーム以前の時代のことで、今にも崩れそうな古い木造の建物で入浴代を支払って入ると薄暗い浴場は蒸気が凄くて人影が薄ぼんやりとしか見えない。すると、目の前の浴槽などにおばあちゃんたちがいるのが分かってドキリとした。そう、ここは混浴だったのだ。家族連れや農家のおばあちゃんたちが薄暗い湯屋で秋田訛りで楽しそうにお喋りをしている。

「おにいちゃん、%&$##」

豊かな胸をさらけ出しているおばあちゃんたちが私に声を掛けてくれているのは理解できたが、何を言っているのかさっぱり分からない。しかし、抑揚があってリズム感のある秋田弁は異国の言葉と思えば実に耳に心地いいものだ。未だに私は秋田弁も津軽弁も喋れないが、単語で分かる部分もあるので、なんとか理解できることもある。

裸のおばあちゃんの豊かな胸といってもそれは引力の法則によってかなり下方に引っ張られ、その下の2段か3段になっているぷよぷよのお腹と合体しているので、それを見ても若い時分の私の身体に何の変化も起きないのは幸いなことだった。これで若い女性の登場となれば面白い展開になるのだろうが、そんなことが起きるはずもなかった思い出が浮かんできた。

そこから車で20～30分ほどで玉川温泉に着く。久しぶりの玉川温泉は多くの客で賑わいまるで観光地となり、関東や関西などの他県ナンバーの車が駐車場に停められている。駐車場もかなり拡大されており、第1から第3までできていたのには驚くとともに殆ど満杯であるから人気のほどが分かろうというものだ。

岩盤浴ができる敷地は国有地であるから入湯料を取られることもなく、誰でも自由に横になれる。広さはサッカー場ほどもあり、客がそこここで横になっているのを確認しながら歩き回ってみたが目的の人を見つけることはできなかった。宿泊棟に行ってみても見つけることもできず、これは簡単ではないぞと心配になってきた。サクサクと写真を撮って、空いた時間に釣りをしようとしていたのだが、写真を押さえないことには安心して釣りをすることもできない。

結局この日は下見であると自分に言い聞かせて、午後4時近くには撤収することに決めた。盛岡への帰りは鹿角八幡平インター方向に車を走らせてインターには向かわずに右折して湯瀬温泉街の建物を横目に車を盛岡方向に走らせた。湯瀬温泉街の横を流れる渓谷は米代川《よねしろ》の本流であり、いい流れが続いているのが見える。そこから20分ほど渓流沿いの国道を走り、山の斜面に見える発電所の吹き出し口の前にある原っぱに車を停めた。周りには猫の額ほどの田んぼがあるが、人影は全くなくて貸し切り状態だった。

川底が砂利で川幅が30メートル以上もある上流側の太い流れは取水口に入っていき、そして吹き出し口からは勢いのよい流れが噴き出ているが、それほど太くもない流れで水深もそれほどなさそうだった。そこのところどころに岩が点在してその間を水が流れていく。

後部座席に積んであったバッグからウエーダーをだして履き、まずはテンカラロッドと延べ竿を釣り用ザックに入れて、砂利が盛り上がっている中州に腰を下ろして仕掛けを作り出した。車から降りて3分もかからない便利な場所であるから河原にはミミズが入っていた空き箱やコーヒーの空き缶も転がっていて、釣り人が来ていることが分かるが、マナーは守って欲しいものだとため息が出る。

流れの音を耳にし、この流れのどこにサカナが潜んでいるのかを想像しながら仕掛けを作るのは無常の喜びである。テンカラは毛鈎であるからエサを付ける手間は要らないが毛鈎がフィットしなければなかなか釣れることはない。それでも手のひらより少し小さめのヤマメが釣れてきたので一安心しながらリリースをしてやった。しかし、平さんの写真の担保が取れていないことが頭の片隅に残っているので心の底からの喜びというのはなく、やはり仕事の心配があるようでは楽しめないのだ。

もう少し釣りたいと思ったが、明日もあることだからと自分に言い聞かせて国道を安代インターまで走り、そこから東北道に乗って盛岡の町に戻った。

翌日は気合を入れる意味で朝6時にホテルを出発して東北道を北上して鹿角八幡平インターで降りるルートを選んで車を走らせた。どうやら玉川温泉に行くには多少遠回りでもこのルートが早いようだ。薄い雲が低く降りてきて今にも雨が降りそうな眠たくなるような天気だが雨が降れば岩盤浴はしないはずだから撮影することができなくなる。

「頼むから雨だけは降らないでくれ」

心の中で祈りながらハンドルを握り、玉川温泉に到着すると朝食が終わったころなのか客たちがぞろぞろと遊歩道を辿って岩盤浴の場所に歩いているが、目当ての人は相変わらず発見できない。宿の玄関脇の庇《ひさし》の下の長椅子に腰かけて湯治客の様子を眺めていると１００メートルほど離れた宿の脇を流れる渓流沿いの遊歩道をウオーキングする半袖のTシャツに半ズボン姿の２人の男性に目が留まった。１人は細身で30代、もう1人は50代ぐらいだろうか、まるで競歩をしているかのようなかなり早い足取りだが、キャップを被っている背の高い姿勢の良い大柄な男性がなんとなく平さんに似ている。

瞬間にキュンと心臓が締め付けられるように感じたが、写真の狙いは岩盤浴をしている平さんなのだから撮ってもしょうがないと自分に言い聞かせてスルーすることにして、遊歩道を歩いてみたが再び彼らの姿を発見することはできなかった。この遊歩道から見える渓流は緑の枝の下の大きな岩の間を流れており、渓相が良くて反射的に竿をだしたくなるほどだ。しかし残念ながらここを流れているのは玉川から流れ出た温泉水で、日本屈指の強酸性であるから1尾のサカナのも生息していないのを知っているので諦めた。ちなみにこの流れは20キロほど続いたあとで盛岡と秋田を結ぶ国道46号線脇の生保内発電所に流れてくる前に中和されて下流に流れていき、桧木内川へと合流する。この発電所から流れ出る水は相当な量で川幅も優に50メートルほどの太い勢いのある流れとなっているがまるで水に青インクをたらしたように青白く光って見える。コバルト色とでも形容できそうで水深も2メートル以上もありそうだが、底まで透き通り川底に手が届きそうだ。

名曲『美しく青きドナウ』は想像するにこんな流れのことを指すのではないかと思うほどの美しさである。しかし、オーストリアやハンガリーの首都ブダペシュトを流れているドナウ川は茶色の濁った流れであるから到底「青きドナウ」からはかけ離れている。私は若い頃にブダペシュト中心部を流れているドナウ川の近くに住んでいたが、釣り好きの私でもこの場所で竿をだしたこともだす気にもなれなかったほど濁っている。釣り人はいないことはないが、鯉を置き竿で狙っている数人の老人程度だ。

行ったことはないので想像だが、もしかすると南ドイツのドナウ川源流部分は「青く」なっているのかもしれない。

サカナがいないはずの玉川であるが、生保内までにある支流にはサカナが生息しているらしく、そこで釣ったという方から話を聞いたことがある。しかし、深い森を流れている支流は正にその辺りから「こんにちは、いらっしゃいませ」と言いながら熊さんが出てきそうな雰囲気のところだけなので私は1度も竿をだしたことはないし、これからも狙うことはないだろう。それほど森が深いのだ。

遊歩道の探索は諦めて宿舎の入り口付近に再び腰かけて平さんらしき人物が帰ってくるのを読書をしながらのんびりと待っていた。しかし、1時間経っても姿を見つけることができない。アレ？　と不審に思って宿の建物を丁寧に見て回ると新館にも旧館にも裏口があることが分かり、そこから出入りしていればチェックができないと判明した。

自分1人しかいないのであっちもこっちもチェックすることはできないのだから確率の高いところで張り込むことにして岩盤浴ができる場所に行くための遊歩道が見える小高い斜面に腰をおろしてそこから眺めることにした。昼飯時なのだが、近所にコンビニや食堂は1軒もなく、宿の売店を利用するしかないが、おいしくないものを食べるのは嫌という性格なのでここは我慢して身体を横にしながら張り込みを続けることにした。車の中とか喫茶店やホテルの張り込みは珍しくはないが、横になっての張り込みというのはなかなか珍しくて非常に楽チンであるけれども、来てくれなければ撮影できないのがもどかしい。

するとと昼過ぎに午前中に見た半袖半ズボンの2人の男がバスタオルや荷物を片手にやってくるのが見えた。自分の荷物の中に入れていた小型の双眼鏡をタオルで包んで確かめるとやはり平さんでまちがいなさそうだ。後はいいカットを撮れば出来上がりであるが、焦ってはいけない。来るときに慌てて撮ろうとして相手に気づかれ逃げられるケースは山ほどある。新米カメラマンは往々にしてこれで失敗するのだ。例えばあるレストランで密会するカップルを撮影する場合にはレストランに入るところではカメラを構えなくてもいい。どうせ後ろ向きなのだから、写真を撮ったとしても使われることはないので気付かれる危険を冒す必要はないからだ。カップルがレストランに泊まるわけはなく、食事が終われば必ず前向きで出てくるのだからそれを狙うのがプロの仕事である。

平さんたちが腰を落ち着けたのは私の場所よりも30メートルほど下の岩場であった。斜面になっていて私の方が上の位置なので撮影は難しくない。白い煙のような蒸気が噴出している岩場をバックに入れて、タオルに包んだ70-200ミリの望遠ズームレンズを付けたカメラで岩盤浴の準備をしている平さんを押さえた。横顔のためにハッキリとは写っていないのが難点だが、まずはひと安心。そのまま顔までタオルをすっぽりと被った平さんは動くことなくどうやら寝てしまったようだったので重いカメラを脇に置いて私も横になることにした。カメラの裏のモニターでさっき写した写真をチェックできるので便利だ。

しかし、この数10年のカメラの機能の変化というのは目を瞠《みは》るものがあり、フィルムが無くなってチップに代わったのは大革命であろう。古くは現像のプロと呼ばれる職人のような先輩がいて、うるさく現像を指導され「カメラマンというのは撮るだけでなく焼くのができて一人前だ」といわれていた時代があった。酸っぱい臭いが充満する現像室に閉じこもってひたすら現像をしていたが、カラー写真を使うようになってからはそんな作業も職人気質も不必要になってしまった。

「デジタルはダメだよ。写真が生きていない」

一部の職人気質の先輩からはそのような声が漏れていて、モノクロフィルムで撮った写真こそ写真であるという論調が幅を利かせていたこともある。芸術的な写真ならそうかもしれないが、報道の写真を撮っている私からすれば便利な方を重宝するのは当然のことだ。

暗室の冷蔵庫に仕舞ってあるＡＳＡ１６００というプロ仕様のカラーフイルムを何10本も持って出張するだけで荷物になってしまったが今はそれがチップだけでいいし、写真もパソコンで瞬時に送ることができるようになった。野球の試合の取材だと既製の36枚撮りフィイルムが何10本も必要になるので暗室で自分でロールに巻いて70枚撮りフィルムを作っていたこともあった。またフィルムを東京に送るために航空便や新幹線便を使うこともしばしばあった。

急ぐあまりにスピード違反で捕まった経験のある仲間は少なからずいたものだが、そんな必要がなくなったということは素晴らしいことである。

しかし、まだまだ改良できていないのがカメラの重量であろう。とにかく重いのだ。出張する場合には一般的にボディを2台、交換レンズを3、4本入れるがそれだけでバッグは5キロ以上の重さになってしまう。フィルム分の容量が要らなくなったぶんスペースに余裕があるが、一脚や三脚も必要となれば荷物は途方もないことになる。

これと似ているが、かつてテレビカメラというのは肩に担ぐのが主流であり、1台200～300万円というのは当たり前のことで、なかには1000万円もするカメラもあった。しかし、現在では片手で扱えるハンディカメラでも画質はかつてのものとそん色がないどころか現場で活躍しているのはデジタルハンディカメラが多い。

「肩にカメラを載せているカメラを使えば素人さんたちが避けてくれるからね。本当はハンディでもいいんだ」

テレビのカメラマンが本音を漏らすのを何度か耳にしたことがある。スマホ全盛時代であるが動画の画質はイマイチであるけれども、静止画だと1眼レフにそん色のない機能を持ったものも販売されているので、近い将来には動画もハンディカメラぐらいの機能を持ったものも出てくるのではないだろうか。

平さんは大きなタオルをすっぽり被ったまま動かないので寝ているのだろうが、監視している私は寝ることはできなので退屈な時間が流れていく。幸いなことに直射日光は雲で遮《さえぎ》られているのでタオルを被ってその隙間から平さんの様子を眺めていた。

この調子だと夕方まで寝そうなので今日釣りをするのは無理だろうなあ、と考えていると手に冷たい触感が伝わってきた。眠ったような空がシクシクと泣きだしたのだ。もっともっと泣け！　私の心の叫びが伝わったようで時折ポツポツと大きな雨粒も落ちてきた。すると岩盤浴をしていた客たちが慌てて起き上がって荷物を片づけ始めだした。平さんも起き上がった。チャンスとばかりにタオルで包んだカメラで狙うと平さんは近くで岩盤浴をしていた老人に声を掛けられたようで笑顔で挨拶を交わしている。

平さんたちが宿舎へ戻ったのを見届けて、私は小走りで駐車場に急いだ。これで心置きなく釣りができる。具合のいいことに鹿角八幡平インターに着くころには雨脚が弱まった。急いで日釣り券を購入してインターからそう遠くない川を往ったり来たりして様子を探った。

米代川と十和田湖方面から流れて来る大湯川の合流地点あたりにいいポイントを見つけてそろそろと河原に降りていくと渓相云々まではいかないが、太く深い流れがとうとうと流れている私好みの場所だった。長い竿を使って太い流れを攻めるのは嫌いではなく、大きな流れに大物は潜んでいるというのは私の頭にいつもある。

川虫を採れるような河原もなく、時間も勿体ないのでミミズをエサにした。岸からかなり深そうで、向こうにコンクリートの橋梁《きょうりょう》の跡あり、そこを狙いたいのだが手前にはボサが生えていてそう簡単にキャストできそうにない。しかし、引っかかるのを気にしていては釣りはできない。引っかかるような面倒くさい場所を釣り人たちは敬遠することが多いので逆に狙い目になる。

長竿を横に振ってボサを回避してポイントの橋梁の脇の少し上流側に落とすとゆっくりと橙色の目印が流れ出した。それが少し止まってククッという竿先に伝わる反応で手首を返した。キュンと糸鳴りがしたので少々慌てたが、上がってきたのはパーマークも鮮やかな23センチほどのヤマメであった。リリースしてそれから数尾上げたが大物はかからなかったものの満足して納竿し、車に戻ってから編集部の担当に電話をかけた。

「撮ったよ」

あやうく「と」を「つ」と言い間違えそうになった。危ない、危ない、油断は禁物である。

「本当ですか？　どんな写真ですか？」

担当編集の声に喜びの色が重なった。

「岩盤浴をしているカットだ。うん。多分大丈夫だと思う」

「そうですか。ではインタビューをしてもらえませんか？」

「……分かった。明日やってみるから」

アポなしの直撃インタビューというのはなかなか難しいもので、直撃したとしても大物俳優や歌手の場合には事務所を通せとかアポイントを取らなければ答えないことも少なくない。現在のように芸能事務所の管理が厳しくなると勝手に答えれば事務所からのペナルティーが待っているので、

「何も答えられません、事務所を通して下さい」

というケースが多い。

今回の場合はかつて平さんが公表していたガンが現在ではどのようになっているのかとか、

玉川温泉を選んだ理由について聞かなければならないのだが、完全に無視されることもあるだろうし、怒られることもあるだろうから最悪の場合を想定しなければならないので少し気が重かった。

翌日も6時にはホテルを出て朝からシトシトと小雨が降っている道を玉川温泉に向かうと玄関の辺りに客が溢れてなにやら騒然としているではないか。

「どうしたんですか?」

玄関にいた初老の小柄な痩せた男性に声を掛けた。

「どうもこうもないよ。宿泊客に食中毒が出て宿が閉鎖だって。俺たちは出て行かなければならないみたいだし、朝に呆れて帰った客もいたよ。もう直ぐ宿の説明が大広間であるみたいだけど」

「はあ?」

こりゃあ大変なことになったと青ざめた。もしかすると平さんはもういないかもしれない。私は宿泊客ではない門外漢ではあるが、大広間に集まった宿泊客への説明会に顔をだしてみた。支配人クラスらしき背広の中年男性が広間に集まった大勢のお客の前で頭を下げている。

「申し訳ありません。今朝ご説明したように保健所から3日間の営業停止命令がでていますので宿泊はできません。それでご希望の方には湯瀬ホテルを用意いたしました。勿論料金は要りません。そこからここまで朝夕マイクロバスで送迎をします」

客たちのざわめきが広がったが、誰もがそれに従うしかないので大混乱とまではいかなかった。

宿の宿泊料を比較すれば湯瀬ホテルの方が遥かに高額であろうが、玉川温泉は治療のためという特殊な温泉であるからできるだけ岩盤浴をする時間が欲しいという客がほとんどなのでそれでも納得ができないという空気感が大広間に漂っていた。

説明会が開かれた大広間には平さんの姿はなかった。もしかして東京に帰ってしまったのだろうか？　そうなるとここでのインビューは不可能だ。さてと、どうしようかと思いながら混雑している玄関を抜け出て前日に腰をおろしていた軒下のベンチに腰かけてボーッとしていた。小雨は銀色の筋となって降り続いている。

平さんが帰ったのかどうかフロントで問い合わせても教えてくれる保証もなく、こうなったら諦めて引き上げようかとも考えながら玄関近くに数台停まっていたマイクロバスを眺めていた。どうやら宿泊客を湯瀬温泉に運ぶために駐車しているようで、既に客たちが乗り込んで出発を待っているようだ。そこに何気なく目をやって驚いた。なんと半袖Tシャツの平さんが腰かけていたからだ。反射的に体が動いて私は小走りにマイクロバスに近づいて平さんの席の窓を叩いた。すると何事かと思ったのか彼が窓をスライドさせてくれた。

「東京から来たんですが、ウチのカメラマンが昨日ここに遊びにきていて平さんが岩盤浴をしている写真を撮ったといいまして、確認するために私がきたんです。お話を伺えませんか？」

名刺を手渡しながらお辞儀をした。

「そうでしたか。いやあ、食中毒があってここにはいられないので、今から湯瀬温泉に行きますので、午後にそちらであればお話しできますが」

例の低い渋い声で平さんが微笑んだ。

「分かりました。では何時ごろが宜しいですか？」

「そうですね、午後2時ごろでいかがですか？」

マイクロバスが見えなくなるまでお辞儀をしながら内心ホッとし、鹿角のインター近くで昼食を取って湯瀬温泉街へ向かった。

湯瀬ホテルはホテル内にボーリング場があるほど大きくて湯瀬温泉街を代表するホテルである（現在はボーリング場はない）。約束通りの午後2時前にフロントで平さんに連絡を取ってもらい奥のコーヒーショップで待つことになった。チェックアウト時間も過ぎてチェックイン時間にもまだ間があるので宿泊客もおらず閑散としたフロントやコーヒーショップにも客はいない。

米代川の渓谷沿いにホテルはあり、3階のコーヒーショップの眼下には雨に煙る渓流が見え、川から水を引き込んでいるだろう庭の池には黒い大きなサカナが悠々と泳いでいる。まさか、と思ったがコーヒーを運んできた若いウエートレスに訊いた。

「あのサカナは何ですか？」

「はあ？　何ですかね」

コーヒーを運んできた若いウエートレスは笑みを浮かべながら言葉を濁して奥に引っ込んでいった。

「ああ、あれはイワナですよ」

少しして奥から黒いチョッキ姿の40代らしき男性がやってきた。わざわざウエートレスが訊きにいってくれたのだろう。

「へえ、イワナですか。随分と大きいですね」

目測で50センチもあろうかという大イワナである。

「先代のオーナーが飼っていたんです」

「あなたは釣りはしないんですか？」

「しませんよ」

薄ら笑いを浮かべて踵《きびす》を返した。あのイワナを釣ることはできないのに、どうやったらアレを釣れるだろうと反射的に思ったのだからやはり釣りバカである。

「お待たせして申し訳ありません」

振り向くとなんと平さんがホテルの名前が入った白っぽい浴衣姿で微笑んでいるではないか。

挨拶を交わした後で本題に入った。

「失礼ですがかつて公表したガンは大丈夫なんですか？」

「ええ、ボクのガンは10年ほど前のことでして完治したとお医者さまから言われておりましてね。だけど年中舞台とかが忙しくてそれで休養を取るために玉川温泉を選んで毎年この時期に来ているんですよ。岩盤浴をしたり森の中をウオーキングすると体調が良くなるように感じます」

「今回も1週間ほど滞在予定だったんですか？」

「そう。一昨日の夜に入ったんです」

「そうだったんですか」

私が下見に行った時にはまだ平さんは到着していなかったことになるわけだが、そんなことはおくびにも出さなかった。

「それで昨日私が岩盤浴したのをお宅のカメラマンが見つけたというワケじゃないですか。やはりカメラマンというのは随分目がいいんですね」

「ええ、目だけはいいんですが頭脳がそれに追いつかないヤツなんです」

「へへへっ」

平さんは機嫌がいいようで会話が弾むようになった。

「それにしても食中毒とはねえ。驚きましたよ」

何がそんなにおかしいのか、クククッと喉を鳴らしながら平さんが笑った。

「俳優の山本學さんって知っていますか?」

「ええ、もちろん」

俳優座で平さんの3歳ほど後輩の山本學さんは3兄弟共に俳優なのでも有名だ。

「実はね、學さんとご家族が今日来ることになっていたんですが、宿が閉鎖となって急遽《きゅうきょ》キャンセルすることになったんです。宿に着いていたからボクは挨拶にいきましたけど1年前にやっと宿の予約ができたからって喜んでスケジュールをやりくりして来たのにすっかりしょげてしまって。そりゃあ可哀想でしたけど、笑っちゃいますよね」

手を叩いて愉快そうに笑う。

「ボクも驚きましたよ。朝宿の玄関で大騒ぎでしたもの」

「まあ、しょうがないですよね」

コーヒーカップを手にした平さんは淡々としたものだ。

「ウオーキングがお好きなんですか?」

「好きというわけでもないんですが、身体が資本の仕事ですから足腰を鍛えるのにいいかなと思いましてね。ゴルフはしませんから自然の中を歩くのはストレス解消になるような気がします」

「でも飽きないですか？」

「飽きる？　まあ、そんなときもありますよね」

「ボクも同じように自然の中にいるのは好きですけれど、そこに竿があればもっと楽しくなりますよ」

「竿って釣りですか？」

「そうです。渓流釣りだったら飽きないで運動もできるしサカナを釣るという喜びも味わえますから」

「難しいんでしょ」

「いえ、そんなことはありませんよ。楽しいですから」

私は平さんに渓流釣りの楽しさをとうとうと述べていった。まるで釣り具屋かメーカーの回し者のように熱っぽく語っていくと、平さんの身体も前のめりになってきた。

「うん、うん。へえ、そうですか」

頷いてくれて小1時間も会話が続いた。ふと窓を見るとどうやら雨が上がったようだし、夕方が近くなってそろそろ釣りの時間がやってくる。

「長い間ありがとうございました。もう帰りますので」

「いやあ、楽しかったですよ。ありがとう」

平さんが手を差し出してくれたので両手でしっかりと握った。

「すみませんが写真を1枚いいですか?」

「こんな格好でいいの?」

「構いません。浴衣姿も風情があるじゃあないですか」

椅子に腰かけて笑顔の平さんにレンズを向けた。大俳優であるのに少しも偉ぶらなくて私にも敬語で接してくれた平さんにすっかり魅了されてしまい清清しい気分でホテルを出た。

向かったのは例の発電所の吹き出し口である。一昨日は平さんを見つけることができなかったので腰を落ち着けて釣ることができなかったが、案件が全部解消されたので釣りに専念できる。昨日から降っていた雨のためか川は笹濁りでいくらか増水していた。上流から落ち葉に混じって川虫が流れてきているはずだからこうなればエサ釣りである。

ウエーダーに着替えて雨避けのアノラックを着こみフードをすっぽりと被った。そして腰に挟んだタモを使って川虫を採りだすとラッキーなことにクロカワ虫に混じってケラのように手足を動かしている鬼チョロが採れた。鬼チョロを使えば鬼に金棒というくらい釣果が上がるし、エサ持ちがいいので重宝する。

当時ハリスは0・2も使っていたが、大物に切られるのがイヤなので0・4を使うようになっていた。0・1の鮎用のハリスも使ったことがあるが、高価な割に反して釣果にそれほど差があるとは思えない。大事なのはポイントとエサであろう。

狙っていたのは渓流の真ん中にドンと横たわっている緑の苔を上に乗せている巨岩の周りである。巨岩の下に大物は潜み、流れてくるエサをジッと待っているものだ。オモリのサイズを上げて少し重くし、ゆっくりと流す。巨岩の向こう側は深い流れとなっているので、岩の上流手前に仕掛けを落とし、向こう側をゆっくり流してやるとキュンと糸が鳴ってググッと竿先が引き込まれた。岩の手前になんとか獲物を持ってこなければならないので一旦下流に誘導し、そこから河原に上げる心積もりだった。腰に差したタモを手にして手元に引いてくるが、獲物は激しく抵抗して何度も竿先が水面に持っていかれる。切られる心配はないと思うが、糸を緩めて逃げられた経験もあるので油断は禁物である。

そうこうしている間に獲物はタモに入った。急いで胸ポケットからメジャーを取り出してパーマークの薄い肌色に近い幅広ヤマメに当てると29・5センチの尺弱、いわゆる泣き尺ヤマメで、口をパクパクしながら河原で横たわっている。

「ありがとうなあ」

そう呟いてそっとリリースしてやり、もう一度巨岩の裏側を流してやるとさっきと同じようなポイントで穂先の感触が伝わってきた。さっきのサカナと兄弟ではないかと思うほど肌色の薄いパーマークのヤマメだった。メジャーを当てると今度も29・5センチの泣き尺であるので苦笑するしかなかった。私は泣き尺ヤマメを釣ることが非常に多くて僅か0・5センチの壁が高くそびえ立っているような気さえするが、それは贅沢というもので幅広であるから満足すべきであろう。

翌日も朝から十和田インターまで出かけて、そこから安代インターまでの間の気になっていたポイントを1日中攻めていた。もう仕事は終わっているが、編集部にはまだ平さんのインタビューが取れないと報告していたのだ。昨夜は編集部とこんなやり取りがあった。

「いい写真が撮れたんですから、なんとかインタビューをお願いしますよ」

「う〜ん。ベストは尽くしてみるけど1人でやっているんだから」

「そりゃあ大変なのは分かっていますから、そんな弱気にならないでお願いします」

「分かりました。頑張ってみます」

翌日は1日中渓流で楽しむことができたが、狙っていたポイント、ポイントで釣れてきたのはハヤばかり。こんなはずではないのにと思っても、ハヤの攻撃の前に戦意が喪失してしまったのであるが満足して東京の喧騒《けんそう》に戻っていった。


それから3年ほど経った冬の京都で私は四条の南座近くの路上である芸能人を直撃するために立ち張りしていた。師走で人通りの多い夜9時過ぎに信号待ちをしている横断歩道前に上下白っぽい着物のような不思議な服を着た背が高くて姿勢の良い男性を見つけた。

「あれっ、平さんじゃないですか」

咄嗟に歩み寄ると平さんが不審そうに私の顔をじっと見て歩を止めた。

「玉川温泉ではお世話になりました」

「ああ、懐かしいですね。その節はこちらこそお世話になって」

微笑みが浮かんだ。

「どうしたんです、お仕事ですか？」

「まあ、そんなところですが、平さんは？」

「ちょっと劇がありましてね」

「そうですか。ところで釣りはしていませんか?」

「それがねえ。折角勧められましたけどやっていないんですよ」

苦笑して世間話を少しした後で握手をして別れた思い出がある。ところが縁というのは不思議なもので、今度はその2年ぐらい後で東京の六本木の交差点近くで芸能人の立ち張りをしているとまたもや平さんと遭遇することになった。

「奇遇ですねぇ～」

平さんも驚いたように目を丸くしたが、2016年10月に平さんは突然自宅で亡くなってしまった。享年82歳。このとき私が玉川温泉で撮った岩盤浴をしている平さんの写真が週刊誌に掲載され追悼記事も載せてもらった。

私が渓流釣りをしていなければ会うことのなかった方であろう。

『あまちゃん』狙いで
本命は
『やまめちゃん』

「『あまちゃん』を見ていますか?」

「なんだい、それ?」

「知らないんですか、NHKの朝の連ドラですよ」

「それほどヒマじゃないから。朝はラジオしか聴かないんでね」

「そんなこと言わずに。騙《だま》されたと思って1度見て下さいよ。三陸の海女さんの物語でメッチャ面白いんです」

「三陸の海女?」

随分年下の編集者Kクンが『あまちゃん』のことをベタ褒めしていたのは2013年6月ごろのことであった。

「あの辺りでは驚いたときに『じぇじぇじぇ』って言うんですってね」

「はあ? そんなことは言わないけれど……。滅茶苦茶だなあ」

この年の4月から放送されはじめたNHKの朝の連ドラが人気で視聴率も上がっているというのである。連ドラなんぞに全く興味がなかった私だったが、そこでピンときたのは岩手県久慈市小袖《こそで》の北限の海女をモデルにしているドラマじゃないか、ということだった。

この番組が放送される数年前の6月に私は北限の海女のニューフェースに若いべっぴんさんが加わったことを耳にしていた。

「べっぴんさんですよ。是非とも取材に来てください」

盛岡の知人から電話を貰ったのが発端だった。時期は6月で、渓流釣りに最高のシーズンだ。これは絶好のチャンスと考えたのは当然のことであり、早速プランを提出したがなかなかOK

サインはでない。

　もうひとつのネタを提出し、柔道でいう合わせて1本的なワザを繰り出し、なんとかＯＫを貰って東北新幹線に意気揚々と乗り込んで盛岡へと向かったのだが、隣の席で口を半開きにして寝ていたのはこれまた当然の岡ちゃんである。馴染みのレンタカー店には私の釣り道具が入った大型バッグを1年中預けているので、それをピックアップした。

「今回はどちらに行きますか？」

　短い髪の店長が釣りのバッグを渡してくれながら訊いてきた。当時の店長は、岩手大学の学生時代からバイトをしてそのまま入社した大川クンで、私が渓流釣りに嵌っていることを充分に承知している。

「今回は久慈あたりかな」

「遠いですね。無理しないで下さいよ」

　大川クンが苦笑した。この10年近く前に私が渓流釣りに行った際にレンタカーの底を擦ってしまって車がどうにも動けなくなったことがあった。ＳＯＳの電話をレンタカー店に入れたところ盛岡から30キロ以上も離れた場所までトレーラーで救助にやってきたのが、当時の店長とバイトの大川クンだったのだ。彼は卒業してから故郷の宮城県に帰って学校の先生になる予定だったが、真面目で人柄がいいのにレンタカー会社も惚《ほ》れこんで社員として雇ったのである。人の運命というのはコロコロと変わるものであるが、彼は順調に出世の階段を上っていると耳にしている。

　大川クンが用意してくれた渓流向きの４輪駆動車のハンドルを握って直ぐに北に向かった。

途中の川で竿をだしながらゆっくり時間をかけて久慈のホテルにチェックインし、取材は翌朝ということになった。

予め取材は申し込んでいたので、インタビューと撮影でサクサクと仕事を終えて、目的地である安家《あっか》川に向かうつもりになっていた。久慈の市内を流れる川は久慈川と長内《おさない》川という川がある。久慈川上流には奇石が折り重なってその間を清流が流れる久慈渓流があり、長内川は途中のダムを越えていくと渓流が続いている。しかし、今回はこの２つの川はスルーすることにした。頭に浮かんでいたのは小袖からだと近い安家川だった。

久慈市内から海岸線沿いに国道45号線を南に40分ほど走ると安家川がある。その河口部分は普代村との境の野田村であるが、大半は岩泉町に属しており、上流部には鍾乳洞の「安家洞」がある。

岩泉町には町の中心部からそう遠くないところに日本三大鍾乳洞のひとつといわれる龍泉洞《りゅうせん》があり、大勢の観光客で賑わっている。洞窟内は水が流れており透明度１００メートル以上の地底湖が幾つもあって、遊歩道でそれらを巡られるようになっていて見上げるばかりの急な階段を上がったり、下ったりする。しかし、まだまだ奥があるけれども探検は進んでいないようで今も定期的に探検隊が入っているようだ。洞窟から流れ出た水は清水川となってやがて本流の小本川に合流するが、この川にも大きなヤマメが潜んでいる。

一方の安家洞は龍泉洞から北に車で30分ほど離れており、龍泉洞とは異なり内部に水は流れていなくて歩きやすそうだが、観光地にはなっていない。それはこの鍾乳洞が長い間個人が所有していたために観光開発ができなかったからだ。龍泉洞と比較して安家洞のほうが遥かに長く、総延長は軽く20キロは超えるらしくてそれもまだ奥の探検は済んでいないというから日本一長い鍾乳洞といえよう。

岩泉はかつて日本のチベットと呼ばれた岩手県でも最も山深いところにあり、角川映画で薬師丸ひろ子の人気を不動とした『野生の証明』の最初の舞台となったのは岩泉町だった。木炭の生産量日本一を岩手は長年続けていたが、その中心が岩泉町であった。豊富な森を利用しての炭焼きが盛んというか、平坦な土地がなくて夏のやませの影響で稲作ができない貧しい地域なので、産業が木炭の生産だけだったにすぎない。たしかに炭の生産量は日本一であったが、それはナラ類の木を炭にした白炭と呼ばれる安価もので、ウバメガシを材料とした紀州の備長炭のように高価なものではなかった。

紀州でもそうだが、炭焼きという職業は差別的な目で見られるもので、社会的な地位は低かったし実際に収入は低かったようである。しかも、ガスや電気の出現による燃料革命によってすっかり炭焼きは衰退して町には活気はなくなり過疎の町になってしまった。かつては民謡の南部牛追い唄の古里として知られていた岩泉が活気を取り戻すのは岩泉町短角牛まつりや秋の岩泉まつたけ祭りぐらいのものだから寂しいものである。

安家の中心集落は安家洞近くの元村というところで郵便局や商店や学校があり、そこは安家川の河口から20数キロも上流になる。つまり海岸線から安家川を遡ることをしなくても、岩泉町の中心部から龍泉洞を経て、2車線の快適な道を通って安家洞を目指せば簡単に安家川の上流部分に到達することができるのだ。

北上山地のうっそうとした森を縫うように流れる清流であり、その川筋にポツンポツンと民家があるだけの過疎の中の過疎。

盛岡からでも車で軽く2時間以上はかかるから釣り人は非常に少なく、まず会うことはないのでいつでも貸し切り状態の川だ。

「安家に行くけどどうする？」

「そりゃあ行くに決まっているだろう」

岡ちゃんに連絡を取ると間髪入れずに返事がきた。あんな辺鄙《へんぴ》な川であるのに岡ちゃんと何度も足を運んでいて、彼もすっかりこの川の虜《とりこ》になっていたのだ。

久慈市内の中心部から20、30分南東方向に車を走らせると、やがて海と崖に挟まれた細い舗装道路が小袖の集落まで続いている。小さな港には小さな漁船が係留されて、津波の被害を避けるためなのか小高い崖の上に集落が広がっている地域だ。

ここには以前に何回か来ているので勝手知ったる道だから気楽なものだった。そもそも北限の海女というのは三重県鳥羽あたりの海女さんと比較するのも申し訳ないような観光用のアトラクションであって、生業《なりわい》で潜っている海女さんなど皆無だ。戦前、戦後の男手が少なくなった時期にアワビやウニを採る海女さんもいたらしいが、それはすっかり廃れてしまい観光用に復活させることを市が音頭を取って後押しした経緯がある。

だから観光バスでくる観光客の予約があったときだけに紺色の絣《かすり》の衣装に白い半ズボンの恰好をした海女さんが潜るのを見せるだけであり、私としては興味などなく、ヤマメとイワナと早く遊ぶことだけを考えていた。

サクサクと取材は終わるハズだったが、どうやらＮＨＫが全国のニュースでニューフェースの若い海女さんのことを放送する予定があって、その前に違う媒体に載せるのを渋っているようなのだ。

「NHKさんの放送後で掲載してもらえませんか？　そうでなければ取材はお断りします」

市の広報担当者は若い男性職員だったが、かなり高圧的な態度だった。事前の電話ではそのようなことを言っていなかったのに、話が違う。

「しょうがないですなあ～」

私は腕組みをしながら目の前の岩浜に打ち寄せる波に目を向けながら思案をする恰好をした。

「まあ、分かりました」

しかし、だ。たかだかと言っては失礼だが、海女さんの取材だしこちらは釣りに行くのが目的だから了解した。

それまでの小袖の海女さんたちは人生経験豊かな熟女中心であって若い海女さんなど1人もいなかったが、そこに何10年ぶりに新人海女が加わった。この年初めて海女役でデビューするのは高校を卒業したての女の子で、想像していたよりも遥かにべっぴんさんだったので驚いてしまった。数多の女優さんやモデルさんを取材しているが、私が驚くような容姿と言えば、後藤久美子や宮沢りえぐらいなもので、その他の女優さんたちを見てもまず驚くことはない。あの世紀の美女と騒がれたブルック・シールズも取材したことがあるが、「こんなもんでしょう」という感じだった。

新人海女のMさんは大きな目とすっと鼻筋が通った小さな顔は誰もが振り向くほどの容姿であるが、華奢《きゃしゃ》で線が細いのが勿体ないと思った。

「女優さんにでもなれそうだね」

少し下駄を履かせるのは当たり前のことであり、それで彼女が機嫌よく撮影に応じてくれるのなら、背負い投げでも肩車でもバーベルでもいくらでも持ち上げてあげる。

「興味ないんです。私はここに住むのが好きですから」

何でも彼女の祖母は戦前に海女として海に潜り、生活していたというのだから海女の血統は流れている。北限の海女と染め抜かれた鉢巻を巻いた彼女にシャッターが切られた。

海女小屋の脇の岩場で潜ってもらい、ウニを採ってもらう撮影もした。それは予め採ってあったウニを海に撒いてそれを採るという「完全やらせ」である。海女が狙うのは高価なアワビであるはずなのにウニとは余りにもバカにしたものであるが、しょうがない。あくまで観光客用のアトラクションだと思えば腹も立たないけれどもウソはイカンだろうという気持ちは消えていなかった。

緊張感で強張っている彼女をなんとかリラックスさせて写真を撮り終えるのに1時間ちかくもかかった記憶がある。

初めて『あまちゃん』をテレビで見て気になったことがいくつかあった。主役の能年玲奈は現在「のん」という芸名を使っているが、イメージは透き通っているけれど、私からすれば海女のモデルになったMさんのほうが断然の美人である。

また、あまちゃんの母親役が暮らしていた部屋にチェッカーズの藤井郁弥《フミヤ》のポスターが貼られていたのには目が点になった。母親は小泉今日子が演じていたが、母がかつて使っていた部屋にあまちゃんが入っていくシーンが流れた。多少芸能を知っている者ならその昔、小泉とフミヤが交際していた過去は知っているだろうし、その当時は大騒ぎになったものだ。その後で小泉はフミヤの弟の尚之と同棲生活を送っているところもスクープされているから、NHKの演出をした者はこのことを知らなかったと思われる。そんな突っ込みどころが満載だったのが『あまちゃん』である。

岡ちゃんは海女さんを取材した後ですぐに安家へ向かおうと言い出した。岡ちゃんと安家との出会いはこの数年前に遡る。2003年の5月26日の18時24分に岩手・宮城でマグニチュード7・1の地震が起きて都内で私が現地の被害を確認する電話を掛けていた。

「地震で山から家に大きな岩が飛び込んで間一髪助かった少年がいるよ」

そのような情報が私の耳に入ってきた。他のマスコミには知られていない情報だった。場所は安家川の河口近くの家で時期が5月末となれば行くしかない。そこで岡ちゃんをピックアップしたのだ。

東北新幹線は一関までで止まっており、そこからは普通列車に乗り換えた。駅に着く度にどんどん客が乗ってくる。すると野球の道具を持った目が涼しげな坊主頭の生徒が花巻駅から乗ってきた。

「どこの学校の野球部?」

ドアのところに腰を下ろした私が声を掛けた。

「はい、花巻東です」

「花巻東?」

初めて耳にする学校名だった。いまでこそ菊池雄星や大谷翔平の母校として日本中のファンに認知されている高校だが、昔は谷村学園と言う校名で、その後花巻商業と合併して花巻東という校名になっていたことも知らず、90年に1度甲子園に出ただけの学校だった。彼はわざわざ盛岡から電車で花巻に通っているという。

「なんで花巻東なの？　盛岡にもいい学校はあるだろうに」

「ええ。そうですけれど、監督さんが素晴らしい方なので」

「へえ、そうなんだ」

佐々木洋監督を慕って花巻東を選んだというのだ。監督はこの前年に27歳で就任したばかりの青年監督であり、その後花巻東を全国区にさせていき、雄星や大谷も育てたのだから今思うとこの生徒の眼力は凄いものだと感心してしまう。それから2年後に佐々木監督は自身初めての甲子園出場を果たして、その後は常連となったのは多くの人の知るところである。

満員電車での旅は盛岡まで続き、着いたのは深夜で、現場に到着したのは翌日の早朝のことだった。

ちなみにこの安家川の河口の上には三陸鉄道の鉄橋が架かっており、この上を通った列車は鉄橋上で一旦停止して客に景観を楽しませる趣向があるのも有名である。

被害を受けたのは河口近くの高台にある1軒家で、そこにマイクロバスほどもある巨岩がU字になった斜面から転がってきて浴室を破壊したのである。後で計測するとこの巨岩は7トンもあったという。

地震のときにはこの家の中学生の息子が入浴中で、シャンプーをしている最中だった。地震の揺れで転がった巨岩は浴室の浴槽を滅茶苦茶に破壊し、中学生の脇をスレスレで通過していったというから正に紙一重で大参事になりかねなかった。坊主頭の中学生を壊れた浴室に立たせた写真はなかなか迫力のあるものだった。

ちなみにここのご主人はホタテの養殖や定置網に関わっている漁師さんで深渡栄一さんといい、地元では知られた有名人であった。彼はサカナの木彫りが趣味で、趣味が高じて地元の野田村に後年、木のサカナのミュージアム「魚の番屋」を自腹で開設したというから凄い。これらはネットで見られるのでチェックして見るのも愉しいもので素晴らしい作品が飾られている。

締め切りの関係でその写真は直ぐに東京に送らなければならないが、当時はウエブの環境が良くなく、車で30分ほど走って久慈市内のホテルからでなければ送れないことが分かり、慌てて2人で向かったものだ。

そして再び安家に戻って今度はお目当ての釣りタイムとなったのである。安家川は川沿いに舗装された道路が通じているので入渓するのは難しくない。入るのに苦労する場所もあるが、そんなことを気にすることもなく、どこでも貸し切り状態で、釣り人が極端に少なくて場荒れしていないのだ。

「なんだ、コレは？」

ウエーダー姿になった岡ちゃんが驚いた声をだした。

「どうした？」

「靴にジャリジャリという感触があるんだけど」

「ああ、それは川シュウリだ。水のきれいなところでないと生育できないらしいよ。踏むんじゃないぞ」

黒い貝殻のシュウリ貝が砂利交じりの川底にびっしりと生えており、それを避けながらの釣りが始まった。写真は送ったし、記事も送ったのでもう邪魔するものはないから解放感で一杯である。

　木洩れ日の下、サラサラと流れる水は透き通り穢れを知らぬ少女のようだ、という形容はいささか古すぎるだろう。今時「穢《けが》れを知らぬ少女」など絶滅危惧種であり、隙あらば男を誑《たぶら》かそうとする怖い少女たちが多いことは誰もが知っている。思わず口を付けてその清らかな水を飲みたくなるというのは本当であるが、決して飲むような愚行をすることはない。というのも田んぼや畑が極端に少ない地域であるから農薬などの混入は他の河川と比較すれば少ないだろうが、飼育している牛や豚の糞尿は確実に入っているのだから充分に穢れているはずだ。

　清冽な水、川で思い出すのは四国の高知県の西端を流れている四万十川のことである。四国は南の両端が太平洋にキュンと突き出ているが、東側が室戸、そして西が足摺岬で、四万十川は足摺岬からそう遠くなく、ゆるゆると流れている大河であるが、砂利底であって、大きな岩が点在しているような私好みの河川ではない。しかし、ＮＨＫが30年ほど前に名付けたのが「最後の清流」というものだった。どれだけ綺麗な川なんだろうと思い焦がれた時期があったのは事実であり、その後何回か行く機会があって竿をだしたこともあった。

「何を狙っているんですか？」

　四万十の河口でリール竿を使っている30代ぐらいの細身の男性に声をかけた。さっきから後ろで見ていたがなかなかのキャスティングでどうやらベテランのようだ。

「アカウオというサカナで１メートル以上にもなるんです」

聞いたことはあるが、そんな大物がここにはいるらしい。地元の方であり、毎日のように四万十川で釣りをしているという。

「しかし、これが最後の清流なんですか？　日本にはもっときれいな清流は沢山ありますがね」

私は思っていることを口にした。このぐらいの水質だったら安家川のほうが遥かにきれいである。地元の川の悪口を言ったのだから怒られるかなと思ったら、男性がニヤリとした。

「そうでしょ。私も色々なところで竿をだしていますが、四万十川が飛びぬけた清流だと信じているのは観光客だけだと思います。まんまとＮＨＫの作戦に引っかかったというワケですよ」

「やはりそうでしたか」

私は四万十川の上流の愛媛県境まで車を走らせて川を見て回ったが、竿をだしたくなるようなポイントは少なかった。それでもなんとかポイントを見つけて竿をだしたところググーッと竿が絞られたことがあった。こりゃあ、相当の大物だと腰を落してなんとか対応してやっと上がってきたのが大きなナマズだったので呆れてしまったことを口にした。

「気持ちが悪くて、触れませんでした」

「そりゃあ、災難でしたね」

男性は四万十川よりも近くにある仁淀川《によど》のほうがいいのではないかと勧めてくれたが、残念ながら時間が取れなくて仁淀川で竿をだすチャンスはなかった。

四万十川はなんといっても鮎の川であると知られている。私は鮎釣りはしないが、それは鮎釣りに夢中になってしまうことが怖いからである。鮎の友釣りは朝から晩まで1日中釣ることができるエンドレスな釣りである。友釣りは予め竿先におとり鮎が掛かっているのだから竿は動き回り心も動き回る面白い釣りであることは充分に知っているからこそ、その魅力から逃げられる自信がないのだ。だから鮎釣りはしないと自分に言い聞かせている。

しかし、鮎というのは美味しいサカナである。川魚の王様と私は思っているが異論はないのではなかろうか。勿論、ヤマメが旨いとかイワナが旨いという声があることは知っているが、鮎の繊細な味には到底適うものではないだろう。焼き方によって、川によって鮎の味が変わるのも面白く、岐阜の温泉宿で出た炭焼きの幅広鮎はそれはそれは旨いものだった。白身の一片一片に味が凝縮していて次を食べるのが惜しまれるような経験というのはそうないことだろう。サカナは海のサカナのほうが断然旨いと常日頃口にしていた漁師の父親は中学生だった私が釣ってきた鮎を食べて「う〜ん、こんなに旨いのか」と唸って目を細めた記憶が蘇った。

6月に四万十市のビジネスホテルに宿を取って同行のカメラマンと一緒に夜に四万十の町に食べにいった。ちなみにお供は岡ちゃんではなく、大阪の若いカメラマンである。

客で賑わっている寿司・割烹のカウンターに腰かけて、焼酎を飲みながら軽くつまみを口にしていた。

「鮎はまだですかね?」

カウンターの向こうでは20代後半か30代らしき若い板前が寿司を握り、その後ろには鮎の大きなポスターが貼ってあった。

「まだですね」

「ここではいつ頃から解禁なんですか?」

「……9月ごろですかねえ」

常識である。

「はあ？　四万十川は9月ですか？　そんなアホな」

板さんに腹が立ってきた。全国でまちまちであるが、鮎の解禁は6月か遅くても7月なのが常識である。

「ちょっと待ってくれよ。いい加減なことを言わない方がいいって」

かなり強い口調で詰問すると、板さんは奥に入っていった。

「分からないそうです」

調理場に訊きに行ったのだろうが、まさかの返事だ。

「そうですか、それではお勘定をお願いします」

サカナを知らない板前の料理など食べる気にもならない。同じようなことは大阪の新地の高級居酒屋でもあった。サカナが売りのお店であり、真鯛やイサギ、太刀魚やハモなどが氷の上に並べられて板前が客にその日のお勧めを披露する仕組みだ。

「なんかさっぱりとした煮魚が食べたいんですけれど」

「カンパチはいかがですか？」

「青魚はイマイチだから要らないですけど」

「ではメジロはどうですか？」

メジロというのはブリの小さめのやつで、関西ではそのように呼んでいる。ちなみにイサキはイサギと濁るし、本マグロの小さなやつは東日本ではメジマグロと呼ぶが関西ではヨコワと呼ばれて好まれて食べられているのは関西に来るようになって初めて知ったことだ。パサパサとした食感のメジマグロが好きな人はいるだろうが、少なくとも私の周りのサカナ通の知人で好んでメジマグロを食べる者はいない。
メジロを勧めた若い板前にカチンときた。青物は嫌だと言っているのにこいつは喧嘩《けんか》を売っているか、もしくはサカナの知識がないかのどちらかだ。

少し流れが支流に移ってしまったようなので本流の安家川に戻ろう。地震取材の後で河口から車を走らせていく。最初は左側にコンクリートの水槽が多く見えてくるが、それはサケの孵化場であり、春先に稚魚を川に戻してやると大体4年後には戻ってくる。

昭和の時代、80年ごろまではサケは東日本のお正月に食べる目出度い歳取りサカナとされて重宝されていた。新巻きサケを築地やアメ横で年末に買い求めるのが師走の風景であったのだ。ところが冷蔵技術の発達によってしょっぱくて塩分の多い新巻きは敬遠されるようになり、生サケに需要が伸びた。しかし、世の中が国際的になると日本で獲れるシロザケは味がそれほど良くないと敬遠されるようになってしまい消費者の志向は銀ザケやベニザケ、ノルウエーのアトランティックサーモンなどに移っている。

三陸の岩手は北海道に次いでサケの漁獲量があるが、それは岩手の沿岸の県央にある宮古が江戸時代から南部鼻曲りサケの産地として江戸へ新巻きサケを出荷していた歴史に裏付けられている。明治初期に宮古にはサケの孵化場が造られて本州一の漁獲量を誇ってきたのだ。

それで高度成長時代になって三陸各地に孵化場が建設されるようになった。当然のことながら国の補助金行政である。

ところが前述したようにまさかのシロザケ離れが起きてしまって、漁協は四苦八苦しているのが現状なのだ。オスのサケ1尾が浜値で50円にしかならず、サケフレークの原料や肥料として処理されている。

不思議なものでサケは青森県ではそれほど獲れず、三陸の宮城県でも獲れないのは宮城の歳取りサカナがサケではなくナメタガレイであることからでも分かるだろう。これは海流と河川の関係があるのだろう。江戸時代からそうであったから、明治になってサケの遡上の多い川に孵化場が建設されたのである。

岩手でも県北はサケがあまり獲れず、大量に獲れるのは宮古や小本《おもと》（岩泉町）山田、大槌《おおつち》ぐらいなものだ。小本には小本川があり、そして宮古は閉伊川のほうが大きいにも拘らず、宮古湾奥の小さな津軽石川がサケが上ってくる川として有名だ。

津軽石川は河口でも川幅はわずかに20メートル、全長が10キロ未満の小さな川だが、ここに本州で1番サケが遡上してくる。なんでも水質が良いらしいのだが、この川は伏流水となっており、5キロほど上流に名前が変わった川が現れてくる。それが山田町豊間根《とよまね》を流れる荒川川で、その上流はヤマメ、イワナが生息している渓流になっている。

どうも話があっちこっちにブレて申し訳ないが、ということで単にサケを孵化させたとしても需要がないのであるから現在はアトランティックサーモンなど美味しいサケを孵化させる試みも行われているようだ。

孵化場を過ぎて暫く上流に向かっていくと、左側に竿をだしたくなるような渓相が続いて見えてくる。

「そこでやってみなよ」

「うん、そうしようか」

路肩に車を停めて、川に入るまでわずかに2分もかからないという場所が連続しているのだ。川底は細かい砂利でサラサラと流れて中州もあり、充分に楽しめる渓相で、ヒューヒューとラインが風を切る音を出しながら岡ちゃんはフライロッドを振り続けていた。私が最初はテンカラで細い流れに打ち込んでいると、中指ほどのヤマメのミニュチュア版が釣れてくる。新仔なのだろうが、一丁前にパーマークもくっきりし、つぶらな目には黒い十字が付いていて、水槽で飼いたくなるような愛らしさがある。当然のことながらリリースしてやるが、テンカラでの遊びにも飽きて長竿を使ってのエサ釣りをするために車に竿を取りに道路を歩いて戻ろうとした。すると、途中の道端の木陰に春日部ナンバーのトラックを改造した小さなキャンピングカーが停まっていて、その脇で白髪混じりの高齢のご婦人が斜面に咲いている野草を眺めていた。

「こんにちは」

首に巻いているタオルで汗を拭いながら挨拶して足を止めた。

「釣りですか?」

「そうなんです。主人が好きなものですからその辺りに入っているハズですけれど。北東北の渓流を巡って釣りをしていて、どうしてもここに来たいと言っていたんです」

紺色のシックなブラウスを着た上品そうな奥様で60代半ばぐらいだろう。

「ここに置いておかれて寂しくないですか?」

渓流の岩清水を溜めたペットボトルをザックから取り出して口に含んで草っぱらの斜面に腰を下ろした。

「いいえ、いいえ。こうやって草花を眺めているのが好きですから。お宅は釣れたんですか?」

口に手を添えて微笑んだ。私が魚籠《びく》も持っていないから不思議だったのだろうか。

「いいえ。釣れなくても満足していますし、基本サカナはリリースすることにしていますので」

「そうなんですか。満足ができる趣味をお持ちでいいですわね」

微笑んだ彼女から言葉が爽やかな風に乗って吹いてきたようだった。そうか、釣れても釣れなくても満足すればいいじゃないか。資産家なのか年金暮らしのご夫婦なのか分からないが、こうやって仲良く釣りで回れることができるというのは羨ましい限りである。

苔むした岩によって幾筋かに分かれていた流れがまとまってそのまま崖にぶつかっていくポイントに私はやっと立った。さっきまで河原の石をどかしながら川虫探しに精をだしていたのは勢いのあった陽が陰って稜線に姿を消すのを待っていたからである。

ここは何度も尺モノを釣り上げた馴染みのポイントで、細かい水滴がついた苔が生えている崖の下は暗緑色でどっぷりとした深さがあり、そこに大物が潜んでいるのを予感させ釣り人なら絶対に狙いたくなるポイントだ。そのため釣り人が少ない安家川でも飲料水の空き缶が転がっていたりして相当のアングラーが狙っただろう激戦の地であることは間違いがない。こんな時には他の釣り人たちが試した釣り方をしても釣れることはないようだ。

「おお、釣れたかい?」

下流から岡ちゃんがヒョコヒョコ歩いてきて河原に腰かけた。

「ヤマメもイワナも釣れたからまあまあだよ。ここはなかなか、いいポイントじゃないか」

岡ちゃんが咥えたタバコの煙がスーッと木立の間を流れていく。

「だろう。最後の最後にとっておいたんだ。あの岩の底には必ず尺モノがいるから」

向こう側の崖を指さした。

「では師匠のお手並みを拝見しましょうか」

「まあ、見てなって」

オモリを重いものに変えて、かなり上流から仕掛けが水に馴染むようにキャストしだした。速い流れではオモリが軽いと仕掛けは底に入ることができずに表層を流れていく。そうなるとサカナが飛びついてくることはまずないと思っていいだろう。勿論例外はあって飛びついてくるサカナもいるが、それは運が良かっただけだ。

崖にぶつかった流れは大部分が下流方向に流れていくが、渦を巻いて反対方向にグルリと回る水筋もある。それらの流れに丁寧に仕掛けを入れ、青白く泡立っている底に潜んでいる大物をおびき出すのだ。

1回、2回、3回と反応が無くても諦めることはせず、オモリのサイズを変えて狙ったポイントを丁寧に攻め、エサも変えてやる。崖にぶつかって泡立っている流れに私の仕掛けは乗って崖に張り付くようになって動かなくなった。竿先には底に入った仕掛けが渦巻いた流れで踊っている様子が振動となって伝わってくる。するとグググッと糸を引っ張る感覚が伝わってきてその瞬間に竿先をクッと上げた。竿がズシーンと重くなったと同時に半月のように竿が撓った。

「おいおい、大丈夫か」

私の後ろに岡ちゃんがやってきた。

「なんだろう、これ」

「イワナじゃないのか？」

「いやいや、相当な勢いで引っ張っているから違うと思うけど、ヤマメだったら尺モノは確実だな」

「ふーん」

岡ちゃんは弟子のくせに師匠が大物を釣るのを喜ばない意地の悪いところがある。まあ、釣り人というのはそんな人種が多いものだから気にもしないが、師匠なのだからもう少し応援してもらいたいものだと笑いながら竿を遊ばせていた。

「それにしてもなかなか上がらないなあ」

呆れた声を出した岡ちゃんが指摘するように魚体を浮かそうとすると、思い出したようにグイグイと底に走っていく。

「おっと、光っているぞ」

糸のさきで暴れているサカナの側面が銀色に見えた。となるとヤマメじゃないか。頬を緩めながら竿を岸に向かわせる。腰から玉網を抜きとると岡ちゃんが柄を掴んで構えてくれた。

「ほら、いくぞ」

糸を引いてくるとようやくサカナの頭部が見えて来た。この重さからすれば相当の大物である。

「よし、こっちによこせ」

玉網を構えている岡ちゃんがいる河原に引き上げると同時に玉網にサカナが入った。

「こりゃあ、大物だ〜、やったなあ〜」

岡ちゃんの甲高い笑い声が木立の中を通り過ぎていく。ちょっと待て。他人の不幸が蜜の味の彼が喜んでいるのでイヤな予感がした。

「ほら、これだぞ」

「あちゃあ～」

体側に朱色のラインが入ったニジマスだったのだから落胆してしまった。

「38センチ、いや、39センチかな。ご苦労様でした」

メジャーを手にしていた彼が苦笑した。いつもは少なく計測するくせにニジマスと分かったらおまけしてくれるのだからイヤミである。

「だけど見事だろうこの体高は」

「はいはい、ヤマメとイワナしか相手にしていないのだから外道でしょ。ありがとうねえ」

嬉しそうにハリを外してリリースしてやった。安家川でニジマスを釣ったのは初めてのことで、この川によもやニジマスがいるとは思っていなかったので悔しい驚きであった。

後日、上流で子供たちのマス掴み大会が何度か開かれていることを知った。きっとそこから逃げて野生になったマスなのだろうが、岡ちゃんの高笑いは今でも耳に残っている。

『あまちゃん』のロケは放送している間も久慈周辺で続いていた。どうやら自転車操業のようにタイトなスケジュールとなっているようで、私は『あまちゃん』のロケ風景を撮ってくれというリクエストで毎週のように久慈に行けることになった。竿をだせる可能性があるから断る理由はひとつもないが、ロケのスケジュールを把握していないのでいろいろな方と会って情報を取らなければならないので大変だった。

「明日の朝6時から小袖の海岸でロケがありますよ」

エキストラとしてロケに行く方からの情報だった。

「小袖のどこで？」

「海女さん小屋の辺りに集合ってあります」

「じゃあ、それを狙おうか」

「いやいや、エキストラの許可証がなければ現場には入れないみたいです」

「オレたちはダメってわけ？」

「ええ、かなり現場の監視がきついみたいですから無理でしょうね」

霧が港を包みこんでいる早朝にホテルを出た我々は小袖の港の駐車場に車を停めた。7月だというのに気温は15度もなく寒くてアノラックを着こまないと震えてしまう。これが夏に北東から吹いてくるやませというもので夏の三陸は涼しいのだ。

エキストラの方々の車が続々と集まり、駐車場に車を停めてぞろぞろと港の奥へ向かって行く。そこにはゲートがあり係員たちが許可証を確認してさらに奥へ行くようになっているようでその奥はブルーシートが張られて駐車場からはロケの様子が窺えないようにしてあった。

「こりゃあ凄い警戒だね」

「うん。無理かもなあ」

岡ちゃんの言葉に頷いた。

「まっ、なるようになるさ」

エキストラたちの様子を眺めながら私は思案していた。そして後部座席から竿をだして緑色の釣りのベストを着こみ仕掛けの入ったバッグを持って岸壁へ向かった。

「釣りをしながら考えようって」

岸壁で釣りをしている者はいなかったが、釣りの恰好をしている私たちに注意を向ける者などいない。

「ここで釣りをしていればチャンスが来るだろう」

「そうだな」

岡ちゃんも腰を下ろして竿を用意しだした。エサを用意していないので岩場の小さなフナムシを捕まえてエサにして投げ入れると、こんな時に限って小さなハゼのようなサカナがどんどん釣れてくるから笑ってしまう。係員たちもエキストラの整理に忙しいようで呑気に岸壁で釣り竿をだしている我々には全く関心を示さなかった。

そのうちにロケのリハーサルが始まった。どうやらあまちゃんたち海女さんやあまちゃんの祖母役の宮本信子さんなどが舞台の上から餅を撒き、エキストラが争ってそれを拾うシーンのようでかなりの大騒ぎになっている。

「いいですか、もう少し楽しそうに騒いでください。リハーサルをお願いします」

演出担当なのかトラメガを使った男性の声が群衆のざわめきに混じって聞こえてくる。遮断しているブルーシートは岸壁の手前までなので、岸壁を辿れば向こう側に行けることは確認済みだった。

「今だったら大丈夫だ」

我々はブルーシート近くの岸壁で竿をだしていたが、リハーサルでエキストラが騒いでいる最中に岡ちゃんはすんなりと群衆の一員になった。やはり竿を常備しておくことは大切で、釣りはピンチを救ってくれたのだ。

あまちゃんの取材はかなり難しく、夕方や夜まで張り込むことも少なくなかったので釣りに行く時間はなかなかとれなかった。往復2時間以上かかる安家川がいつも頭に浮かんでいたが、しょうがないので市内を流れる長内川の上流を探ることにした。ダムを越えてから20、30分も行くと山根という集落につく。かつては山深くて岩手短角牛の古里として知られていた山形村山根だったが合併して久慈市になり、ここが長内川の源流地域になる。ここから南に30分ほど下っていくと、そこが安家洞のある元村地区であり、長内川の源流は、東西に流れている安家川の源流にも近い。

安家も含めてここもマツタケの産地として有名で、9月中旬にもなると老若男女が夜明けと同時に白い軽トラックに乗り込んでゾロゾロと山に向かう光景を見ることができる。前述したようにマツタケは日本の食べ物のなかで最も高価で、1キロ10万円はくだらないので住民たちはこぞって山に入っていく。私も「マツタケ博士」の吉村文彦先生と調査のために入ったことがあるが、それほど山深くなくてもマツタケを何本も見つけた経験がある。

長内川の支流でなかなかの渓相の川があった。神秘的なエメラルドグリーンで対岸まで10メートル以上もありそうな大きな淵がいくつか続く渓流で、その脇に車が通れる道路が沿っているから入渓するのも簡単である。

ただ、渓流の多くの場所には大きな枝が被さっているので、フライフィッシングをするには川に立ちこまないとならないが、かなり深いところがあるので危なくて岡ちゃんも諦めてテンカラにスイッチした。

「おおーい、釣れた？」

上流方向から降りてきた軽トラックが大きな淵を眺めながらどのように攻めたらいいか話し合っていた我々の横で停車した。細身で小柄な中年の男性がウインドーを下げて笑っている。

「いやあ、今来たばかりですし、どのポイントがいいのかも分からないので。釣れましたか？」

「うん。まあまあですね」

助手席に置いてあったバケツを見せてくれた。ヤマメやイワナが10数尾入っていたが、20センチ前後であった。

「このぐらいの型が多いんですか？」

「そうだねえ」

「尺上はいないんですか？」

「どうだろう。もっと増水していればいいかもしれないけれど」

尺上を釣ることはできなかったが、それなりに楽しめる支流であった。

結局『あまちゃん』のおかげで9月までたっぷりと周辺の渓流での釣りを楽しめることができ、『やまめちゃん』を釣ることができた。今でも外道の『あまちゃん』には感謝している次第である。

番外編

紀州のドン・ファン騒動

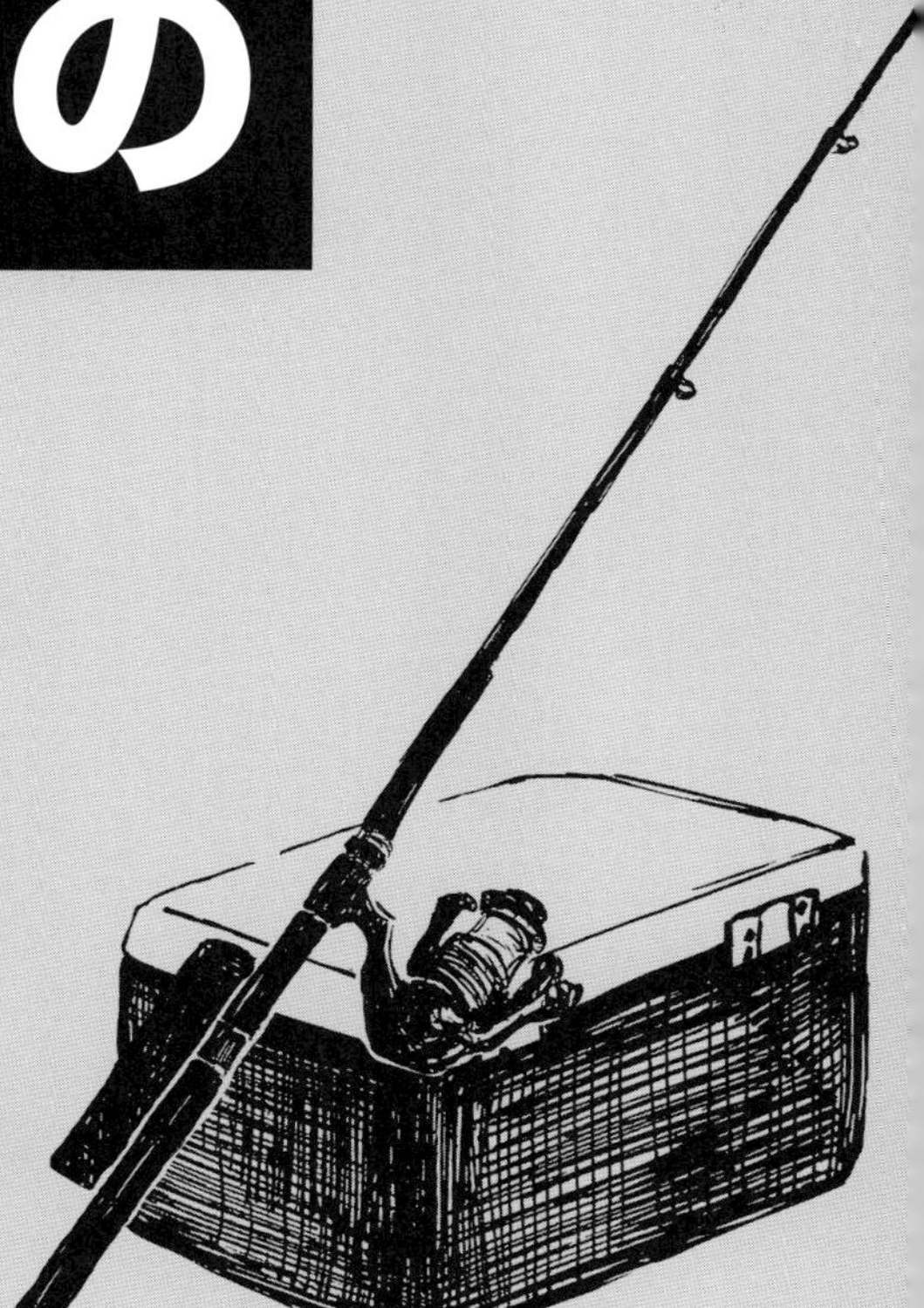

2018年6月7日のお昼前に和歌山県田辺市の文里《もり》の岸壁で竿をだしているとバラバラという音をまき散らしながら数機のヘリコプターが低空で旋回し、青空の下を白や赤いヘリコプターが獲物を探るように舞っている。

「こりゃあ、凄いなあ。あのヘリコプターはテレビ局のやなあ」

「うん。そうや。ほれ、ドン・ファンの家の上を回っているやろ」

「今日は犬の墓を掘るらしいやないか」

「犬も殺されたんか?」

ヘリコプターを見上げながら隣の釣り人たちが和歌山弁で話し合っていた。和歌山弁といっても北と南ではかなり違っているらしく、南のほうが荒っぽい喋り方だというのはなんとか分かってきた。

ヘリコプターが旋回している下にあるのは紀州のドン・ファンこと資産家の野崎幸助社長(享年77)の自宅である。彼は2018年5月24日の夜に自宅2階の寝室で全裸で怪死しているのが発見され、消防隊員が不審死と判断し解剖するために和歌山市の大学病院に運んだところ、体内から大量の覚醒剤が検出されたのだ。

ドン・ファンは亡くなる3か月前の2月に55歳年下のさっちゃん(当時21歳・自称モデル)と入籍したばかりで、さっちゃんにとっては月々のお手当を100万円も貰える玉の輿結婚だった。しかも4月まではモデルの仕事があるからと田辺には来ず、ドン・ファンと一緒に暮らしたのはわずか1か月余りでの怪死であるし、遺産が30億円あると推定されていたのでワイドショーの恰好の餌食となったのである。

彼が可愛がっていた愛犬イブも5月6日に急死したことから、愛犬も不審な死だったのではないかと警察は確認のためにイブが埋められていた社長宅の庭にあるイブの墓をこの日に掘り起こしたわけである。

昼過ぎにホテルに戻ってテレビを見ると、大勢の取材記者たちがその様子を撮っているのが放送されていた。事件の取材のために私は田辺のホテルに長期滞在していたが、朝の4時ごろから原稿を書く毎日で息が詰まるし体も凝り固まる。そこで気晴らししないと、と考え出したのが釣りであった。

大河を抱える紀州の山々の奥深さ

和歌山は多分全国で唯一複数の大きな川が流れている県ではなかろうか。和歌山市を流れる紀の川は高野山を源流としてゆっくりと太平洋に流れ込んでいる。初めて紀の川を見たのは10代の後半のことだったが、それまで目にしていた東北や関東の河川とは異なり、上流の山塊の大きさと共に圧倒されるような太い流れは惚れ惚れとするほどだった。

大阪の淀川も大きな川ではあるが、平野を流れているだけで、威圧感とか雄大なイメージはなく、和歌山というか紀州の川にはそれがあるような気がする。

紀の川の南には有田川《ありだ》が流れている。アユ釣りで全国に名を馳せている河川であるが、目についたのは河川両側の小高い山々が頂上近くまで開墾《かいこん》されていることだった。見上げるばかりの高さの斜面は段々の石垣になっており、そこに濃い緑色の葉が陽光を浴びて輝き、橙色のみかんが実っているのを首を上げて見惚れていたこともある。

紀の川の上流のかつらぎ町辺りでも両側の山の斜面には無数のみかんの木が植わっているのを目にすることができる。いや、みかんだけではなく柿もあるようだが、隙間がないように植えられた木々を目にするとドイツを流れているライン川周辺の景色を思い出した。ローレライで有名なライン川を船で川下りした私が驚いたのは川の両側の山の斜面が全てぶどうの耕作地に使われていたからだ。そこをNATO軍のファントム戦闘機が爆音を轟かせて低空飛行を繰り返していたのも記憶に残っている。どうやらNATO軍の基地が近くにあるらしく、平和な景色と東西冷戦時代が折り重なっている現実を垣間見た思いがしたものである。

丘の頂上までぶどうの苗木が植えられている。ぶどう棚を作る日本のそれとは異なり、ここでは高さ1メートルほどに揃えられたぶどうの木が整然と斜面に植えられている。生食用のぶどうが多い日本と異なり、あそこのぶどうはワインになるのだ。山形県の高畠町辺りや山梨県の甲府辺りでもこのようなブドウ栽培をしている景色を拝むことができるがそのスケールたるや比にならない。

「それにしても……」

斜面に植えられているみかんの木を見て、私は農家の方々の苦労を想像してため息を漏らした。私は農業の経験はなく、従弟、親戚にも農家はなく、漁師や水産加工業など、全て海に関係する職に就いている。農家の仕事は大変だとはよく耳にするが、お米作りには手間暇がかかるのはよく知っているつもりだ。だが、みかん農家は転げ落ちるような急斜面でみかんを育てている。命がけといってもいいような急斜面を登るだけで私の息は続かなくなるだろう。それを1日に何往復もするのであるのだから凄いものだ。

有田川の右岸の河口近くには大きな高校の校舎と野球のグラウンドがある。これが70年代から80年代にかけて甲子園高校野球で一世を風靡《ふうび》した箕島《みのしま》高校だ。今は亡き尾藤公監督が率いた箕島高校は春3回、夏1回の優勝を誇り、ライオンズの東尾修投手がいたことでも有名である。私はサッカーやラグビーを自らプレーして取材も多くしている。それに加えてアイスホッケーには詳しいが、野球は素人よりは多少知識がある程度であり、それでも高校野球の取材で毎年のように甲子園や地方大会に足を運んでいた。

和歌山市の紀三井寺野球場の秋季近畿大会では大阪桐蔭の中田翔（現日ハム）のインタビューをさせてもらった。このとき役員をしていた尾藤さんと言葉を交わして長くお話をさせてもらったのは今でもいい思い出になっている。

大阪桐蔭の西谷監督にもお世話になっているし、仙台の東北高校だったダルビッシュ投手は2年間の密着取材をさせてもらった。シャイな有クン（ダルビッシュのことはそのように呼んでいた）が3年生の卒業間際に、

「いろいろとお世話になりました」

と私に頭を下げてくれたのも懐かしい。密着取材ができたのは東北高校の当時の若生監督のお蔭であったが、取材の暇を見つけては仙台近郊の渓流で竿を振っていたのは言うまでもないことだ。現ヤンキースの田中将大投手も駒大苫小牧の2年生のころから何度かインタビューをさせてもらっている。八戸市の光星学園高校グランドで、駒大苫小牧対光星の練習試合があった。

光星の4番は現在は巨人の坂本で、田中将大との対決は見ものであった。中学時代に2人は同じ兵庫の伊丹のボーイズリーグに所属していたチームメイトで坂本が投手で田中が捕手であったというのも面白い。この練習試合の後も岡ちゃんを乗せて急いで渓流に車を走らせたものである。

ハンカチ王子の異名があった早実の斎藤佑樹投手との決勝戦も甲子園の記者席で観戦していたが、1－1で延長15回までいき、まさかの引き分け再試合には参ってしまった。直射日光は射さないまでも観客席はムッとするほど暑い。夏の決勝再試合というのは青森の三沢高校対愛媛の松山商業以来37年ぶりのことで世間は盛り上がっていたが、私自身は冷めていた。斎藤投手と田中投手は力量という点、将来性という点で田中投手のほうが1枚も2枚も上であったが、スポーツ紙は斎藤人気を煽るような記事ばかり載せていた。

再試合の決勝戦は早実が早々に4－1でリードし、ほとんど盛り上がることがない凡戦だったということを記しておく。結局は苫小牧が9回表に2点を入れて、スコアは4－3と数字的には接戦のようになっているが、手に汗をにぎるような試合ではなかった。これは甲子園球場にいた私や周りの観客も感じていたことであり、時間が経つにつれて試合を美化する恐れが歴史的にはあり得ることなので、しっかりと書き残しておきたい。簡単に言うのなら盛り上がらないつまらぬ試合であって時間の無駄とまで思ったほどである。

奥が深い紀州の渓流

川の話に戻ろう。南に向かうと日高川、日置《ひき》川、古座川、そして十津川から名前を変える熊野川などがある。その他にも田辺には会津川もあるし、富田《とんだ》川もある。川もそうだが特筆されるのはその後ろに控える山の大きさだ。巨大な蒲鉾のような形の山が連なり、それが折り重なった山塊からそれらの川は豊富な水を流しだしているのだ。

和歌山の山の大きさは全国を歩いてきた私にとっては驚嘆すべきもので、それは長野や静岡の日本アルプスの尖った山並みとは正反対でボテッとしているが、懐の深さにおいては決して負けていない。

何度かこれらの渓流で竿をだそうとしたが、田辺周辺の河は奥が深く時間的な余裕がなくて叶わなかった。10数年前に関西では渓流釣りで有名な和歌山の龍神温泉近くで竿をだしたこともあるが、釣果はイマイチだった記憶が蘇った。何度も指摘をしているが、渓流釣りでいい思いをするには川を知らなければならない。当時はそのような時間も無かったし、切り立った渓が深くて躊躇したことも釣果が振るわなかった理由なのかもしれない

どうやら田辺の中心部をベースに考えると、片道2時間近くも行かないと型のいいアマゴやイワナは釣れないらしい。ピンポイントで出かけて行って釣るには情報が少ないし、なによりそのような時間を取ることは不可能に近かった。

「これって、いい川ですねえ」

目の前を流れている清流を見ながらため息をついた。田辺から2時間近くも離れた熊野川の支流である大塔《おおとう》川だった。

「釣りが好きなんですか？」

脇でドン・ファンが呟いた。誰に対しても彼はいつも丁寧な言葉遣いをする。

「ええ、渓流釣りしかしませんけれど。社長はしないんですか？」

「ワシは陸釣り専門やからなあ。フェフェフェ」

なにしろ愛人4000人に30億円を使ったと豪語している社長であるから、スケールが違う。160センチと小柄であるのに、好きなのは自分より体の大きな女性に限るといい、実際にボン・キュ・ボンの若い女性ばかり狙っていた。

東京で知り合った愛人が白浜空港に来る度に彼は愛人を連れて南紀の観光地を車で巡るのが常だった。私も時々一緒に那智の滝や熊野本宮大社へ出かけていたが、その道筋を流れている川を見る度に竿をだしたい願望がムクムクとこみ上げてきたものだ。しかし道具を用意していないし、この辺りにはカワムツのようなサカナしかいないと耳にしていたので欲求を抑えていたのである。目の前の新緑に囲まれた大塔川沿いに温泉宿の大きな建物が連なっている。ここは川湯温泉郷と呼ばれ川から温泉が出ているのが観光客に喜ばれて川を仕切ってある湯に浸かっている客の姿も見えた。

まるで群馬県の六合村にある尻焼《しりやき》温泉のようである。ここは故・小渕元首相の兄が所有している温泉宿があったので、私も何度か出かけたことがあるが、尻焼のほうがスケールは大きく、水深もあるようだった。

川湯温泉の老舗旅館ホテルにドン・ファンが経営する酒類販売会社がお酒を卸していることもあって、彼は愛人とこの旅館ホテルに泊まることが多かった。

「あそこにいいポイントがあるでしょ。竿をだしたら釣る自信があるのに」

私は指をさして岩の両側を流れている場所をドン・ファンに説明した。それを聞いていたドン・ファンが苦笑した。

「あんたがいくら釣るのが上手でもそりゃあ無理なこってな。ここには温泉水が流れているからサカナはおらんのや」

川から岸壁釣りへ

渓流釣りは諦め、そこで考えたのが岸壁での釣りだった。

なにしろどこの岸壁でも竿がだせるから、暇つぶしにはもってこいだ。ホテルから10分もかからないで岸壁に行けるので、一旦渓流釣りは諦めることにした。

これが首都圏近郊だとフェンスが張られて通行止めや釣り禁止の看板があり、岸壁での釣りがほとんど出来ないのは首都圏以外の地域に住んでいる釣り人たちには到底理解できないだろう。

ドン・ファンの自宅からそう遠くない田辺市内の釣具店の「つり友」(正式名称「つり友商会」)でアドバイスを受けることにした。地域の釣具屋というのは面白いもので、その店の色というのが出ている。常連客が偉そうに講釈を垂れて余所者を受け付けないような雰囲気がある釣具屋も少なくないのは誰もが経験していることだろう。その点、「つり友」は常連客もフランクに接してくれるので、息抜きに通うようになったほどだ。

「ドン・ファンの自宅はどこでしょうか?」

この店の角を山側に向かって少し行くとドン・ファンの自宅があり、18、19年夏の観光シーズンには場所を訊きにくる観光客も少なくなかったようである。次々と来た観光客たちはテレビでお馴染みのピンクの塀の前で記念写真を収めている。

「子供は白浜のアドベンチャーワールドでパンダを見て喜び、大人は田辺のドン・ファンの自宅を見て喜んでいるんです」

子連れの若奥さんが笑った。そりゃあ、あんなに品のないピンクの塀は全国探してもないだろう。

「凄いアマゴですねぇ」

店の天井には真鯛やクエなどの巨大なサカナの布製の魚拓がところ狭しとばかりに貼ってある。申し訳程度にあるのが渓流のアマゴとイワナだった。35センチの立派なアマゴであるが、熊野川で釣ったことになっているが、支流の名前が入っていない。

「釣った方と会えないですかね」

「普段はトラックの運転しているから忙しいんやなあ。店に来るのは日曜か雨降りぐらいの時やもん」

大きな店内には渓流釣りの仕掛けはほんの少ししかなく、常連客の全員が渓流釣りには興味を示さず、精々鮎釣りをするぐらいだった。そのために「龍神へ行ったら」とか「日置川の源流がいいらしい」といった程度の情報しか持ち合わせていなかった。

その程度の情報で渓流釣りへ行ったら絶対に失敗するのは目に見えている。渓流釣りは情報収集が大事だが、なかなか詳細な情報を得ることができなかった。

「上級用ではなくてもいいから岸壁で楽しめるくらいの道具が欲しいんですけれど」

岸壁に腰かけて、波間に漂うウキを眺めるのもいいかな、と思ったのだ。のんびりとした釣りであるから大物を狙うこともなく、食いついてきたサカナが釣れればいい。これが私の希望だった。

「ああ、そうかいな。それじゃあ、これなんかはどうかな」

私のリクエストに親切に応えてくれたのは刈り込んだ白髪が目立つ若主人だった。3・6メートルの竿とスピリング・リール、そして雑魚を釣るためのハリやオモリ、小さなクーラーボックスなどを購入しても1万円でお釣りがきた。リールには2号の糸を巻いてくれた。渓流釣りではハリスは0・2や0・4が主流で道糸でもせいぜい0・8だから2号の糸なぞ使うこともないし、使ったこともない。ただしハリスは0・8を購入した。

これで暇を潰せるのだから安い投資である。

南北に広い田辺湾内には多くの漁港があるが、ここにはいわゆる港町といった雰囲気はない。魚市場も貧弱であり、港町特有の水産加工場の臭いも漂っていない。多分漁業で生計を立てている漁師は少ないような気がしたし、魚種もそれほど豊かでないことも分かった。

和歌山といえばサカナの王様と私が密かに思っているクエが獲れる。私は20代までは味に限ってはトラフグがサカナでは王様と思っていた。ねっとりとした食感は他の追随を許さないものと感じていたが、大阪のさるお店で初めて食べたクエにすっかり魅了されてしまった。淡泊でありながら深い味わいを感じるのはトラフグと似ているが、それよりもずっと味が複雑で、淡泊のようでありながら脂が乗っている。

しかし、田辺ではクエを食べる習慣はないようで、クエを美味しく頂けるお店は少なく、お店が多いのは北の日高川町が主らしい。田辺とたいして距離が離れていないのに、食文化が異なっているというのは興味深いものである。養殖クエも出回っているが、それを地元の料理屋では天然クエときっちりと区別している。

岸壁の釣り人たちが狙うのはアジである。夏前は南蛮漬けに向いているような豆アジが多いが、寒さと共にアジは大きくなり、冬は尺以上のジャンボアジがボンボンと上がり、その他に太刀魚やカマスを狙う釣り人も少なくない。

岸壁釣りの大敵は暑さ

私は岸壁の様子を見るために活気のない漁港を回ってみた。南高梅で有名な南部の漁港も市内から15分ほどで行ける。

「いやあ、参ったな」

頭上には風呂屋の看板のように真っ青に塗られた天空にギラギラと焼けつくような陽光が射し、それは肌をナイフで突かれたような痛みを伴う危険な陽射しだ。大阪の暑さが陰湿に籠ったものとすれば南紀のそれは鉄板を押し付けられた直接的な怖さがある。２０１８年は全国的に猛暑が記録されて熱中症で死亡する方も多く出た。

南紀の殺人的な日差しを受ければ私はアッと言う間に倒れてしまうかナメクジのように溶けてしまいそうだ。もともと暑さに弱いのは自覚しているが、直射日光にも極端に弱い。

「お前はドラキュラ伯爵か？」

直射日光から逃げ回っている私に知人はそう言ってからかっていた。ニンニクは大好きだが日光は結構だ。私は日に焼けて黒くなることはなく、赤くやけどのようになるだけだから日焼けは避けなければいけない体質なのだろう。

「木陰のある岸壁ってないですかね」

「はあ？」

「つり友」の若旦那が目を丸くした。

「陽射しが強烈だからとても釣りにはなりませんのでね」

「そんなことを言われても……」

きっとこんなことを言う釣り人は今までいなかったのだろう。木陰があってそこから竿をだせるような岸壁なんてあるはずがない。しかし、渓流釣りでは木陰から竿をだすのが一般的であって、渓間を潜ってくる涼風は暑さを忘れさせ、肌を刺すような冷たい湧き水がコンコンと流れているのが渓流釣りの魅力であり、暑さとは殆ど無関係である。鮎釣りの場合は直射日光の下で竿をだすことが多いので、そのことでも私は鮎釣りに向いていないのだろう。

私はハンドルを握って田辺近郊の漁港を見て回った。どこに行っても強烈な日差しはコンクリートに突き刺さり、そしてそこからの反射熱でサウナに入っているようだ。ときどき思い出したように海からの風は吹いてくるが、それよりも直射日光の熱は凄まじい。

流石にこの陽射しの下での釣り人はいない。私の狙い目は車を停車して直ぐに竿をだせる岸壁であって、これは私の渓流釣りの基本姿勢と重なっている。

ようやく目に叶った場所を見つけたのは芳養《はや》という田辺の街の北側の港である。漁船が10隻程度あるだけの小さな港であるが、見上げるばかりの防波堤に囲まれ、そこの西側に突き出た岸壁は夕方4時ごろから日光が遮られて陰になっているのが分かったのだ。

地元の方もその時間になると集まってくる。そのほとんどは70歳以上の老人で、釣り道具を積んだ自転車、そして原付で来る者、軽自動車で来る者、老夫婦で来る者、千差万別である。

「久しぶりやなあ。何しとった？」

岸壁で楽しそうに言葉を交わして岸壁が社交場になっているのが微笑ましい。

「兄《にい》ちゃんはどこから来た？」

兄ちゃんと呼ばれる歳はとっくに過ぎているが、一応この中では若い部類の私に声をかけてくれる方も少なくない。

「東京からです」

「東京？　ならドン・ファン関係かい？」

「ええ、そんな感じです」

「あれもなあ、解決するんかいな？」

「するんじゃないですか」

「ほうか。ワシ、野崎社長を知ってたんのんや。旧姓は樫山だったけれどなあ」

「へえ、そうですか」

知っていると言われても知れている。ドン・ファンと近年1番親しかったのは私であるから聞き流すだけだった。

マスコミはドン・ファンと親しかった私と接触しようと滅茶苦茶電話をしてきた。テレビやラジオの出演を全て断ったのは、義理のある出版社への記事を出すためで、各媒体に重複しないように出稿したのである。毎日毎日出稿するだけのネタはストックしているので困ることはなかったが、それでも時間はかなりかかる。そのストレスを発散するのが岸壁での釣りだったということだ。だから釣れなくてもよく、潮風を嗅《か》いでいるだけで良かったのである。

岸壁の釣り人たちの狙いはどうやらアジのようで、コマセを撒きながら、仕掛けに付いているコマセ籠にアミエビをせっせと入れている。その上には6、7本のハリがついたサビキが付いている。いわゆるサビキ釣りだ。活性がよいとコマセ籠がなくても擬似サビキだけに食いついてくる場合もあり、それはそれで楽チンなのだが、ここでは食いついてくることはなかった。

私はコマセを撒くのは性に合わず、船釣りでコマセを撒きながら釣りをするのに初めから抵抗があった。オキアミやイワシのミンチは臭いし、それが海底に堆積して海を汚しているという指摘があったのにも係らず、それを使っていることに反発する気持ちがあったからだ。まあ、人それぞれの考え方だからしょうがないが、竿先に付いているエサに獲物が飛びついてくれればいいのであって、コマセを撒いてまでサカナを集めようとは思わない主義だ。

岸壁での釣りの仕掛けは簡単で、サルカンにハリスの部分を付けるだけだから1、2分もあれば準備ができる。橙色の玉ウキをつけて、大きめのオキアミをエサに目の前に落とすという本当に子供の釣りである。ゆっくりと波間に漂うウキを見ながらのんびりとするはずが、直ぐにウキがぴょこぴょこと踊り出す。エサ取りの小魚が多く、ベラやフグがよく掛かった。すると、キュンとウキが水中に沈んだのでそれに合わせて竿を上げるとグイグイと穂先が引き込まれだした。

「おっと」

胸が高鳴った。ハリスは0・8しかなく渓流釣りでは十二分に太いサイズであるが、海釣りで0・8といえばクモの糸ほどの細さであろうか。踊る穂先を楽しみながら水中を見ると桜色のサカナが見えた。どうやら引き上げることができそうなので竿を大きくしゃくると上がってきたのは手のひらサイズの真鯛のミニュチュア版だった。クリクリとした愛くるしい目がキョトンとして上顎にチヌバリががっしりとかかり、身をくねらせている。一丁前に桜色に化粧をしている姿に見とれてしまい、思わずカメラでその姿を撮影しだした。

「チャリコやな〜」

隣で腰かけていた爺さんが笑った。ここでは真鯛の子供はチャリコと呼ぶらしい。サカナの呼び名は地方によって異なることが多く、本マグロの幼魚であるメジマグロは、関西ではヨコワと呼ぶし、ブリの幼魚のワラサはメジロと呼んでいる。関東で初夏に釣れるイサキはこの辺りでは通年釣れてイサギと濁音を付けて呼ばれている。

小さなチャリコは生意気にも成魚と同じように垂直に糸を下へと引っ張っていく。次に掛かったチャリコも穂先を半月状に曲げて水面に引き込もうとする。

「ほれ、頑張れ」

引く感触を楽しむ。

「ご苦労さんでした。大きくなってな」

急いでハリを外してチャリコを海に戻してやった。

本当はのんびりとしたいのだが、ウキがぴくぴくすると本能的に目がそれを追う。ウキが沈むことなくそのぴくぴくが終わるとエサのオキアミがきれいに無くなっている。小さなベラやフグがエサ獲りの名人であって、エサを付け替えるのも面倒臭い。

なんとかエサ持ちが長いエサはないものか？　考えることは渓流釣りに通じて、できるだけ楽にやりたいという気持ちはここでも頭に浮かんでくる。生まれつき楽を目指す性格なのだろう。

ウキを見ながらのんびりと釣るのが目的なはずなのにこれでは忙しくてしょうがない。

「エサ取りがうるさくて困っているんですが、何かないですか？」

岸壁の釣りが終わって訪ねた「つり友」で訊いた。

「釣れるかどうかわからないけど、ワームはどうかな？」

若旦那は私の我儘をきいてくれてビニールパックに十数本入っている半透明のひょろ長いワームを勧めてくれた。そこでオキアミのエサを止めて、ワームをハリに付けた。半透明の小指ほどの長さの細長いシロモノでチヌ（黒鯛）が釣れる可能性があるという。

全く振動もしないウキを眺めるのもおつなものであり、釣れないと分かっているのもサバサバとしていいものだ。なかには間違ってエサを咥えるアホなサカナがいるかなとも思ったが、そんなのがいるわけもなく、ウキは泰然と波間に漂っている。

隣で小アジが釣れているのを見ても羨ましくもなく、波間を茜色に染めていた夕陽が水平線から姿を消して私の釣りに終止符が打たれる。

ホテルに戻ってシャワーを浴びて夕方からはドン・ファンの関係者と食事をしながらネタを仕入れるのが日課となった。夜の蝶がいるようなお店には全く興味がないのだから軽く飲んで腰を上げてホテルにもどり、夜明けからパソコンに向かう日々だ。

昼飯時に「つり友」に顔を出すと80代の社長が店内で腰かけて目を落としていた新聞から顔を上げた。

「昨日はどうやった？」

「ダメでしたけれど、楽しめました」

「そうか。ほんならええけど、コーヒーは要らんかな？」

社長自ら入れたコーヒーをプラスチックコップに入れて手渡してくれる。お客用のタダのコーヒーメーカーが用意されているのだ。

「つり友」は間口が3間、奥行きが20メートル以上もある大きな釣具店で、温厚な社長と同年配の小柄で品がよい白髪の綺麗な奥さんが店を仕切り、若旦那は自前の遊漁船を任されている。店の一角には数個の椅子が置かれてあり、常連客たちの情報交換の場となっているが、客の99％が海釣り目的の客であるから私のような渓流釣り専門の者は門外漢なのだが、東京のよそ者に対しても温かく接してくれる。

これだけ大きな釣具屋さんなのに、渓流関連の棚は極端に少なく、渓流竿とテンカラ竿は置いてあるが、種類は少ない。ハリも糸も種類はしれたもので、毛鈎は売っていたが、やはり種類は少ないからいかに渓流釣りの人口が少ないのか分かろうというものだ。

「こんなに山が深いのに、渓流で釣らなければ勿体ないですよ」

「ほうかいな。でも行かんからなあ」

常連客で白髪が目立つ橋本さんは苦笑するばかりで、暖簾に腕押しというか、渓流釣りに全く興味を示さないのである。

アイちゃんとご対面

「あら、今日も来ているの？　どう釣れた」

「ボチボチですね」

岸壁で釣りをしているおばちゃんから声を掛けられることも多くなった。余程暇人だと思われているようだが、まさか午前4時からパソコンに向かって原稿を打っているとは想像できないだろう。灼熱の日差しがやっと西側へ傾く午後4時過ぎにホテルの駐車場からレンタカーを出して岸壁に通う毎日が続いた。

「5時になりました。よい子の皆さんはお家に帰る時間です」

市の広報スピーカーから音楽に合わせて毎回このような台詞が流れてくる。なんだかなぁ〜。

「おかえり。学校はどうだったの？　手を洗ってね。お父さんももう直ぐ帰ってくるからご飯にしましょうね」

どこの家庭でも台所で夕食を作っている母親が慈愛に満ちた表情で子供を迎えるとでも思っ

ているのだろうか。家に戻っても誰もいない母子家庭だって父子家庭だってあるだろうし、役所勤めの公務員にはそんな発想はないのか？　それとも、そんなことを想像するのは天邪鬼なのだろうか？

田辺の日没は東京と比較して約1時間は遅い。釣り場では水平線に夕日が沈んでいくのを眺めることができるが、太平洋に面しているのに紀伊半島の日の出は山からで、夕陽は海に沈んでいく。これは伊豆半島の西側などと同じで、頭では理解しているつもりでもなんだか不可思議な気持ちになる。

「お先に失礼します」

「ああ、お疲れ様でした」

隣に陣取っていた爺さんは手際よく道具を片づけて肩に背負うと頭を下げて岸壁を後にした。地元の方はこうやって挨拶をして、ゴミを片づけて帰っていく。使ったオキアミが岸壁にこぼれていると、水を汲んだバケツで洗い流すことも忘れない。マナーが良くて気持ちの良い釣り場なのだ。

「ここに捨ててもええかな」

コマセが入った半透明のプラスティックのバケツを手にしていた初老の男性が声をかけてきた。アジ釣りで使ったコマセが余ったようで、私が竿をだしている岸に捨てたいようだ。

「いいですよ。どうでしたか調子は？」

「まあ、まあやったね。あんたは？」

「ボクはアジは狙っていませんから。どうせ釣ってもリリースするだけですから」

「釣ったら食べればええやないか？」

「そうですね……」

ホテルで暮らしていることを説明するのも面倒なので、曖昧な表情を浮かべて頷いた。男性が岸壁の際にバケツに入っていた残りのコマセを流しだすと小さなオキアミが桜の花びらを散らしたようにゆらゆらと沈んでいく。

「ほんじゃあ、頑張ってな」

男性がそう言ってクーラーボックスなどの道具類を肩にかけて歩き出そうとした時だった。目の前の玉ウキが水中に引き込まれてキュンと糸鳴りがして竿が撓った。

「クッ」

短い言葉が出るのと同時に立ち上がった私は竿をなんとかコントロールしようと腰を落として、激しく暴れる糸先を見つめていた。ドラグを緩めてサカナに逆らわないように泳がす。

「なんだ、なんだ？」

足を止めた男性も竿が大きく曲がっているのを見て驚いたように声を上げた。

「なんでしょうね。ボラですかね？」

この岸壁で釣れる大物といえば50、60センチの丸太のようなボラが思い浮かぶが、釣り人には歓迎されないサカナだ。何度もギュンギュンと糸を引き暴れているサカナをなんとか弱らせるように泳がせた。

「アイじゃないかな」

「なんですか、アイって？」

地元でアイと呼んでいるのはアイゴというサカナであることはこの時初めて知った。背びれに毒のあるトゲがあるが、底魚で煮魚にすると美味しいと地元では人気があるらしい。

やっと水中の茶色い魚体が見えてきた。

「やっぱりアイや」

アイはギュン、ギュンと糸を引っ張り、なかなか岸に寄ってこない。3分ほども竿を揺らし続けたアイは抵抗するのを諦めたように岸壁の下に寄ってきた。

「もう、ダメですよ」

目の下には40センチ以上もありそうなずんぐりとしたアイが見えていた。

「そのまま引き抜けばええやないか」

「無理です。ハリスは0・8ですから」

1メートルもサカナを持ち上げれば途中でハリスは切れてしまうだろう。これは渓流釣りで何度も痛い目に遭っているから分かっている。周囲では近くで釣っていた釣り人が3、4人固唾を飲んで見守っていた。

「ちょっと、待ってや」

男性が、自分が持っていた伸縮式の大きな玉網をするすると伸ばし始めた。

「ええか。こっちに寄せて」

玉網のほうにアイを寄せていくとすっぽりと入った。

「ほう、立派なもんや」

岸壁の上でアイは身をくねらせている。ハタの仲間なのだろうか、アゴが突き出ている。

「ボクは要らないのでどうぞ持っていってください」

「ホンマか？　これ旨いんだよ。だけど、ここにトゲがあるからな」

男性は手慣れたようにアイの背びれなどを大きな挟みで切り取って自分のクーラーボックスに丁寧にしまった。

年金波止場で

芳養の港以外にも日陰がある格好の場所を見つけた。それは市の中心部から少し南の文里の港である。海上保安庁の監視船が係留されている港には100メートル以上の岸壁があり、地元はもちろんのこと奈良や大阪ナンバーの車も停まって竿をだしている。

「ああ、あそこは年金波止場といってな、年金を貰っている年寄りたちがヒマを潰しているところなんや」

「つり友」の常連客の橋本さんが教えてくれた。たしかにお年寄りが多いが、こんな暇を潰せる場所が近所にあるというのは羨ましい限りであり、パチンコ店に行くよりもずっと健全だろう。

私はここの突端にある数メートルほどの小さな白灯台に日陰ができることを見つけた。ギラギラと襲い掛かる光線もその日陰に腰かけている限り防ぐことができる。3、4人がそこで釣ることができるスペースがあった。水面から5メートルほど高いので見晴らしがよく、南の彼方に白浜のホテル群がよく見える。

芳養に比べてここは水質が悪いようで底は濁って見えないが相変わらず玉ウキを使って携帯の折り畳み椅子に腰かけてのんびりと竿をだす。ここでもチャリコが幅を利かせてキュンキュンと気持ちの良い引きを味わわせてくれる。手のひらサイズだから当然リリースだが、竿を入れる度に釣れてくると飽きてしまうのも贅沢というものだ。

エサ取りを避けるにはどうするか？　釣れてきた豆アジを切り刻んでエサにすることにした。船釣りではサバの切り身をエサにすることが多いのでそれに倣《なら》ったのである。オキアミと異なりエサ持ちはかなりよく、仕掛けを大きめのハリに変えてそこにエサを付けた。そうすれば雑魚の襲来を避けることができる、と考えたのである。

計算通りに釣れてきたのは黒い魚体の手のひらよりも少し大きなメジナだった。黒いまん丸い目に愛嬌があり、関西ではグレと呼ばれて釣りファンも多いようだが、引きを楽しんだあとでリリースする。いろいろなサカナが釣れるのは楽しいものでこの灯台の陰が私の釣り場となったのである。

「ここでやってもよろしいですか？」

日没まで1時間ぐらいしかない時間に灯台の釣り場に現れたのは、どこかの釣友会に属しているような釣りファッションに身を纏《まと》って黒いキャップを被ったサングラスの壮年の男性だった。将棋の駒のような四角い顔に意志の強さを感じて密かに角さんと呼ぶようになった。

「どうぞ、どうぞ」

大きめと小さめのクーラーボックスや、大きな玉網、それに竿ケースなどを直ぐ近くに停めてある大型の4駆から運んできた。安い竿1本とエサを腐らないようにするための小さなクーラーボックスと仕掛け類を入れてある小さなバッグだけの装備の私に比較してそれはそれは本格的なもので、私からすればプロの釣り人のように見える。

角さんは仕掛けを用意すると、目の下の海面に向かってクーラーボックスから小さなタモで掬った白い小さな生きエビを何匹も撒き始めた。

「しらさエビっていいまして、大阪ではよく使われているんです」

彼は大阪南部の岸和田市から毎週此処に通ってきているという。100キロ以上離れていて、高速道路の代金も3000、4000円はするだろうから往復で1万円か。生きエビも安くないらしい。

「ゴルフをすればそれ以上かかるから贅沢な遊びとは言えないですね」

「いやいや、私は寿司屋を経営していまして、趣味と実益を兼ねて来ているんです」

そうか、身体から出ているオーラは漁師に近いものがあるのも頷けた。直ぐに竿が撓り、彼はメジナを釣り上げた。先ほど私が釣ったものより一回り大きく釣ったサカナは岸壁から垂らしてある網に丁寧に入れている。こうすれば生きたまま置いておくことができる。

エビを撒くたびに竿が撓り、今度は関西でチヌと呼ばれている黒鯛が水中を泳いでいる。真鯛と同じ種類で、磯に潜んでいることが多く、引きの強さから釣りのファンは関東でも多い。和歌山ではおにぎりほどの団子の中にエサのエビを入れて団子が溶けてきたエサに黒鯛が食いつくやり方で釣ることが多く、これを紀州釣りとも呼ぶが、団子でなくても釣れる。

私は渓流の禁漁期間に横浜などの岸壁で黒鯛を狙っていたことがあった。太鼓リールで岸壁の脇にエサを落とし込むヘチ釣りと呼ばれている釣り方だが、当たりがなければ数歩先でまた仕掛けを下すというまるで渓流をさかのぼるような釣り方で運動にもなる。

「よし、よし」

彼は腰を落とし、竿を泳がせてチヌの勢いを削ぎ、片手で折り畳みの長い玉網を器用に準備してチヌの銀色の魚体が海面に上がってくるなり、玉網で掬った。

「見事なものですね」

手際の良さに私はすっかり感心していた。

「まあ、いつも来ていますからねえ」

角さんはさも当然の如く口の端をかすかに上げて白い歯を見せた。私は目の前で波間にプカプカと浮かんでいるウキをボンヤリと眺めているだけだ。彼が釣り上げるのを羨ましいとも思わない。道具やエサを変えれば私にだって釣れるだろうと勝手に思っているだけで、あくまで私の本業は渓流釣りだから海釣りは副業みたいなものだ。

角さんとは毎週のように出会うことになった。なんでも電気ウキを使っての夜釣りをして深夜に岸和田の自宅に戻っていくという。


そのうちに私の釣り方はウキを使わない脈釣りになった。渓流釣りでは当たり前の釣り方であるが、このほうが穂先に直に振動がくるので楽しさは倍増する。相変わらず欲のない釣りで、周りでボンボン上がっているジャンボアジを釣りたいとも思わない。

置き竿の穂先がググッと撓った。思わず立ち上がり、半月状になった竿をコントロールしようとする。

「なんだ、なんだ？」

近くの釣り人たちが、大きな声を出して穂先を眺めている。０・８のハリスであるから岸壁では絶対に上げられないので隣の爺さんが大きな玉網を用意してくれた。しかし、なかなか魚体が浮いてこない。頭を振って抵抗しているのが伝わってくるが、それでも魚体は見えてこない。やっと少し浮いたと思ったらギラリと大きな鉈のような銀色の魚体が身震いして再び潜った。

「スズキだ」

周りから声が上がる。出世魚のスズキはセイゴ、フッコとなりスズキになる。糸を引いているのはスズキサイズなのは確かだった。リールを巻いては逃げ、糸を出してまた巻くことを繰り返す。

０・８の糸でも切られることもなく、引きを楽しむことができた。

「こっちに近づけて」

大きな玉網を持った脇の爺さんが、玉網を岸壁から下して叫んだ。サカナが近づいてきたが、水中に沈めて用意している玉網の前でくるりと反転してしまう。それを繰り返し、何度か目に玉網に半分魚体が入ったかと思ったらサカナが大暴れし竿先には急に反応が無くなってしまった。

「ああ、惜しかったなあ」

玉網を持っていた爺さんが悔しそうな声を出した。

「そんなの気にしませんから大丈夫ですよ。お疲れ様でした」

爺さんにお礼を言って私は竿を仕舞って茜色の空を見ながらホテルに戻っていった。

事件後も毎月田辺へ

事件後3か月ほど田辺のホテルに滞在した後も私は月に1、2回は田辺に出かけていた。ドン・ファン事件はまだ解決しないが、調べたいことが多々あるので足を運ぶしかなかった。行けば夕方に岸壁で竿をだすのは当然のことで、真冬でも風が吹かなければそれほど寒さを感じないが、それでも厚手のコートを着て毛糸の帽子を被ってマフラーをしなければ寒い。文里の年金波止場がジャンボアジ釣りで盛り上がっているというのを耳にして車で向かうとズラリと釣り人たちが並んでいる。

「お久しぶりです」

「おお、いつ来たんかいな？」

「昨晩きましてね」

「ご苦労さんやなあ」

「釣り友」で馴染みになった橋本さんの横に腰かけて仕掛けをくくりつけていつものように竿をだした。橋本さんは30センチもありそうなジャンボアジ狙いで赤い大きなウキをつけたサビキ仕掛けを30メートルほど沖合に投げている。

「いたいた。タモ、タモは？」

中学生ぐらいの男の子たちが20メートルほど離れた岸壁で大騒ぎをしていた。岸壁から下を覗くと魚の群れがあちらこちらで青黒く動き回っている。大きなタモを用意した大人から借りた中学生たちは、玉網を岸壁へ突っ込んでその魚影の群れを掬いだした。夕陽に銀色に映えて掬われたのは中指ほどの長さのカタクチイワシだった。ひと掬いで100尾以上は軽く、大型クーラーボックスは2回ほどで一杯になってしまう。イワシ掬いというのも見ていて楽しいが鱗が体中に着くので私は遠慮してその様子を眺めているだけだった。それが5日間ほど岸壁では続いたらしいが、やがてぷっつりと姿は消えてしまったという。

渓流でも6月初旬に岩手の県北で同じような光景に出くわしたことがある。幅1メートルぐらいしかない流れがオレンジ色に染まっていたのだ。婚姻色に染まった無数のヤマべたちだった。橋の上からタモを入れれば掬えそうな気がしたが、折り重なって子孫を残そうとする崇高な営みを黙って見ているだけだった。

ヒラメ釣り

2019年になっても田辺に行く度に岸壁で竿をだすのは恒例となっている。潮風を肌に感じながら竿をだすのはストレスの解消に繋がるような気がするが、文里も芳養の港も時間が止まったように同じ光景が流れて昨年のドン・ファン騒動がウソのような鎮まり方である。

マスコミはドン・ファンの1周忌に当たる5月24日をマークしているようだった。しかし、その企みを嘲笑うかのように若妻のさっちゃんはそれより1週間前に法事を行った。このことはドン・ファンの兄弟しか知らないことであるが、私はその情報はとっくに得ていた。

「いつ1周忌ですかね?」

いくつものマスコミから問い合わせが私にあったが、知らないとすっとぼけた。ドン・ファンと全く縁のないお寺で法事が行われたが、始まる前からその寺の正門前に5人のワイシャツ姿の男たちがたむろしている。私はカメラマンと隠し撮りをする予定だったが、これではさっちゃんは顔を伏せてしまうだろう。

「参ったな、素人記者たちには」

カメラマンと相談して私は境内で法事が終わるのを待った。案の定うつむいたさっちゃんの顔写真を撮ることは至難のワザであり、寺の近くにあるドン・ファンの墓地で法要を行うために遺族が移動すると5人の記者たちも付いてきた。

墓石の前で手を合わせるさっちゃんを撮ることはできたが、相変わらずマスク姿で顔ははっきりと撮影できなかった。

「キミはどこの社ですか?」

法要が終わって若いマスコミ記者と挨拶を交わして名刺を貰うと読売新聞だった。それも大阪から来ていて、他の4人も全員大阪の読売新聞の記者と分かったときはサッと鳥肌が立った。他のマスコミが調べられなかった1周忌の情報を読売だけが持っている。読売の大阪は大阪府警に深く食い込んでいるのは有名な話であるから、きっと情報は大阪府警からのものなのだろう。2019年の初めからドン・ファンの死因となった覚醒剤ルート解明に大阪府警が参入しているという情報は得ていたが、それが本当であると実感せざるを得なかった。

それ以降、さっちゃんは田辺には来ておらず、自宅も閉めっぱなしである。家が傷むから空気の入れ替えをしたほうが良いと遺族はさっちゃんの弁護士を通じて鍵を渡してくれれば無償で自宅の換気をするとの提案をしたものの一蹴されてしまった。自宅もドン・ファンの遺産であるからまだ相続が決定していないので遺産を毀損しないようにしなければならないという常識もないらしく呆れてしまう。

そんなこんなの取材の合間にも岸壁へと通っていたのである。エサは冷凍のキビナゴを「つり友」で買ってクーラーボックスに腰かけてのんびりと竿をだす。キビナゴは人さし指ほどの長さがあり、オキアミと比較してエサ持ちがよいのが利点であろう。知り合いが少ないので声を掛けてくる者はいないから、うとうととする場合も少なくない。

「おっと、兄ちゃん凄い引きだよ」

隣の爺さんの声でハッとした。目の前の置き竿がお辞儀をしているので慌てて竿尻を掴んで合わせると、グーンと引き込まれた。ズシンと感じる重さでそれが右に左にと動いている。

「なんだろ?」

爺さんがクビを傾げている。

「もしかするとエイじゃないですかね。まるで座布団を釣っているような感覚ですから」

「ほうか、そりゃあ残念やね」

関東ではカスベと呼ぶ地方が多いが、尻尾に毒があるので歓迎されないサカナであることは間違いない。大きなエイになると軽く1メートルを越えるから到底引き上げることはできないだろう。そんなことを思いながら竿を動かしていたら黒っぽい影が見えた。

「カレイか？　ヒラメか」

爺さんが嬉しそうな声を出した。たしかにエイではなさそうで竿にも力が入る。

「ほら、こっちに寄せて」

爺さんの指図に従って、伸縮式のタモを構えている爺さんのほうにサカナを誘導してなんとか上げることができた。

「ほう、ヒラメやないか」

集まってきたギャラリーたちから声が上がった。この岸壁ではヒラメが釣れることも珍しいことではないらしいが、ギャラリーたちが羨望の目を向けているような気がして少し恥ずかしかった。

「どうぞ、食べて下さい」

「ええのか？」

「ええ、どうせ食べることもしませんし。貰ってくれたら助かります」

「ほんじゃあ、遠慮なく貰うで」

軽く頭を下げた爺さんは自分のクーラーボックスに丁寧にサカナを入れた。

ドン・ファン死亡から約1年半経ってもまだ事件は解決しない。しかし、彼の死後に遺産に手を突っ込んだ奴らがいるので、それが犯罪として立証される事態になりそうだ。殺した犯人が逮捕されるのが本丸であるが、枝葉の事件もあるので当分田辺に通うことになりそうなのも嬉しいことだと自分に言い聞かせて今日も岸壁で竿をだしている。